國父的真相

★

REVOLUTIONARY CHARACTERS

What Made the Founders Different

GORDON S.WOOD

高登・伍德【著】

梁文傑【譯】

目次

推薦文

開創新局、樹立典範的「國父們」

盧令北　東吳大學歷史學系副教授兼系主任

本書作者伍德教授師承史學大家伯納德・貝林（Bernard Bailyn），兩人同為研究早期美國史的巨擘，亦都曾榮獲普立茲獎及班克洛夫特獎，廣受美國史學界尊崇，貝林與伍德可視為美國史學界最知名的師生檔。

伍德教授長年鑽研美國獨立革命及早期共和時期（建國後至十九世紀初），這兩個時期是美國的奠基年代，後世對其中多位歷史人物的評價，往往有過度批判、溢美或失真等缺憾。伍德教授撰寫此書，不在為這些歷史人物平反或是戳破其歷史神話，而是以「你我皆凡人」的視角，還原八位對奠定美國國家根基厥功甚偉「國父們」的真實樣貌（除潘恩外，其餘皆為政治人物，其中四位日後成為美國總統），藉由如真如實呈現這些國父們彼此互異的思想、性格與行為特質，讓讀者對於美國的國家民族性格，有更多元的認識。

以「國父們」（founding fathers）一詞稱呼美國開國先賢，始於一九一六年，時為俄亥俄州聯邦參議員華倫・哈定（Warren G. Harding）在共和黨全國代表大會中所發表的演講。雖然此名詞出現的時間甚晚，但國父們的歷史定位早已深植人心，即使來自修正學派歷史學者的批判未曾停歇，但大體上仍無損國父們正面且無可替代的歷史地位。本書並未挑戰正統或修正學派的歷史觀，但提出一個很重要思考點，就是這些國父們之所以能名留青史，永為世人景仰，是否歸因於他們才德超乎尋常，穎悟絕倫？這八位國父身處人類智識蓬勃發展的啟蒙時期，就時空背景來看，絕對有其特殊之處，但與當時英國的知識分子相較，這群國父雖曾受到歐洲啟蒙思想的浸染，但普遍出身不高，缺乏社會背景，在英國人看來，仍屬一群無足輕重、毫無地位的殖民地人民。或許正因為不受歐洲傳統社會階級的羈絆，美國適可成為啟蒙思想的實驗室，大膽實踐啟蒙運動的思想與理論，在歷史上另創新局。

伍德教授筆下的八位國父，各有其特色，也各有其優缺點。華盛頓未受高等教育，口語表達能力甚弱，思考深度也有限，然看似不足之處，反而讓華盛頓不受啟蒙時期諸多虛無飄渺的口號或抽象理論所限制。他看透人類社會「重利益輕原則」的特性，以現實主義推展國政，讓新成立的共和國能符合在地傳統與需求。而他在乎外界觀感，憂讒畏譏的保守個性，也讓他在兩任總統任期結束後，毫不猶豫交出權力，為後世樹立典範。至於同樣來自南方維吉尼亞州的傑佛遜，雖在知識層次上高於華盛頓，但卻存在比華盛頓更明顯的矛盾性。傑佛遜相信人民的判斷力與自制力，但不相信黑白平等；他相信自由平等，萬物皆有權利，但卻終生擁有奴隸，緊抱奴隸制度不放。華盛頓與傑佛遜同為共和主義的擁護者，但華盛頓看透人類社會的現實性，以現實主義治國，而傑佛遜始終對人類崇高的道德性懷抱信心。在理想主義的引領下，傑佛遜支持邦聯制，捍衛州權，主張小農政治以及限縮聯邦政府權力的小政府施政理念，都是有跡可循的。

以本書來看，對美國政治體制發展及國家未來走向影響至深且廣的，當屬麥迪遜與漢彌爾頓，書中對兩位人物的描寫也至為精采。維吉尼亞州出身，一手建構聯邦體制的麥迪遜，與其同鄉、力主邦聯制的傑佛遜，兩人由原先立場互異至共同合作力抗漢彌爾頓，不單開啟美國黨派競爭之局，也標示美國政治思想的分流。起先，傑佛遜對人民充分信任，麥迪遜擔憂民粹主義；傑佛遜強調州權至上，麥迪遜力主強化中央政府的管理權，此時漢彌爾頓的立場與麥迪遜相似，兩人合作共同確立了美國以共和制為基礎的聯邦架構。然而日後，麥迪遜卻轉投效傑佛遜的反聯邦陣營，共組「民主共和黨」，與漢彌爾頓的「聯邦黨」一較高下。

依伍德教授的看法，麥迪遜立場轉換並非前後矛盾，其核心思想始終一以貫之，未曾改變，並沒有所謂的「麥迪遜問題」（Madison problem）。麥迪遜骨子裡是位理想主義者，雖擔憂民粹亂政，但從未放棄追求政治上的德性；他奉行的國家主義並非中央集權制，他支持聯邦制，因為堅信該制度可以讓無私的紳士們，以更大的格局，為公眾謀取更多的福利。反觀漢彌爾頓，他的國家主義是仿效歐洲君主制國家，建立強有力的領導中樞與龐大的官僚體系，在聯邦體制上建構大政府。在麥迪遜眼中，這種作為全然背離共和主義的基本精神，因此他與傑佛遜的結合並非是立場轉變，而是共和主義勢力的再結合。

今日的美國，由華盛頓所立下的典範依舊為人所尊崇，麥迪遜所建構的《聯邦憲法》也依舊是美國國家運行的準則，而傑佛遜主張為平民發聲以及小政府的理念，同樣未曾消失過。不過，若我們觀察美國百年來發展出的國家形式，顯然是較符合漢彌爾頓所擘劃的建國方案，而非早期共和主義者期待的樣貌。這樣的發展是好是壞，各人自有論斷，但美國在建國先賢們所奠基的共和與聯邦基礎之上，在理想主義與現實主義交互作用與帶領下，的確走出異於歐洲傳統國家的治理模式，開創出特有格局，並成為日後其他地區仿效的對象。

美國因這群國父而特別，而這群國父也因美國國力日增而偉大，與同時期鼓吹「君權神授」、「朕即是國家」以及「王權神聖不可侵犯」的歐洲君主國家領導人相比較，美國國父的真實形象與思想理論反顯平易近人，其真實不造作，實際而不抽象的特質，無形中也成就了日後美國的國家民族性格。

推薦文

國父是人不是神，人性才是美國底蘊

邱師儀 東海大學政治學系教授

有參訪過美國參眾議院的朋友，應該都會被帶到國會大廈圓形大廳（capitol rotunda），舉頭往上一看，屋頂的畫作中開國元勳華盛頓如同神祇一般的坐鎮中央，身旁圍繞了許多天使。這個其實就是美國建國之初，一般美國民眾對於華盛頓的想像，他是被神格化的。但想想那是一七七五至一七八三年的獨立戰爭年間，相當於中國清朝前期，在那個年代不管你在世界的哪一個角落，君權神授的確是很常見的一種民間理解。但華盛頓絕不是神，熟悉他的人就會知道，他的性格有不討喜的一面。華盛頓愛惜自己的羽毛到一種吹毛求疵甚至可以說「沽名釣譽」的地步，他只想當「政壇不沾鍋」。華盛頓真心認為人生而平等，也主動解放黑奴，但後世重建華盛頓骨骼的考古學家，卻發現他當年所戴的假牙中有一些是黑奴的牙齒。

如果連華盛頓這麼潔身自愛的人都可以發現瑕疵，更不用說其他開國元勳了。反對蓄奴的傑佛遜不但在他維州的蒙蒂塞洛豪宅養了六百個黑奴，已婚的傑佛遜還與小了他三十歲的黑人女僕海明斯有染，並生下後代。這個公案要一直到一九九〇年代末期運用了DNA技術，才證實海明斯的後代有傑佛遜的血統。此外，從反對美國獨立一百八十度轉變為支持美國獨立，是富蘭克林機會主義的那一面，他生意做得很成功，比其他冥頑不靈的開國夥伴更能洞燭先機。

而漢彌爾頓擔任財政部長時與雷諾茲夫人有染，後來遭到雷諾茲先生索賠「遮羞費」。有趣的是，漢彌爾頓自願招出姦情，是因為他不能忍受外界指控他拿錢給雷諾茲先生乃涉嫌貪瀆。而有財務問題的開國元勳也不少，包括傑佛遜與漢彌爾頓。此外，當時美國知識分子的論述以民意為依歸蔚為風潮，程度上甚至開始民粹化，但仍帶著菁英姿態的開國元勳大有人在，這些人最後甚至抑鬱而終。例如孺慕英國的亞當斯提出了「平衡式憲法」，只是要讓民眾有限度的分享君主的治權，並非讓人民做頭家為出發點。因此，晚年的亞當斯相當感嘆，認為自己奉獻一輩子的美國到頭來竟是「敵國」。此外，麥迪遜認為應該以司法來處理派系鬥爭的構想，也被當時的知識界認為是相當怪異的方式。而出身卑微但文采過人的潘恩，雖然以筆為自己在美國寫下一片天，但也因為被指控為無神論者而遭到詆毀，最後悲憤死去。

值得注意的是，我們稱這些開國元勳為「國父們」，美國國父不會只有一人，包括了數任總統：第一任華盛頓、第二任亞當斯、第三任傑佛遜與第四任麥迪遜。還有擔任財政部長使美國現代化的漢彌爾頓。廣義上還要加上獨立戰爭中協調美英的富蘭克林、為殖民地加注啟蒙思想的潘恩，以及《聯邦黨人論文集》作者之一的約翰．傑伊。這群人的想法成為基石，建構了美國的具體內涵。但這是一群充滿七情六欲、不乏缺點的聖人，也正是因為他們在各方面的人性侷限，才能激盪出「有血氣」與「接地氣」的建國方略，這套方略落實為美國憲法，並且歷經了兩百四十多年的淬鍊，即使經歷過南北內戰這樣的國土分裂，也能屹立不搖。

這本書相當有意思，對於美國政治懂得多的人，可以理解建國之初的憲政為何在特定方向上發展；而美國政治的初學者，則可以從生動有趣的小故事中來認識這些國父。此外，政治科學家與歷史學家讀這本書的觀點也會不同，前者從國父們的不同主張看出美國憲政的辯論、設計與演變，屬於架構層面；後者則可以從這本書中獲得很細節但具體的史料，從微觀層次了解國父間的恩恩怨怨與不同論述的競逐過程。

這本書提供了關於美國政治的許多啟示，包括⑴美國人對「階級」的看法；⑵建國之初從「邦聯」（confederation）到「聯邦」（federalism）的歷程；⑶亞當斯與漢彌爾頓的聯邦黨vs.傑佛遜的共和黨的主張與差異；⑷民粹主義源於共和黨思想的可能；⑸新聞自由較接近共和黨人而非聯邦黨人的主張；⑹行政／立法分權與兩院制在不同國父間的設想；⑺聯邦黨人第十號與第五十一號論文的淵源與邏輯；⑻國父們對於黑奴問題的主張與偽善；⑼從麥迪遜對於司法權的偏好發展出後來的「司法審查制」；⑽美國現代化的真正推手其實是財政部長漢彌爾頓等。信手拈來就有多面向與多層次的美政議題值得玩味。

如果讀者細心的閱讀本書有關於國父們連結聯邦黨 vs. 共和黨的那個部分，則可以很完整的看到從一七七五年一直到一八一七年（麥迪遜卸任總統時）間的政黨政治雛形。一七八七年的費城會議乃為了制定一部更能保障十三個邦聯屬國安全與稅收的憲法而召開，讓美國從類似「歐盟」的鬆散邦聯走向統一的聯邦。華盛頓、麥迪遜、漢彌爾頓、富蘭克林皆有出席這場會議。但當時出使法國的傑佛遜與出使英國的亞當斯則缺席，不過兩人對於這場制憲會議均表達祝福。沒參加的是「另一群」開國元勳，他們是反對制定聯邦憲法的派翠克・亨利與塞繆爾・亞當斯等，這群人希望維持鬆散的邦聯制，最後阻擋未果，後世也鮮少討論他們。

即使都支持聯邦制，漢彌爾頓與亞當斯是強烈的大政府主義者，形成了聯邦黨，而另一邊的傑佛遜則是小政府主義者，形成了共和黨。共和黨不認為歐洲的紳士貴族有什麼了不起，新大陸的美國人應該要以平民身分為榮；但聯邦黨人則鼓勵美國平民都從基層開始培養品德，最後也能爬上菁英的階層。於此背景之下，共和黨喜歡煽動民眾攻擊菁英，也喜歡辦報大鳴大放，但聯邦黨人對於報紙的誹謗則無法忍受，甚至制定煽動法起訴政敵。聯邦黨人傾向聯邦政府擴權，而共和黨人則保障州權，但州權又滋生蓄奴惡習，這些分野背後的小故事，在書中都栩栩如生地展現。總之，閱讀《國父的真相》猶如進入希臘神話中的萬神殿，讓我們能夠以生動有趣的方式認識美國國父與開國思想。

推薦文

為什麼我們要讀美國國父的傳記？

馮卓健 輔仁大學歷史學系專案助理教授

先說結論，這是一本一定要讀的書！美國的歷史學界不斷地推陳出新，嘗試去挖掘前人所不了解的歷史真相與詮釋。在時下盛行的文化史與非裔美國人史的潮流之外，美國的出版界有相當強大的人物傳記傳統，其中許多人物傳記是由成名的歷史學家所著，運用扎實的學術研究與考證呈現歷史上這些形形色色人物的貢獻。本書的作者高登．伍德便是當中的代表人物之一，也是當今美國革命與建國初期史最重要的學者之一。他對於這些開國人物的研究在學界有十分深遠的影響，近年來許多新研究都立基在他研究的基礎上，進一步地補充或修正他的論點。這本書是國內出版界第一本伍德的書，重要性不言而喻。

為什麼美國人要讀國父的傳記？

在美國的人物傳記中最引人注目的往往是歷屆總統與重要的政治人物，這些歷史中的大人物，尤其是開國者們（Founders），或者用本書的中文標題來說，美國的「國父們」。這些國父們的傳記不但量多而且深受美國人喜愛，往往占據亞馬遜網路書店的歷史暢銷榜，美國最大的實體連鎖書店巴諾書店（Barnes & Noble），以及各個機場內候機室的書店，也都常常見到這些開國者傳記的身影。另外，近年以漢彌爾頓為主角的百老匯音樂劇《漢彌爾頓》（*Hamilton*）在美國各地巡演時都十分熱門，一票難求。許多研究美國革命史的學者將這種現象稱為「國父潮」（Founders Chic）。

國父潮反映了美國大眾與學術界在定義「什麼是美國」這個問題上的努力。透過探索國父們的貢獻與事蹟，學者與大眾試圖藉由理解「美國是怎麼建立的」，來進一步探索和思考「美國應該如何如何」。但「國父潮」並不完全是個正面的詞彙，有些學者認為過於專注在這些大人物，很容易讓讀者忽略過去生活中名不見經傳的小人物，也很容易發展成英雄史觀。傳記的寫作很容易走向兩個極端：不是一味地美化傳主，將傳主寫得像聖人一樣，就是不斷地攻擊挑剔傳主，將傳主寫得像個十惡不赦的惡棍。這個現象特別容易出現在主筆獨立宣言而又擁有大批的黑奴，並和自己元配同父異母的黑奴妹妹生下子女的傑佛遜身上。專業歷史學家雖然多少各有自己的偏好，總體來說仍能避免走向這兩個極端，根據史料對這些國父們的生平與貢獻提供專業的詮釋，並透過探討這些國父的主張與作為，來了解美國建國初期是如何成功宣布獨立並建立一個新的國家。

關於作者

作者伍德現在是布朗大學歷史系的榮退教授，是當今研究美國革命與建國初期歷史的權威。他早年師從哈佛大學的伯納德·貝林，是美國革命政治思想史研究中的共和主義學派的領頭羊。他的第一本書《美利堅共和國的創建》獲得了一九七〇年的班克羅夫獎，這是美國歷史學界最著名的學術著作獎，這本書奠定了伍德的學術地位。之後他的著作《美國革命的激進主義》更榮獲了一九九三年的普立茲歷史獎，使他成為二十世紀末美國學術界中最有影響力的歷史學家之一。一九九七年，在日後榮獲奧斯卡最佳原著編劇獎的電影《心靈捕手》（*Good Will Hunting*）中，他在《美國革命的激進主義》中提出的論點被男主角在一場酒吧的對話中引用，一時引起不少話題。

伍德筆耕不輟，現在已高齡八十八歲仍不斷地出版著作，出席演講和研討活動，以及投書報章雜誌。這本書的原文是在二〇〇六年出版，在那之後，年津大學出版社在二〇一一年出版了他的《自由的帝國》，企鵝出版社也在二〇一一年出版了修訂後的論文集《美國的理念》。二〇一七年，他出版了《分裂的朋友》，描述這兩位國父亞當斯和傑佛遜，終其一生的合作與對立的關係。去年二〇二一年，他更出版了《權力與自由》總結他在美國革命與憲政主義這個議題上過往的論述。每本書的出版都引發美國學術界的討論，也不斷有年輕一輩的學者與其在研討會上對話交流。即使伍德已年近九十，仍然是這個領域的重要角色。

關於本書

這本書收錄了伍德在二〇〇六年之前對這些國父們的研究與描繪。前言跟導論都是伍德為了這本書新寫的文章。第一章（華盛頓）改寫和擴充自他一九九二年在《維吉尼亞季評》上的論文。第二章（富蘭克林）是他二〇〇四年出版的富蘭克林傳記的節錄版，他在這本書中探討了富蘭克林如何從一個「英國人」被美洲化。第三章（傑佛遜）改寫自他在一九九三年出版的一篇討論傑佛遜的論文。第四章（漢彌爾頓）出自他在二〇〇一年刊在《新共和》上的書評。第五章（麥迪遜）改寫自自由基金會（Liberty Fund）在二〇〇六年出版的一本論文集，探討「麥迪遜問題」。第六章（亞當斯）出自他的名著《美利堅共和國的創建》。第七章跟第八章分別討論潘恩跟伯爾，改寫自他在一九八四跟九五年在《紐約書評》上的文章。最後的結語則改寫和擴充自一九七四年紀念美國革命兩百週年，他在美國國家圖書館所舉辦的研討會上的論文。

從這些章節的內容及來源可以看出，這本書既反映了伍德在漫長學術生涯中針對這些國父們的研究成果，也展現了伍德寫作的多元性，以及他在美國公共生活中的活躍。

雖然這些文章原來出自伍德不同時期的學術生涯，但經過伍德本人的改寫後呈現了他最成熟的論述。可以說，這是一名成熟的學者，在其充滿智慧的晚年針對這些國父們的一家之言，絕對值得讀者們細讀思考。

前言

美國革命之後，湯瑪斯・傑佛遜心知他和他的同志可能會名流千古，遂著手收集他稱為「美國瑰寶」（American worthies）的這些人的畫像和塑像。他在一七八四年從美國前往法國之前，請費城藝術家約瑟夫・萊特（Joseph Wright）為華盛頓畫了一幅人像。抵達法國之後，他獲得烏東（Jean-Antoine Houdon）為班傑明・富蘭克林所做的塑像，後來又獲得烏東為約翰・保羅・瓊斯（John Paul Jones）做的塑像。一七八六年到倫敦時，他聘請年輕的旅英畫家馬瑟・布朗（Mather Brown），為美國首任駐英大使約翰・亞當斯作畫。他說他的目的是要「增添我已收藏和應收藏的重要美國人物」。他也請布朗為自己作畫。[1]

這本書可算是以文字來收藏這些「美國瑰寶」。書中所有內容幾乎都曾以文章、評論或書籍的形式發表過，我要感謝原始出版者允許我重新出版和使用這些材料。原始出處都標示在注釋。我要特別感謝《紐約書評》的羅伯特・西弗斯（Robert Silvers）和《新共和》的里昂・威塞提爾（Leon Wiesltier）這兩位傑出的編輯。本書大部分內容最早都發表在這些刊物，他們的專業使我受益良多。然而，本書中所有原來的文章都有擴增和更新。

我還要感謝企鵝出版社的史考特・莫耶（Scott Moyers）和珍・弗萊明（Jane Fleming）。我更要深深感謝我太太露易絲的支持及其敏銳的編輯眼光。至於本書所獻給的五位年輕夥伴，他們有各自的貢獻。雖然他們沒有直接參與本書寫作，卻提供了很大的協助。

導論　開國元勳與啟蒙思潮

美國政治人物在知識品質上的下降，以及理念和權力的截然劃分，正是我們必須為民主付出的代價。當平民百姓在美國革命數十年後地位躍升，必然會取代非平民、貴族式的理念人物的權力。但這些革命領袖並不只是新環境的受害者，他們事實上也是新環境的先驅者。他們造成了變革，而正是這些變革導致他們滅亡，摧毀了他們把政治與知識融為一體的理念。儘管他們並非有意，但正是他們搗毀了讓他們得以偉大的基礎。

美國的「開國之父」（Founding Fathers），或者依現在流行的反父權風潮，稱為「開國元勳」（Founders），對美國人有特殊意義。對於那一代為革命奮鬥和締造憲法的人，我們頌揚他們的方式是很特別的。其他大國的人不會像美國人這樣尊崇歷史人物，尤其是距今已超過兩百年的人。我們會想知道湯瑪斯・傑佛遜（Thomas Jefferson）對積極平權措施（affirmative action）會怎麼看，喬治・華盛頓（George Washington）對入侵伊拉克又會怎麼想。我們經常想知道傑佛遜和華盛頓會做何感想，但英國人對兩位威廉・皮特（William Pitt）首相就不會如此。對於這些真實存在的歷史人物，我們美國人似乎有符合當下的特殊需求。這是為什麼？

學者們對此有不同的答案。有些人認為，我們之所以如此重視憲法的締造過程，是因為我們要不斷考慮憲法法理和憲法的原初意旨。有些人則認為，我們是在利用這些十八世紀的人物來尋找美國歷史上的智慧和價值。他們相信，這些兩百年前的開國元勳，是我們用來評價當前政治領袖的標準。美國人似乎都在暗中自問：為什麼現在沒有這種領袖了呢？

也有人認為，我們對革命世代的興趣和美國人尋找認同有關。這個說法很有道理。其他國家的民族認同，例如法國人和德國人，都是年代久遠且被視為理所當然（這也是這些國家的移民問題比我們嚴重的原因）。美國人是在一七七六年才成為一個民族，所以要知道我們是誰，就要知道我們的開國元勳是誰。美國是奠基於一些共同信念，不像其他國家是奠基於共同的種族、語言或宗教。由於我們和傳統意義上的民族大不相同，為了建立我們的民族性，我們就要不斷肯認和強化那些從英國獨立、並締造憲法者的價值理念。也就是說，只要這個共和國存在一天，美國人就註定要不斷回顧其開國史。

走下神壇的國父

在一八二六年七月四日湯瑪斯．傑佛遜和約翰．亞當斯（John Adams）同時辭世的那一天，也就是美國獨立宣言通過整整五十年後，開國元勳們已有了神聖光環。此後的美國人在回顧這些革命領袖和憲法締造者時，都要讚嘆他們思想的深邃、政治的創意及成就的偉大。林肯稱這些開國元勳是「巨大的橡樹林」，他們超凡出眾如同巨人一般，他們的智慧和政治能力遠非後人所能及。

但這種看法也不是永遠一成不變。林肯就警告過，開國元勳的成就，「一定會愈來愈被淡忘，隨著時間愈來愈模糊。」[1]事實上，在十九世紀末，對於開國元勳的崇敬及其神話般的聲望就受到質疑，歷史學家也開始戳破他們的神聖光環。一八九六年，當時很受歡迎的歷史學家麥馬斯特（John Bach McMaster）寫了一篇文章〈開國之父的政治墮落〉（The Political Depravity of the Founding Fathers），他認為，「就政治活動的陰謀詭計來說，這些創建我們的國家和政府的人和我們不遑多讓，甚至比我們更厲害。」麥馬斯特認為開國元勳搞過很多惡劣的政治技倆，包括讓媒體噤聲、操控選票、以黨派私利劃分選區。[2]

麥馬斯特對革命領袖的詆毀只是一場全面聲討運動的開端。一八九七年，歷史學家費雪（Sydney George Fisher）在《美國憲法的演變》（*The Evolution of the Constitution of the United States*）一書中，駁斥了格萊斯頓①的說法，格萊斯頓說美國憲法是「由人類的大腦和意志在特定時間點上成就的最美妙作品」。費雪認為開國元勳的聲望被神話和傳奇膨脹得太過，他窮盡一生之力，就是要回復美國革命和革命領袖的真實面貌。在一九一二年提交給美國哲學學會的〈美國革命史的傳奇和神話締造過程〉（The Legendary and Myth-Making Process in Histories of the American Revolution）一文中，費雪呼籲要「以事實和真相來取代令人生厭已久的多愁善感和一派胡言」。他還寫了《真實的班傑明．富蘭克林》（*The True Benjamin Franklin*, 1900）、《真實的美國革命史》（*The True History of the American Revolution*, 1902）等書。[3]

然而，真正讓修正派學者不滿的，是美國憲法貌似神聖和假民主的性質。二十世紀初的進步派改革者強烈不滿美國政府諸多不民主之處，尤其是由州議會推選參議員和最高法院法官終身制。②許多學者指出，美國憲法不但不神聖，甚至也不符合美國民主的精神。一九〇七年，艾倫・史密斯（J. Allen Smith）在其《美國憲法的精神》（*The Spirit of American Government*）一書中，就把美國憲法視為一篇反動派貴族的文件，用權力制衡、修改困難、司法審查等制度來壓抑人民的意志。

進步時代③眾多學者對美國憲法不民主的批評，最終在查爾斯・比爾德（Charles Beard）的《美國憲法的經濟詮釋》（*An Economic Interpretation of the Constitution of the United States*）一書達到高峰，在史學史上產生爆炸性的影響。比爾德此書是當時西方世界「反叛形式主義」潮流的一部分，也成為美國史上最具影響力的歷史著作。它代表和主導了一整個世代的人對歷史的看法，尤其是對美國憲法起源的看法。比爾德和同時代其他學者汲取了馬克思與佛洛伊德的思想，還有行為主義心理學的概念，認為利益和欲望才是社會行為的真正決定因素，而理念不過是將其合理化的面紗。他們批評，歷史學家長久以來都把理念從其所產生的物質條件抽離出來，把理念當成獨立的力量，好像單憑理念就可以決定事件的發展。比爾德在一九三五年版《美國憲法的經濟詮釋》的導

---

① 威廉・格萊斯頓（William Gladstone, 1809-1898），英國自由黨政治家，曾四度出任首相。

② 美國參議員原由各州州議會推選，一九一三年通過憲法第十七修正案後才改為直接民選。

③ 進步時代（Progressive Era），在美國歷史上是指一八九〇至一九二〇年期間，美國的社會行動主義和政治改良風起雲湧的一個時代。進步運動的主要目標是揭露和削弱政治利益集團，建立直接民主的參政方式。

言中說，研究美國憲法的歷史學家都把理念當成是「實體、特質、力量，與一切經濟性的世俗考量毫不相干。」比爾德及其同時代許多人試圖把過去歷史學家所忽視的「經濟衝突、壓力和緊張的現實因素」給凸顯出來。4

比爾德指出，美國憲法的締造者其實有其背後的經濟動機，剝去了長久籠罩在他們身上的無私面紗。不管比爾德的某些見解有多麼殘酷和謬誤，但他認為人的意識及行為說到底是其社會和經濟環境的產物這一假設，深遠影響了美國歷史學界。

在比爾德這本書出版後，揭穿開國元勳的神話與傳奇蔚為風潮。華盛頓是最被傳奇化的人物，所以他也經常被拿出來挑戰。事實上，「揭穿」（debunk）這個字就是伍德沃德（W. E. Woodward）在一九二〇年代發明的，專指揭露某些人物的陰暗面，而華盛頓就是他最愛的目標。

打擊開國元勳聲望的行動已經進行了一個世紀之久，我們現在對革命人物受到任何批評都不會驚訝。由於這些開國元勳對美國人如此重要，對我們的自我認同如此攸關，當然會有人想利用他們來批評美國及美國文化。比方說，如果有人要譴責美國對少數族群的態度，或美國的帝國主義行徑，最好的方法莫過於把某個開國元勳抓出來痛批一頓。事實上，在過去四十年來，妖魔化某些開國元勳（尤其是傑佛遜）已發展為一門產業。

雖然開國元勳已被攻擊超過一個世紀，但今日學術界對他們的醜化卻有些新的特色。與過往相比，歷史學者似乎更愛批判這些白人男性菁英。歷史學者甚至會故意忽視這些開國元勳的政治成就，好像他們做的事根本無關緊要。在過去幾十年中有關共和國早期歷史的最佳歷史著作，都著重在發掘平民老百姓的聲音（像是緬因州的助產士或康乃狄克州的奴隸），或強調當時的平民文化遠比這些偉大的白人更重要。[5]當然，非學院派或對深奧學術辯論沒有興趣的歷史學者，還是持續在撰寫開國元勳的故事和傳記。但過去四十年來，學院內的歷史學者確實更著重共和國早期的種族、階級和性別議題，刻意避開政治和政治領導的議題。

當開國元勳不是被人忽視，而是受到正面挑戰時，今日的批判更是激烈。儘管比爾德揭露了開國元勳背後的經濟動機，但他對這些締造憲法的人還是保持敬意。「在人類的會議史上，」他在一九一二年寫道，「從來沒有像參與這次會議的人有這麼多政治經驗和實務知識，對於人類行為和政府本質有這麼深刻的洞見。」[6]

今日批判開國元勳的歷史學者則沒有這種敬意。早期的批評者志在揭開神話和傳說，還原其本來人性面目，但現在則不同。有些人根本是要把開國元勳非人性化，而非還給他們人性。由於今日的文化已不再尊敬絕對價值和恆久的真實，我們已很難相信十八世紀的開國元勳，對於二十世紀還能提出什麼重要或傑出的看法。即使是在注重探求憲法締造者意旨的憲法法理學界，開國元勳的聲望也大不如前，原初的立法意旨也不再是理所當然，而是學者和法官激辯的問題。現在看來已經很清楚，開國元勳並不重視我們現在所重視的議題，例如種族、女性地位和平等。於是我們可以輕易把他們貶為種族主義者、性別歧視者和菁英主義者。

沙林傑（J. D. Salinger）的作品及其對成年人虛偽的批判④，促成好幾代年輕人都喜歡去搞揭穿。正如暢銷作家戴夫・艾格斯（Dave Eggers）所言，他身為一個雜誌編輯，他的工作就是要揭穿。他每天都要經手「一大堆批判文章，每一篇都想指出這個世界所相信和珍視的東西是虛假的。」既然從給黑人小孩讀的聖經版本、學生貸款、大學、工作、婚姻、化妝這些概念，再到「死之華樂團」（Grateful Dead），都有人想要揭穿，開國元勳及其功業當然也難逃。[7]事實上，今日有些歷史學者甚至不認為那些革命家有什麼功業可言。在這些學者看來，美國革命是一個失敗品。有一位歷史學者就說：美國革命，「沒有解放黑奴，沒有讓女性完全政治平等……沒有給印第安人公民資格，沒有建立一個大家可以公平競爭的經濟環境。」[8]

儘管大多數歷史學者不同意，但縱然開國元勳受到那麼多批判和揭穿，大多數美國人依然認為他們是超凡的菁英，其成就在美國史上無人能及。多數美國人都認為，這些革命領袖是無可比擬的一群人，強力持久地影響了美國史。這些開國元勳比他們所效法的古代偉大立法者更了不起，因為他們更為真實。他們不是神話中的角色，而是真實的歷史人物，留有大量的歷史紀錄。和古典時代的英雄不同，我們對開國元勳的認識不是靠模糊的傳說或史詩。我們手上不但有這些革命領袖所有公開發表過的作品，還有他們大量私人信件和最私密的個人想法，其編纂的完整性和專業性在西方世界檔案史上難出其右。

儘管開國元勳已經被挖掘到這種程度，多數美國人還是認為他們超群不凡，政治能力和智慧非我們所能及。每當回顧這些人物，我們總是既驚嘆，又有強烈的失落感。美國史上似乎曾有那麼一段時間，理念與權力、理智主義和政治實踐融匯在一起，其後就再也沒有出現過。

這些開國元勳毫無疑問都是理想主義者，都是當時最頂尖的知識分子。但他們同時也是當時的政治領袖，是競逐權力的政治人物，在選舉中有輸有贏。他們在殖民地州議會或參眾議院當議員，當州長、法官甚至總統。他們當然不是現代意義的「知識分子」或「政治人物」，因為這些革命家並不接受這兩種人一定要涇渭分明。他們不是疏離的知識分子，也不是不關心選票的政治人物。他們同時腳跨理念的世界和政治的世界，愉

④ 此處是指《麥田捕手》這部小說。

快地把兩者結合在一起，讓我們嫉妒和驚嘆。我們知道這一段美國史再也不會重現。

但在兩百年後的今天，我們實無須再沉湎於過往，無須再深感失落和不足。我們所該做的，不是再多去讚美這些開國元勳，而是要更理解他們的處境。我們想知道，為什麼這些革命家能如此完美地結合理念與政治，而後來的世代卻不能？如果能以正確的歷史眼光看待十八世紀最後二十五年，更深刻體會那時代的獨特之處，我們不但更能了解革命世代的離去讓我們失去了什麼，更重要的是，我們也更能了解我們獲得了什麼。歸根究柢，後世的美國人之所以無法再複製那些革命家在知識和政治上的領導能力，正是因為我們所珍視的價值、我們的平等文化和我們的民主社會愈發茁壯。美國政治人物在知識品質上的下降，以及理念和權力的截然劃分，正是我們必須為民主付出的代價。當平民百姓在美國革命數十年後地位躍升，必然會取代非平民、貴族式的理念人物的權力。但這些革命領袖並不只是新環境的受害者，他們事實上也是新環境的先驅者。他們造成了變革，而正是這些變革導致他們滅亡，摧毀了他們把政治與知識融為一體的理念。儘管他們並非有意，但正是他們搗毀了讓他們得以偉大的基礎。

國父是時代的產物

這些革命領袖雖然偉大，但絕非半神或超人；他們是特定環境與特定時代的產物。

他們和一般人一樣無法免於誘惑。他們渴望財富與地位，有時候還會搞投機買賣。事實上，有好幾位知名的開國元勳，例如美國革命的財政家羅伯特．莫里斯（Robert Morris）和最高法院助理法官詹姆斯．威爾遜（James Wilson），最後都因為債務問題坐牢。

他們不是半神，但他們也絕不是現代意義的民主主義者。他們對菁英主義毫不避諱，也從不掩飾對一般老百姓的優越感。但他們也相信，平民百姓才是他們的權力來源。歷史學家查爾斯．史奈德（Charles S. Snyder）在很久以前就指出，他們是半貴族政治體制的受益者，他們的卓越領導，很大程度上是來自我們今日認為不民主和可恨的決策機制。[9]

但即使是在那個不民主的時空環境下，他們依然非比尋常，即便不是獨一無二。作為政治領袖，他們組成一個特殊的菁英團體，創造出一個以能力和天賦為標準的貴族階級，不同於十八世紀英國社會的世襲式貴族。在英國並不是沒有出身低微但功成名就的人。富蘭克林的英國朋友威廉．斯特拉漢（William Strahan），此人和富蘭克林一樣是印刷商出身，後來當上國會議員。埃德蒙．伯克（Edmund Burke）是出身平凡的愛爾蘭人，也成為當時最偉大的作家和演說家。但英國和美國還是不同。出身平凡的英國人縱有聰明才智，還是要靠主宰英國社會的世襲貴族提拔，才能往上爬。若沒有威廉．漢彌爾頓（William Hamilton）和洛金漢侯爵的庇護，伯克不可能功成名就。美國革命的菁英則多半是靠自己努力，雖然他們也像英國一樣需要人提拔，但他們有辦法成為社會的統治者，而這是斯特拉漢和伯克在英國辦不到的。

十八世紀的英國統治在大約四百個貴族家庭手上，他們擁有的龐大土地、政治影響力和貴族威勢，是北美洲的人難以想像的。馬里蘭州的查爾斯．卡羅爾（Charles Carroll）雖然是美國南方最有錢的莊園主，年收入是令當時美洲人咋舌的一千八百鎊，但英國德比伯爵的大量房地產卻可以年收四萬鎊。以英國的標準，就連華盛頓和傑佛遜這種擁有幾百個奴隸的美洲貴族，也不過是小地主而已。此外，在英國人的地位排序中，像亞當斯和漢彌爾頓這種律師是很低的。他們是紳士沒錯，但和英國貴族差得遠。所以美國革命菁英和英國貴族是非常不同的。但正因為不同，他們才很適合發揮十八世紀啟蒙的精神。

啟蒙風潮下的紳士品德

十八世紀英美啟蒙的主題是「儀節」（politeness），其涵義比今日廣泛得多。它不只是指舉止端莊穩重，還意指謙虛親切、合群、修養。有儀節才有「教養」（civility），然後才演變出「文明」（civilization）這個字。

文明是一個社會過程。當時認為，每個社會都要經歷一些歷史發展階段，從原始簡單的文明發展成精緻複雜的文明。每個國家都處於某一個社會發展階段。十八世紀晚期流行的社會發展理論有很多來源，但對美洲人特別重要的，是由十八世紀傑出的蘇格蘭社會科學家亞當・史密斯（Adam Smith）、約翰・米勒（John Millar）、亞當・福格森（Adam Ferguson）和凱姆斯勳爵（Lord Kames）等人所提出的四階段社會發展理論。這些思想家按照不同的生存模式劃分出四個社會發展階段：捕獵階段、放牧階段、農業階段、商業階段。這種理論認為，隨著社會人口成長，人們被迫要尋找新的生存方式，這種需求正是社會從一個階段發展到另一個階段的動力。幾乎所有思想家都把美洲原住民看成是第一階段的完美代表，亞當・史密斯稱其為「最低階和最簡陋的社會狀態」。[10]事實上，歐洲人在新世界發現印第安人，對於歷史階段理論有非常巨大的影響。正是印第安人促成了約翰・洛克（John Locke）所稱「美洲是所有世界的開端」的概念。[11]

由於文明是可以經由追求而達致，所以可以用很多東西為工具來打破蒙昧無知，傳播教養和文雅。教導美洲人如何行為的禮儀書在十八世紀中以倍數成長。人們從這類行為手冊學習如何與他人來往、如何清潔身體、如何改善品味。字典編纂者也試圖用字典來確定每個字的正確意義、正確拼法和正確發音。這樣一來就消除了方言的特殊性及拼字和發音的歧異，從而確定出標準語言。即使是在十八世紀非常興盛的決鬥這種事，也被當成一種傳播教養和文雅的工具——決鬥可以迫使紳士們控制情緒，讓他們不對彼此

「口出惡言」。

當時也出現各種新興機構和組織，為人民散播光明和知識：學術社團、圖書館、辯論社、集會所、讀書會、紳士雜誌、音樂會、畫廊、博物館。十八世紀英語世界的人把文化看成公共商品，是具有價值、能帶來地位、能夠獲得的東西。我們今日所知的文化世界，就是誕生於啟蒙時代。美洲各地人士都熱情想展現他們的知識和禮節，盡量成為文明世界的一分子。

這個新文明世界的核心是「紳士」（gentleman）這個概念。十八世紀的禮儀導師切斯特菲爾伯爵（Lord Chesterfield）把紳士定義為：「行為良善、有教養、和善親切、心性高貴，和任何人在一起都能舉止得宜。」[12] 沒有哪個英文字，比「紳士」更能代表理想中的人的最高品質。十八世紀的啟蒙運動賦予這個字重要意義。如何正確定義紳士，乃是十八世紀英語世界受過教育的人士最關心的問題。理查・斯蒂爾（Richard Steele）和珍・奧斯汀（Jane Austen）等作家用盡一生心力，就是在探尋什麼是紳士該有的特質。而亞當斯和傑佛遜在行將就木之時，還在通信討論這個問題。

對於十八世紀許多人，包括領導美國革命的革命家來說，紳士的道德意義要比單純的社會地位更重要。純粹的君主派依舊以家族名望、地產多寡、衣著華美、舉止傲慢等特質來定義何謂貴族，但很多人愈來愈不重視，甚至嘲笑這些特質。這個啟蒙的時代所重視的是新的貴族品質，諸如禮節、得體、品味、學識和品德，切斯特菲爾伯爵甚至認為，貴族的高貴地位應該要來自聰明才智而不是來自繼承。

當一個紳士，就得在思考上和行為上像個紳士，如此而已，而這種理念又產生始料未及的深遠後果。這意味著要有理性、要包容、要誠實、要有道德，還要「坦誠」（candid），這是十八世紀很重要的一種品德，意思是公正、率直和誠懇。當一個紳士是當政治領袖的前提。這表示要眼界宏大，能站在高點來看待人事，還要不帶偏見、不狹隘短淺、不帶庸俗野蠻的宗教情緒。簡言之，把這些特質總合起來，就是我們今天所謂「博雅教育」（liberal art education）的理念。現代英語世界博雅教育的理念正是創生於十八世紀。[13]如同諾亞・韋伯斯特（Noah Webster）所說，接受博雅教育成為紳士，就意味著「不能只幹一個職業」。[14]

當亞當斯自問何謂紳士，他講的就是博雅教育的理念。「所謂紳士，」他說，「不是指富有或貧窮，出身高貴或低下，勤勞或懶惰，而是所有受過博雅教育，有博雅教育和科學平均水準的人。不論他們是政府官員、小農、商人、機械師或勞工之子，也不論富有或貧窮。」[15]然而，不論紳士的父親是誰，他們自己可不能是小農、機械師或勞工，也就是說，紳士不能夠是靠雙手謀生的人。

對革命世代來說，這種古老的紳士平民之分，具有我們今日無法理解的重要性。這是把社會分成兩個不平等的階層，如同軍隊中軍官和士兵的分野。事實上，軍隊中的分野的確和社會上的分野雷同。紳士在社會上約占百分之五到十，他們位居社會上層，富有到不用工作，或至少不用靠雙手工作，才能無私地促進公眾福祉。

開國元勳最常用「無私」（disinterestedness）這個字眼，來表示美德或自我犧牲，因為在快速商業化的十八世紀，道德愈來愈受到利益的威脅。詹森博士⑤把無私定義為「超越私利，不受私人好處的影響」，開國元勳用這個字也是這個意思。這個字在今日已失去許多原意。今日受過教育的人都把disinterested等同於uninterested，也就是「無所謂或不關心」。我們似乎已很難想像，有人能在利益當頭時，真能超越利益做到無私。

十八世紀的英美紳士相信，唯有獨立自主、沒有利益牽扯，而且不受人雇用的人，才有道德能力。從事某個職業、必須辛苦工作的人，是不會有領導公眾的德行。亞里斯多德在幾千年前就寫道，在理想的政體中，「公民們不該從事體力和商業的生活。這種生活是不高尚的，對德行有不好的影響。」亞里斯多德甚至認為，農民無法當好公民，因為人「要有餘暇才能發展德行，從事公民活動。」[16]今日已不大有人相信這種幾千年前的古老理念，但在十八世紀很流行。亞當・史密斯在《國富論》（*Wealth of Nations*, 1776）中就認為，一般人在複雜的現代商業社會中都太忙於就業和賺錢，沒有能力對社會上紛雜的利益和各行各業做出公正評斷。只有「少數，不從事任何職業的人」，亞當．史密斯說，「才有餘暇和能力去評斷其他職業的人。」[17]

紳士的職責是領導眾人

因為獨立又有閒的紳士不會被職業和市場束縛，他們就應該出面領導政府。富有的紳士「不從事低下和不光彩的職業」，英國哲學家法蘭西斯．哈奇森（Francis Hutchison）寫道，他們「就比其他人更有義務積極服務人群。民眾也有權要求他們。」[18]每個美國開國元勳都感受到這種巨大要求，還經常感到痛苦和抱怨。這些革命領袖不是現代人。他們和今日的政治人物不同，不認為政治和擔任公職是一種專業。他們都和傑佛遜一樣相信，「在一個有德行的政府中……擔任公職是他們該做的事，是被加諸於身的沉痾，但又不可以拒絕，儘管辛勞和個人損失皆可預見。」擔任公職是紳士的義務，因為他們有能力、有獨立性、有社會聲望。[19]

在十八世紀的美國，紳士要犧牲自己來服務公眾是很不容易的，在革命期間尤其困

⑤ 塞繆爾．詹森（Samuel Johnson, 1709-1784），常稱為詹森博士（Dr. Johnson），英國歷史上最有名的文人之一。他花了九年時間獨力編出的《詹森字典》（*A Dictionary of the English Language*），為他贏得了聲譽及「博士」的頭銜。

難。許多革命領袖，尤其是出席大陸會議的「大財主」們，就經常抱怨擔任公職是重擔，不斷請求要卸下職務，追求自己的興趣。當時慣常的做法是每隔一段時間就辭去公職，躲回田莊休息。但也有許多北方政治領袖，例如亞歷山大．漢彌爾頓（Alexander Hamilton）和艾隆．伯爾（Aaron Burr），他們辭職不是為了回到鄉間別墅獨處放鬆，而是為了做生意賺錢，在都市裡忙著當律師。[20]

簡言之，美國的紳士很難具有亞當．史密斯所認為的，政治領袖必須有不從事商業活動的獨立性。當然，有很多南方莊園主靠著奴隸勞動而有餘暇，這些莊園主是美國最接近英國土地貴族的一群人。但很多南方莊園主同時也在經營旅店，無法像英國土地貴族那樣根本不用去管理地產。他們的監工也不同於英國貴族的管家，所以莊園主雖然看起來像貴族，但他們通常都忙於商業活動。雖然傑佛遜以為這些莊園主不必忍受「顧客的恣意任性」，但他們的生計其實和國際貿易的變化直接相關。就算傑佛遜例外，多數人還是受到市場的壓力，而這是英國貴族根本不了解的。[21]但話說回來，維吉尼亞和南卡羅萊納的南方莊園主依然最符合無私紳士領袖的古典形象，他們很清楚這一點，也在革命後數十年中盡量加以利用。[22]

獨立於市場利益之外的紳士不常見於美國北方，但理想是一樣的。詹姆斯．威爾遜曾經寫道，在古羅馬，執政官和將軍都是紳士型的農夫，隨時準備退出「高位」，「滿心喜悅」地重拾「獨立恬淡的田園工作」。約翰·迪金森（John Dickinson）在其一七六八年著名的小冊子中自稱是農夫，此舉唯有在這個古典傳統下才能理解。⑥迪金森是富有的費城律師，但為了向讀者保證他是無私的紳士，他在其小冊子一開頭就說，自己是個「知足」且「無欲無懼」的農夫。[23]一些搞國際貿易的大商人為社會帶來財富，對革命也貢獻良多，但麻州牧師查爾斯·尚西（Charles Chauncy）還是質疑他們作為獨立紳士的地位，說他們「為自己的私利服務」。[24]

富有的商人如約翰·漢考克（John Hancock）和亨利·勞倫斯（Henry Laurens），對此極有自知之明，所以兩人在英帝國危機期間，都放棄生意以示高尚。漢考克花錢大方，揮金如土，資助了所有人。他花光繼承自伯父的龐大遺產，最終成為十八世紀最後二十五年中麻州政界最受歡迎和最有權力的人。勞倫斯也很清楚南卡羅萊納對商人的輕蔑，遂於一七六〇年代縮減了他的生意。他在美國革命期間當上大陸會議主席，轉而蔑視所有還在從商的人，例如費城的莫里斯就還在忙著賺錢。他在一七七九年甚至寫道：「富有而貪婪的人很難成為全心全意的愛國者。」[25]

---

⑥ 迪金森是美國憲法簽署人。一七六七至六八年期間，他撰寫了十二封《來自賓夕法尼亞農民的書信》，而被稱之為「革命的筆者」。

當時一般都認為，商人和需要靠雙手工作的中間階級不可能成為無私的紳士。一位女詩人就寫道，這些人是庸碌於買賣的「俗人」，「心中唯有吝嗇和貪婪」。[26]但也有許多有企圖心的中間階級，想要「合格」當好一般人所稱的紳士。由於貴族在美洲的力量太弱，太容易被挑戰（這是歐洲殖民以來長久的問題），要阻擋這些新貴取得紳士地位就很困難。當華盛頓在一七七五年六月接掌大陸軍隊時，他很訝異有很多新英格蘭的軍官不但是由士兵推選的，而且平常還是鞋匠和農夫。沒有足夠的紳士來當軍官是持續困擾華盛頓和大陸軍隊的問題。許多人不是因為他是紳士而當上軍官，相反的，有太多人想利用當軍官來證明他是紳士。[27]

紳士誕生的沃土

革命時期的美國絕不是個平等主義的社會，不管多有錢，大多數中間階級都不被認可是紳士。發了財又有政治企圖心的工匠和商人，諸如賓州的富蘭克林和康乃狄克州的羅傑．薛曼（Roger Sherman），都必須放棄生意才能當上高位。

這些革命領袖都是心懷壯志的紳士，對於工作、儀節和文明有共同的理念。他們都飽受教養和文雅這些啟蒙理念的影響。如同後來當上紐澤西州長的威廉．利文斯頓（William Livingston）所說，正因為美國是「才剛從粗野不文的環境中誕生的國家」，也就特別急於邁向精緻文明的社會發展階段，甚至比英國還急。[28]確實，愈是處於大英帝國邊陲地區的人，諸如蘇格蘭和北美洲，就愈重視紳士的啟蒙特質。

正如歷史學者佛朗哥・文圖里（Franco Venturi）所指出，啟蒙運動並不是誕生於歐洲文化的中心地區，而是邊陲地區，「誕生於落後世界和現代世界倉促交會之處」。[29]美洲人和蘇格蘭人都處於宗主國英國的外圍邊緣。這兩個社會都沒有主宰英國政治的世襲貴族。與在宗主國英國不同，在北美洲和蘇格蘭，上層貴族反而受制於專業人士或小地主之類的小貴族，這些人都急著要用行為和學識，而不是家世或地產多寡來決定他們的地位。

此外，由於蘇格蘭高地部落和北美洲印第安人就近在咫尺，所以蘇格蘭人和北美洲人都很了解文明和野蠻的巨大差異。兩者都感受到文明確實有程度高低，都對社會如何從粗野發展到精緻深感興趣。他們認為自己的社會比英國粗陋簡單，而英國已處於社會發展的第四和最終階段，也就是商業社會，所以要向英國學習儀節和文雅。後來為詹森博士作傳的二十二歲蘇格蘭青年詹姆斯・博斯韋爾（James Boswell）初到倫敦生活時，他感到非常興奮，「學到了沉著穩重的紳士氣質，和我以前喜歡的輕浮不文大為不同。」[30]

但蘇格蘭人和美洲人也很清楚，典雅的英帝國中心其實充滿奢華和腐敗。英格蘭有許多城鎮荒廢貧窮，對禮俗講究過度，階級極不平等，勞動分工過於複雜，還生產了過多奢侈品，這些都是社會過度發展和社會衰敗的病徵。如同普林斯頓大學的塞繆爾・斯坦霍普・史密斯（Samuel Stanhope Smith）所指出，在社會發展四階段理論中，有一部分就是在說「人類社會發展到某一個程度就會開始腐化、開始衰敗。」[31]在許多外圍省分的人看來，一七六〇年代和一七七〇年代的英格蘭已接近崩潰邊緣。許多和倫敦有直接往來的北美洲殖民地人士，都對要花幾千幾百萬英鎊的賄選風氣大感震驚。當時在律師學院（Inns of Court）唸書的約翰・迪金森告訴父母說，「無度的荒淫和蔑視道德」，終將導致大英帝國的毀滅，如同歷史一再證明的。[32]

與此同時，這些住在大英帝國外圍省分的人也開始感覺英格蘭人愈來愈囂張。尤其是在七年戰爭打敗法國之後，英格蘭人的自我意識膨脹，發展出一種有別於蘇格蘭人、愛爾蘭人和北美洲人的民族認同。英格蘭人開始不把北美洲殖民地人士視為大西洋對岸的英國同胞，而是看成一群被他們統治的人。事實上，在一七六三年，格倫維爾（George Grenville）內閣的貿易部長和負責殖民地的南方部國務大臣哈利法克斯伯爵（Lord Halifax）就說，「英格蘭人」認為美洲人「雖然同為陛下的子民，但實際上是外國人」。[33]

於是蘇格蘭和北美洲這些外圍省分的人，對於大英帝國開始有尖銳的矛盾情緒。北美洲人和蘇格蘭人既自豪於本地社會的單純，又深刻意識到倫敦才是宗主國的文明中心，對兩種文化的衝突有強烈的不安。

這種狀態雖然不安，但同時也富有刺激性和創造性。[34]這解釋了為什麼在十八世紀末的英語世界中，蘇格蘭和北美洲會有如此特殊的啟蒙和知識狂熱。大衛・休謨（David Hume）、亞當・史密斯、亞當・福格森、約翰・米勒等蘇格蘭人的聰明才智絕不遜於美國開國元勳。班傑明・洛希（Benjamin Rush）早在一七六六年就寫道，「有益而令人愉快」的討論是愛丁堡和費城生活的特色。[35]由於毗鄰野蠻部落，蘇格蘭和北美洲的菁英被迫要對何謂文明展開新的思考，並極為強調要用可以學習而來的價值，取代從血緣和親屬繼承而來的價值。他們想成為珍・奧斯汀和埃德蒙・伯克理想中的紳士，積極追求十八世紀的啟蒙紳士理念：得體而不紈絝、文雅而不賣弄、品德高尚而不做作、獨立自主而不傲慢。

如何扮演好紳士角色

所有開國元勳都由衷同意威廉・利文斯頓關於如何做一個真正啟蒙紳士的訓條：「讓我們拒斥迷信和盲從，因為它們是懶散和奴役的源頭。讓我們對抗無知和野蠻。讓我們迎接藝術和科學。讓我們鼓勵任何能夠提高和加強我們品格的東西。最後，讓我們以愛國的靈魂和公共精神真正展現對國家的愛。」[36]他們努力去內化這些自由主義新標準，一方面是何謂真正的文明，諸如儀節、品味、合群、學習、同情、慈善，一方面是何謂好的政治領袖，像是品德、無私、不腐化、不諂媚。一旦他們內化了這些啟蒙運動的古典共和理念、價值和標準，其行為也就受到約制。他們執著於德行之道，追求詹森博士所說，「能表現一個人品質」的東西。

這些革命領袖重視名譽或聲望，重視別人對他們的看法，所以必然得在人生劇場上扮演角色和演員。他們扮演的不是我們今日愛看的有內心衝突和缺陷的人（我們今日對角色的看法也導致我們對開國元勳的批判）。他們的理想是一種外向式的生活，也就是一個公眾人物如何向世界證明，自己有達到菁英文化所要求的價值和義務。這些開國元勳與社會緊密相連，從不認為自己是批判式或學院式孤立於社會之外。與今日的知識分子不同，他們不認為自己和大眾文化處於對立關係。他們是活生生的個人，有時會裝英雄假清高，但絕不是沒有社會認同的個人主義者。他們浸淫在社會之中，熱心公益，為了教養、合群和公眾形象而隱藏個人情感。傑佛遜和瑪莎・華盛頓（Martha Washington）⑦都把夫妻之間的通信銷毀，因為他們認為這些純屬私人信件，與其作為公眾人物的角色無關。一七九七年，在聲名狼藉的「雷諾茲小冊」⑧中，漢彌爾頓為了挽救公眾名聲而自曝私德有虧，但他自辯說，紳士的私生活和是否適任公職毫不相干。

富蘭克林也認為他所扮演的角色，包括他的姿態、他的裝腔作勢、他的多面相、他拒不透露的內心世界，正是文雅而重交際的十八世紀所肯定的。[37]我們今天從直覺上就討厭這種迎合社會的老成世故，但這正好反映出我們與浪漫主義出現之前的十八世紀差距有多大。

這些革命領袖所追求的文雅和教養都屬眾人之事，唯有放在社會當中才有意義。要知道如何對待別人和如何領導統御，就要能敏銳體察他人的感受和反應。社會需要如約瑟夫·艾迪生（Joseph Addison）所說的「友善的旁觀者」，這種人「能和無知同胞的輕率魯莽保持距離」。這些「旁觀者」，是一些「把世界視為舞台，能夠公正評價舞台上演員的人」，他們有責任制禮作樂。[38]紳士的行為只能以其對他人和社會的影響來加以評價。

⑦ 美國首任總統華盛頓的妻子。

⑧ 一七九七年，時任財政部長的漢彌爾頓和瑪莉亞·雷諾茲（Maria Reynolds）爆出婚外情。兩人在一七九一年夏季就開始發生性關係，之後瑪莉亞的丈夫詹姆斯·雷諾茲（James Reynolds）便不斷藉此勒索漢彌爾頓。但漢彌爾頓後來發表了一本九十五頁的小冊，後世稱其為「雷諾茲小冊」（Reynolds Pamphlet）。漢彌爾頓在冊子中坦承了自己的婚外情，並附上他與雷諾茲夫人之間的通信。漢彌爾頓希望這本小冊能打消公眾的懷疑，犧牲自己的私人形象，但可以證明自己在政治上的清白。

這種文雅和有德行的領導者文化，意味著要有聽眾、觀眾、角色、舞台、道具、掌聲和批評，華盛頓和亞當斯就深諳其中真義。亞當斯就一直認為，他和他的同志都是舞台上的演員。他說公共生活的「舞台布景」有時如此令人著迷，「比出場人物或深刻的劇情更打動人心」。到一八〇五年時，他這一生已演出過太多戲碼，但他並不覺得自己是個明星。「還有什麼更戲劇性的事件，」他問班傑明．洛希說，「比得上傑佛遜大筆揮就的獨立宣言呢？」又有什麼能比得上漢彌爾頓在約克鎮戰役時要求指揮大軍呢？[39] 人生就是戲，觀眾怎麼看才是最重要的。公眾領導人必須是入戲的演員，要善於演出。

這些革命領袖都深知這點，都努力符合德行和教養。確實，正是這種深刻而嚴肅的努力，他們才和後世的美國領導人截然不同。但這種努力也讓他們有別於他們的父祖輩。他們追求成為傑佛遜所說的「天生貴族」（natural aristocrats），他們的貴族地位不是以世襲貴族的久遠家世來衡量，而是以啟蒙運動的價值和善行來衡量。

他們這麼做是有理由的。他們都是雄心壯志但出身相對低微，自然會偏愛努力得來的而不是繼承得來的價值。幾乎所有革命領袖，包括第二層和第三層的領袖，都是第一代的紳士。也就是說，他們都是家中第一個唸大學、受博雅教育、被啟蒙精神烙印的啟蒙紳士。在九十九個簽下獨立宣言或憲法的人當中，只有八個人的父親唸過大學。至於富蘭克林、華盛頓和納塔奈爾．格林（Nathanael Greene）這些沒唸過大學的革命領袖，則是以刻苦自學自由主義的啟蒙理念來彌補。如同班傑明・洛希在一七九〇年所說：「許多第一流美國人物都是商人或農人之子。」[40]

傑佛遜的父親是富有的莊園主和土地測量員，娶的是顯赫的蘭道夫家族的女兒。但他不是受過博雅教育的高雅紳士：他不懂拉丁文、不會法文、不會拉小提琴，而據我們所知，他也不曾質疑過教會的權威或奴隸制度。

他的兒子傑佛遜就截然不同。這些革命領袖懂得他們父親所不懂的事情，他們都急於證明自己的信念、價值、德行和無私。其中只有一位重要革命領袖和他人不同。從表面看來，艾隆・伯爾完全有資格當個偉大的開國元勳。他是革命戰爭的元老，畢業於普林斯頓大學，是個有魅力又富有的貴族，最後當到紐約州參議員和美國副總統。但他的性格和同志不太一樣。他的行為和其他革命領袖很不同（尤其是為了自己的私利犧牲公益），這最終導致同志們起而圍剿他。⑨因為他是很明顯的例外，他的特殊案例有助於我們了解開國元勳的性格。

⑨ 伯爾在一八〇五年從副總統一職卸任後，到美國通過路易斯安那購地案新獲得的西部領土旅行。他在此期間的一些行為遭到懷疑，因此被以叛國罪起訴，被指控的罪行包括：一、試圖將美國新購得的土地據為己有；二、試圖非法向西班牙宣戰。但一八〇八年他被法庭裁定無罪釋放。此後他離開美國前往歐洲。一八一二年，他回到紐約居住，直到去世。

創造民主，但又被民主消滅的國父

然而，開國元勳的高道德標準，不禁讓人要問一個根本性的問題。如果他們對啟蒙價值的信念使他們與其他世代有別，那我們不禁要問，為什麼這些受啟蒙運動和人文教育感召的紳士沒有做到更多社會改革？而這也是近來許多歷史學者的疑問。為什麼他們沒有提高女性的地位，沒有完全消滅奴隸制度，沒有更人道地對待印第安人？

開國元勳確實有很多想做而做不到的事。事實是，他們並不如自以為的，那麼有能力控制社會和文化。他們預料未來也並不比我們更準確。而到頭來，他們的啟蒙理念和他們那種菁英式領導，都被其革命所釋放出來的平等主義力量所終結。

所有開國元勳都直覺認定，整個大西部的土地都屬於美國殖民者。不過其中也有很多人擔心住在這些土地上的印第安人。事實上，華盛頓的戰爭部長亨利．諾克斯（Henry Knox）在一七九〇年代呼籲要公正對待原住民的那番話，就連今天的人類學家都會激賞。但諾克斯說要向印第安人購買土地，再以文明的方式吸納和保護他們，這一點則端賴殖民過程能否循序漸進。湧向西部的白人殖民者都自認是上帝的選民，根本不理會東部首都制定的計畫和政策。他們一窩蜂湧入西部，挑起與印第安人的戰爭，聯邦政府則被迫被捲入其中。

美國的民主制度和人口結構也違背了開國元勳的期待。當時所有重要領袖都認為，美國革命的自由主義原則遲早會摧毀奴隸制度。紐約的廢奴主義者史密斯醫生（E. H. Smith）曾在一七九八年宣稱，當連傑佛遜、派屈克・亨利（Patrick Henry）和亨利・勞倫斯這些南方人都公開譴責奴隸制的不公不義時，「它就註定要緩慢死亡」。[41]這個預測當然大錯特錯。在一七九〇年代的美國，奴隸制非但沒有死亡，反而處於擴張的高峰。事實上，在革命結束時，全國的奴隸總數比一七六〇年代還多。

但革命領袖這些自我欺騙和錯誤樂觀是可以理解的。他們喜歡相信會出現最好的結果，而在剛開始時，奴隸制度確實也有消亡的跡象。奴隸制度本來在北方各州的規模也不小，但這些州努力將它消滅，到一八〇四年時已消失殆盡。開國元勳相信，南方各州也將如此。南方各州的反奴組織比北方更多，中南部各州奴隸主自願解放奴隸的風潮，也在獨立戰爭結束後的幾年內大為興盛。許多人相信，在一八〇八年禁止國際奴隸貿易後，奴隸制度也終將消滅。正是因為對未來錯誤的樂觀，開國元勳才會在一七九〇年代這麼輕易撇開廢奴議題。正如美國第三屆首席大法官奧利弗・埃爾斯沃思（Oliver Ellsworth）所說的：「隨著人口增加，貧窮的勞動力會多到讓奴隸無用武之地。奴隸制將不再是我們國家的汙點。」[42]但這些領袖完全沒想到，蓄奴州，尤其像是維吉尼亞州的奴隸人口成長，居然會高到足以供應奴隸給美國深南部（Deep South）和西南部。革命領袖終結奴隸制的希望，敗給了白人莊園主對更多奴隸勞動力的需求。

所以，為什麼我們永遠不可能重現非凡的開國元勳那一代人？答案很簡單，那就是平等主義式的民主這個今日美國社會最重視的價值，已然大為勃興。在十九世紀初，平民百姓尤其是白人民眾的聲音愈來愈大，很快就壓過革命領袖對未來的想像。正是因為這些開國元勳向老百姓鼓吹民主和平等太過成功，所以他們再難重現於後世。

第一章　神壇上的「國父」華盛頓

華盛頓完全是十八世紀的人物。他和塞繆爾·亞當斯一樣，是屬於「普魯塔克筆下的人物」。而他也和亞當斯一樣，很快就變得不合時宜。他屬於前民主主義和前平等主義的十八世紀世界，那個世界和之後的世界非常不同。這就難怪他看來離我們很遠。他是真的離我們很遠。他屬於一個已經過去的世界，而那個世界當他還在世時就已經過去了。

不管在戰爭還是和平年代，喬治・華盛頓都還是第一偉人，但他似乎不再是美國同胞心目中的第一人。最近有一項民調詢問誰是美國最偉大的總統，只有百分之六的受訪者說是華盛頓。他在歷來總統中排名第七。年輕人尤其不清楚華盛頓是誰。

對總統偉不偉大做民調也許很蠢，但若真要嚴肅調查，那華盛頓應該還是排在第一位。他完全配得上同時代人對他的讚美。而只要這個共和國還存在，他就應該是美國人心目中第一偉人。華盛頓確實是個偉人，是我們歷史上最偉大的總統。

但他是個不容易理解的偉人。他在很短的時間就從一個凡人變成紀念碑式的人物。與他同時代的人都知道他不好親近。時間過去愈久，他就顯得愈不真實。他在十九世紀初就成為雕像般的存在，毫無缺點。「有人看過華盛頓裸體嗎？」霍桑（Nathaniel Hawthorne）曾如此問道。「這完全令人無法想像」，華盛頓「一出生就穿著衣服、染著頭髮、堂皇地向世界一鞠躬。」

當然，正如愛默生（Ralph Waldo Emerson）所說，「所有英雄到頭來都令人生厭」，華盛頓也不例外。到了十九世紀中，對於華盛頓的頌揚已流於僵化俗套，幽默作家阿特姆斯・沃德（Artemus Ward）忍不住要嘲弄說：「喬治・華盛頓是世界上最棒的人……他永遠不用睡覺……他深愛他的國家。他不愛財物。他是戴著三角帽穿著及膝褲的人中天使。」[1]

雖然帕森・威姆斯（Parson Weems）那本試圖把華盛頓人性化的傳記一直深受歡迎，這位偉人依然遙不可及，不真實也不人性。然而，儘管不斷有人要把他拉下神壇，暴露他的缺點，戳破他的名聲，但他依然巨大無比。到了二十一世紀的今天，他似乎已和我們遙遠到基本上無法理解的地步。他似乎來自另一個時空，另一個世界。

但重點就在這裡：他的確是來自另一個世界。他的同胞在他一七九九年去世前就知道這點。華盛頓是唯一真正的古典時代的英雄。當他還在世時，就被當成古典時代的英雄來崇敬。與他同時代的美國人中，只有富蘭克林的國際聲望能望其項背，但富蘭克林的聲望主要是在科學和哲學領域，華盛頓則更屬於一個傳統式的英雄。他自己也意識到這一點。他對自己作為美國革命軍統帥所贏得的名聲相當有自覺。這種對英雄地位的自覺，對華盛頓相當重要，幾乎影響到他後半生所做的任何事。

華盛頓完全是十八世紀的人物。他和塞繆爾・亞當斯（Samuel Adams）一樣，是屬於「普魯塔克筆下的人物」。①而他也和亞當斯一樣，很快就變得不合時宜。[2]他屬於前民主主義和前平等主義的十八世紀世界，那個世界和之後的世界非常不同。這就難怪他

① 普魯塔克（Plutarch）是羅馬史家，著有《希臘羅馬名人傳》。書中記載了包括凱撒、安東尼、梭倫等約五十位古希臘和古羅馬的著名軍事、政治人物。

看來離我們很遠。他是真的離我們很遠。他屬於一個已經過去的世界，而那個世界當他還在世時就已經過去了。

華盛頓的真實面貌

從很多方面來說，華盛頓都不太像個英雄。當然，他具有古典英雄的身體素質。就當時的標準來說，他的身材非常高大，約有六呎三吋（約一九一公分），魁梧有力，又是運動健將。他的體型是一般男女都欽羨的。他是高明的騎士，這在那個時代是很重要的技能，他還是優雅的舞者，天生愛騎馬和跳舞。他總是走路有風，看來就像個領導人。

但與他熟識，同他談過話的人，經常會大失所望。他從來沒什麼話好說。他也絕不是我們今天會稱為知識分子的那種人。我們無法想像他會像傑佛遜和亞當斯晚年那樣，對世界的苦難表達悲痛。亞當斯很瞧不起華盛頓的智識能力。亞當斯說，華盛頓很確定不是個學者。「以他的地位來說，他讀的書太少、不夠淵博，這一點毫無疑問。」亞當斯的評語當然太苛刻。十八世紀的偉人本來就不必是學者或知識分子。但華盛頓確實不是博覽群書之人，尤其是和其他開國元勳相比。他對抽象討論毫無興趣。即使是傑佛遜這種評論朋友非常寬大之人也說，華盛頓的「口語表達能力不超過中人程度」，「想法不多，用詞也不流利。」[3]

華盛頓和他的維農山莊。（圖片來源：公共領域）

所以，華盛頓是個說話不多也沒有宏大思想的人。他顯然不是偉大的思想家，不屬於培根、洛克、牛頓，甚至傑佛遜或富蘭克林之流。他不是知識分子，是個實幹家。他很懂如何經營莊園。他經營維農山莊（Mount Vernon）要比傑佛遜經營蒙蒂塞洛（Monticello）更得心應手。事實上，他是全維吉尼亞最成功的莊園主之一。華盛頓永遠心繫維農山莊，甚至他的靈魂也是。他永遠掛念著維農山莊。即使在當總統時，他還是花費大量精力在關心莊園的圍籬。他寫的關於維農山莊經營細節的信，要比關於聯邦事務的信要長得多。

但光是一個很會管理莊園或聯邦政府的實幹家，並不足以讓他成為世界知名的英雄。他的崇高和偉大究竟因何而來？

他的戰功當然是關鍵因素。然而華盛頓也不是傳統的戰爭英雄。論戰績，他比不上亞歷山大、凱撒、克倫威爾（Cromwell）或馬爾堡（Marlborough）公爵，也比不上即將崛起的拿破崙。華盛頓沒拿過什麼很了不起的軍事勝利。他不是軍事天才，他的戰術和戰略也沒什麼過人之處。他的聲望不是來自軍事成就，而是別的東西。那是什麼呢？

與眾不同的英雄

華盛頓的天才和偉大在於他的人格。如同夏多布里昂（François-René de Chateaubriand）所說，他是個「與眾不同的英雄」。[4]在華盛頓之前，沒有像他這種英雄，而在拿破崙於一八〇〇年以凱撒式的世界帝王之姿崛起後，也不會再有華盛頓這種英雄。華盛頓之所以是偉人，被稱頌為古典時代的英雄，是因為他在面臨誘惑時能夠自持。他的道德人格使他鶴立雞群。

華盛頓是革命世代領袖價值觀的縮影。他人格高尚，是真正有德之人。這種德行並非與生俱來，而是需要努力、需要培育，而且每個人都知道這點。華盛頓是自己造就自己的英雄，這對於重視一個人能否控制感情和命運的十八世紀啟蒙世界來說，極為重要。華盛頓的高貴品格是他自我培育出來的。

華盛頓是啟蒙之子。他是他那個時代的人，他比同時代人更嚴守道德標準。但是華盛頓的啟蒙和傑佛遜或富蘭克林又不盡相同。他沒有什麼高深的哲學和抽象思考。確實，他在宗教上是個傳統意義上的自由派（「不讓自己偏執於哪一種崇拜」）。他雖然會照規矩按時上教堂，但他絕不是虔誠的教徒。他寫文章很少提到耶穌基督，通常把上帝稱為「人類事務的偉大處置者」。然而華盛頓也不像傑佛遜那麼討厭神職人員和教會組織。[5]他絕不會像傑佛遜所說的，「我們的公民權利不依賴於我們的宗教主張，正如我們的宗教主張也不依賴於物理學或幾何學。」[6]他虔誠地相信，人間萬事自有上帝或神恩的關照，包括他之所以參與革命戰爭。而正如他在告別演說中所言，他也相信宗教是道德和共和政府的重要支柱。他雖然好學，但絕不是富蘭克林那種科學家。事實上，他和許多十八世紀的紳士一樣，不認為「紳士受教育是為了成為一名學者」。[7]華盛頓的啟蒙是一種比較接地氣、關切社會行為和人民日常生活的啟蒙。他的啟蒙更接近教養（civility）。

在華盛頓十六歲生日之前，他從一本一五九五年耶穌會禮儀書《在社交與對話時之教養及合宜舉止的規則》（*Bienséance de la conversation entre les hommes*）的十七世紀英譯本中，抄錄了一百一十句格言，而這本書又轉錄自一五五八至五九年的義大利文初版。這些格言是現有華盛頓文稿中最早的一份，裡頭談到如何對待尊長（「與有德之人說話時不要傾斜身體，不要直視其面容」），如何呈現表情（不要鼓起臉頰、不要伸舌頭、不要搓手或下巴、不要嘟嘴唇或咬嘴唇、也不要把嘴張得太大或太小），如何和人共餐（不要用桌巾、叉子或刀子來清理牙齒）。[8]

每個開國元勳都熟知這些傳統教養，都在不同程度上謹守奉行，但沒有任何人比華盛頓更認真。他熱烈追尋當一個開明紳士的正確行為準則，認真奉行的程度讓其同時代人目瞪口呆。這種堅定性讓他的行為如同教科書般精準。他深愛艾迪生的劇作《加圖》（*Cato*），看了一遍又一遍，寫信時還會引用劇中對白。這部戲完全是啟蒙時代的產物，教會他何謂開明、有德行，如何做一個克己的古典英雄。[9]

華盛頓非常在乎穿著，很重視外在形象，好像永遠都在舞台上演出。確實，他永遠把人生視為「舞台」，每個人都扮演著一個「角色」。[10]他不喜歡冒犯到別人，給人寫信總會依對象修飾言詞，以至於有些歷史學家甚至認為他有欺騙之嫌。[11]他很注意自己的筆跡、拼字和文法。他在革命戰爭後就曉得自己會名留千古，於是還重新修訂自己早期文章的缺失之處。[12]班傑明．洛希曾回憶說，華盛頓「會將一封信抄寫在兩或三張紙上，只因為上面有幾處塗抹的地方。」[13]他與人來往一絲不苟，因為他極有自覺地在實踐古典的行為準則。

正因為華盛頓沒上過大學，沒受過博雅教育，他反而非常執著於他所不足之處。威廉與瑪麗學院②永遠是他「崇敬的對象」，他也一直說他「自知所受教育不足」。[14]他對自己沒學過任何外語一直覺得不好意思。他在一七八〇年代拒絕受邀出訪法國，部分原因是他覺得像他這種地位的人居然要靠翻譯才能交談，這是很丟臉的事。他說因為他沒受過正式教育，沒能力撰寫他的革命回憶錄。還有很多人說，他在當總司令時所寫過最出色的信件，都是由助理捉刀。然而，缺乏大學教育這件事，並沒有妨礙他用別種方式展現他努力習來的文思。他很喜歡參加討論茶會，在一七八七年討論新憲法的那幾個月，他的日記幾乎都是他參加各種茶會的紀錄。[15]

在聰慧機敏之人面前，他習於保持沉默。有些人說他很害羞，但不論原因為何，他的沉默寡言確實很不符合一個偉人該有的個性。法國政治家布里索（Jacques Pierre Brissot）曾說，「他的謙遜讓法國人很驚訝」，此外「他談到美國革命戰爭，談到他打過的勝仗，但好像都不是他領導的。」這種謙遜又讓他顯得更加嚴肅。「大多數人都是說太多做太多，」一位朋友回憶說，「但華盛頓……絕不犯這種一般人會犯的錯。」華盛頓也許不是最好的晚宴嘉賓，但他「保持沉默的天分」絕對是亞當斯所缺乏的。[16]

② 威廉與瑪麗學院（College of William & Mary）創建於一六九三年，是全美僅次於哈佛大學第二古老的大學。

華盛頓對奴隸制的看法

華盛頓在社交場合或許略微內向，但在政治上，他卻很會做出戲劇性的動作。其中最令人印象深刻的一步，是他主動解放了他的奴隸。在所有擁有奴隸的知名開國元勳中，包括傑佛遜、麥迪遜和派屈克．亨利，唯有華盛頓最終解放了他的奴隸。他當然不是激進的廢奴派，他終生都沒有公開反對過奴隸制度。但他卻逐步在私底下得出奴隸制是不道德且違反革命理念的結論。

在美國革命之前，華盛頓和大多數十八世紀的美洲人（尤其是維吉尼亞人）一樣，把奴隸制視為理所當然。十八世紀的社會充滿各種不公不義和不自由，奴隸不過是一個階級社會中最底層的一群人。雖然我們今天很難想像一個人怎麼可能擁有另一個人，但在十八世紀初的美國絕非如此。畢竟，奴隸制已存在幾千年都沒人批評，十八世紀初的美洲也是如此。

在美國革命前夕，每一個州多少都有非洲黑奴。在一七六〇年全美一百五十萬人口中，至少有五分之一（超過三十萬名男女及兒童）是奴隸。華盛頓的維吉尼亞州是最大也最富裕的一州，擁有的奴隸也最多，有十四萬名奴隸，占人口數百分之四十。在十八世紀上半葉，即使是像威廉．貝德（William Byrd）這種高教育且充滿感性的維吉尼亞莊園主，對於莊園內擁有幾百名奴隸也毫無罪惡感。那是一個殘酷野蠻的時代，底層人民是不值錢的。

美國革命改變了一切。革命者不需要詹森博士（「為什麼我們聽到黑奴的主人叫喊自由叫得最大聲？」）來告訴他們，追求自由和蓄奴有多麼自相矛盾。在一個由平等公民組成的新共和國中，奴隸制突然變得很反常，變成一種需要被辯護和合理化的「特殊制度」。這就難怪世界上第一個廢奴組織會在一七七五年成立於費城。所有革命領袖都痛苦地意識到，自由的革命理念和奴隸制度是矛盾的。華盛頓也不例外。

但華盛頓也不是突然就意識到奴隸制的罪惡。要他去質疑他向來視為理所當然，以及他在維吉尼亞生活方式的基礎，並不是件容易的事。作為一個具有公民意識並深植於其社會文化的南方莊園主，他在美國革命之前對奴隸制的看法和其他維吉尼亞莊園主並無不同。當他要擴大維農山莊的財富和生產力時，買進了許多奴隸，偶爾也賣掉一些。到了一七七四年，他的莊園已經有超過一百個奴隸。雖然他是個好主人，時常關心奴隸的健康和福利，但他對於把人類置於枷鎖中並沒有覺得良心不安。在美國革命之前，他曾有幾次譴責過奴隸制度，但他只是認為奴隸讓他的工人變得懶散無效率，而不是因為奴隸制有什麼不道德或不人性。一七七四年，他支持禁止進口奴隸到英屬殖民地的費爾法克斯決議案（Fairfax Resolve），因為很多維吉尼亞人認為用不著再進口更多奴隸。但與此同時，華盛頓又從西印度群島買進了更多奴隸。

當華盛頓成為大陸軍總司令之後，他為軍事條件所迫，不得不改變他原來認為黑人不可從軍的看法。他在一七七五年看到新英格蘭軍隊中居然有非裔美洲人，這讓他大開眼界，遂開始召募黑人自由民加入大陸軍。一七七八年，他允許羅德島組建一支全部為黑人的軍團；一七七九年，他又批准一項讓從軍黑奴獲得自由的方案。因為他很了解南方人深刻的恐懼和偏見，他並不意外這項計畫最後胎死腹中。然而在整場戰爭中，華盛頓還是率領了一支跨種族的軍隊，其中黑人士兵約有五千人。雖然他在當總司令期間並沒有公開反對奴隸制度，但他逐漸在私底下重新思考黑人受奴役的問題。

等戰爭結束回到維農山莊，他已經認定應該廢除奴隸制度，不只是因為奴隸制是一種無效率的制度，更因為奴隸制違反了美國革命的所有理念。他不願對抗他所身處的社會文化，並沒有公開反對奴隸制。但他在一七八六年私下誓言絕不再買進奴隸，當時他有超過兩百個奴隸，將近一半都太小或太老，無法工作。他告訴維吉尼亞的朋友說，他希望能用方案讓奴隸制「緩慢、必然但令人無法察覺」的消失。[17]他深知除此之外在政治上都不可行。

一七九四年，當他考慮要辭去總統職位時，他認真思考過要解放他稱之為「一種我所深惡痛絕的財產」。[18]但他遇到困難。他龐大的地產無法立時轉換成現金，而且他大部分奴隸（當時有近三百個）都已不屬於他，而是登記在他太太瑪莎和繼承人的名下。一七九九年夏天，在他過世前六個月，他決定在臨終前盡可能解決問題。也許是因為他的鄰居、家人或甚至瑪莎都反對他解放奴隸，所以他祕密親手寫下一份新遺囑。這份遺囑是他寫過最重要的文件。由於他和瑪莎的奴隸互相通婚率很高，他表示他的奴隸只有在瑪莎死後才能得到自由。但他不是只把奴隸放出去而已。他不但禁止任何被解放的奴隸「以任何理由」被送出維吉尼亞，還指示任何太小或太老的奴隸都要得到必要的照料。年紀小的要被照料到二十五歲，要教他們讀書寫字以備「做一些有用的職業」。他知道他的家人和維吉尼亞社會會有什麼觀感，所以他在遺囑中下了許多命令，「直接而嚴肅地」吩咐他的遺囑執行人，必須「虔誠地」執行他的要求，「不得有任何推諉、疏忽或延遲。」[19]

華盛頓的遺囑幾乎立刻就被印成小冊子流傳全國。然而整個國家，尤其是南方，尚未能接受其內容。他解放黑奴的遺產遂草草收場。

急流勇退

但華盛頓留給這個國家的另一份遺產卻非如此。一七八三年，華盛頓身為一個登峰造極的演員，做出一個最戲劇化的演出和最永垂不朽的道德偉業。他一生中最偉大的舉措，就是辭去美軍總司令的職務。他寫給各州的辭職信被到處傳頌，成為他留給國人同胞的遺產。再沒有任何美國領導人留下過這麼重要的遺產。

在簽完和平條約，獲得英國承認美國獨立後，華盛頓在一七八三年十二月二十三日向邦聯議會辭職，退休回到維農山莊。正如蓋瑞・威爾斯（Gary Wills）所言，這是一個極具象徵意義的舉動，是非常有自覺且無條件地退出政壇。[20]為了強化他在六個月前的辭職信中希望大家要無私的政治忠告，他還誓言此後絕不參與「任何政治事務」。他甚至辭去地方教區委員會的職務，以示永不參政。

他放棄權力之舉，在整個西方世界造成深遠影響。此舉委實太不尋常：一個勝利的將軍放棄軍隊退居農莊，這在現代世界史上前所未見。克倫威爾、奧倫治的威廉（William of Orange）、馬爾堡公爵等人，都在軍事勝利後追求政治上的回報。雖然大多數人都認為華盛頓完全可以當上國王或獨裁者，但他卻什麼都不要。他由衷希望他的士兵都能「回到我們那自由、和平、快樂的私人鄉間所在」，而每個人都認為他講的是真心話。大家都讚嘆不已。畫家約翰・特朗布爾（John Trumbull）在一七八四年從倫敦來信道，華盛頓的辭職，「在這個世界激起一片驚嘆和崇敬。對那些寧可毀掉帝國以獲得更多權力的人來說，這個舉動實在太新奇、太令人震驚了。」據說就連英王喬治三世也說，如果華盛頓真的辭去公職回到農莊，「他將成為世界上最偉大的人」。[21]傑佛遜在一七八四年也毫無誇大地說：「單單一個人的謙遜和德行……也許就防止了這場革命被終結，就像其他革命總是在開始時想建立自由，最後卻以自由被摧毀而告終。」22

但華盛頓不天真，他很清楚自己辭職會產生什麼效果。他仿效的是那個時代追求的無私、為國奉獻生命的古典愛國者形象，他也知道自己在一夜之間就會成為當代的辛辛那圖斯。③他在一七八〇年代作為一個偉大古典英雄享譽國際，在道德上無可匹敵。唯有富蘭克林可和他比肩，但富蘭克林的偉大主要是在科學方面，而不是在公共事務方面。華盛頓是那個時代所追求的古典共和主義德行的化身。

華盛頓雖然外表謙遜，卻自知非同凡人，對此他也從不諱言。他活在一個認可社會階層的時代。他把自己和一般人的差異視為理所當然。而當他沒辦法視為理所當然時，他就會努力自我培養。他利用自己寡言的天性來強化他嚴肅自制的古典英雄形象。他的孤傲是出了名的，他也刻意如此。畫家吉爾伯特・斯圖爾特（Gilbert Stuart）在幫華盛頓作畫時，很難讓他放輕鬆坐好，這位藝術家最後氣沖沖請求華盛頓說：「現在，先

③ 辛辛那圖斯（Lucius Quinctius Cincinnatus）是羅馬共和國時期的元老院成員，軍事將領。他在羅馬帝國時代成為羅馬美德的代表人物。西元前四五八年時羅馬軍隊遭到敵人包圍，退隱務農的他臨危受命擔任羅馬獨裁官，保衛羅馬。退敵十六天後，他放棄權力辭職返回農莊。

斯圖爾特一七九六年為華盛頓繪製的畫像。（圖片來源：公共領域）

生，你一定要忘記你是華盛頓將軍，而我是畫家斯圖爾特。」華盛頓的回答讓氣氛瞬間冰冷：「斯圖爾特先生不需要忘記他是誰，也不需要忘記華盛頓將軍是誰。」難怪這幅肖像看來很僵硬。[23]

名聲是華盛頓的第二生命

華盛頓贏得了名聲，贏得了作為道德英雄的「角色」，他不願意放手。他的餘生都在呵護和擔心他的名聲。他認為富蘭克林在一七八〇年代重返賓州政界是犯了大錯。他認為，如此介入政治只會損害富蘭克林已有的國際聲望。在現代人看來，華盛頓介意名聲到令人難堪、似乎已到了走火入魔和自我中心的程度。但他同時代的人都能理解他。

每一個紳士都會小心維護名聲，這是他們所謂的榮耀。他們珍惜榮耀，視榮耀為至寶。擁有歷久不衰的榮耀就是要歷史留名，而歷史留名就是開國元勳們追求的東西，尤其是華盛頓。[24]而他也真的做到了，比他的同時代人更快、更偉大。而當他得到其他革命家尚在奮力追求的東西之後，他當然不想冒險失去。

唯有了解他有多擔心自己身為道德領袖的名聲，我們才能理解他在一七八三年之後的許多行為。他總是小心翼翼，對任何批評都很敏感。傑佛遜說沒有任何人比他敏感。華盛頓總是以別人會怎麼看他，來評斷自己的行為。這在現代人眼中可能很愚蠢，但對十八世紀的人來說卻非如此。在那個懷疑成風的年代，人們對大人物的意圖是滿懷「嫉恨」的，所以華盛頓認為讓人了解他的動機很重要。傑佛遜說，沒有任何人比華盛頓更努力不受到「利益、血緣、朋友或仇恨」的影響。他終生都致力於維持「無私」的名聲。[25]

這種專心致志可以解釋他在一七八〇年代那種奇怪的謹小慎微。他在一七八三年參與成立「辛辛那提兄弟會」④，答應要當首屆主席。他最珍視的莫過於和這些退休革命

④ 辛辛那提兄弟會（the Order of Cincinnati）是在一七八三年由美國革命軍軍官成立的兄弟會組織，目的在維持兄弟情誼和共同理念。但由於成員資格限定為父死子繼，所以在成立之初，曾被許多人批評是想在新的共和國中建立一個代代相傳的貴族階層。

軍官的兄弟之情，但此舉引發眾多批評。華盛頓動搖了，遂向朋友尋求建議。傑佛遜說服華盛頓去逼兄弟會做改革，取消會員資格的繼承制度。傑佛遜的理由讓華盛頓無法拒絕：他領導這種貴族式社團，只會玷辱他古典美德的聲望。

在一七八四至八五年的冬天，華盛頓再次面對誘惑，而這一次他很難以做決定。維吉尼亞州議會致贈他詹姆斯河和波多馬克河運河公司的一百五十張股票，作為他對該州和運河建設貢獻的回報。他該怎麼做呢？他不認為自己應該接受股票。接受股票會被「視為接受了某種養老金」，損害他的美名。但他本就熱心推動開鑿運河，也一直期待能從運河的開闢賺到財富。除此之外，他不想顯得對議會「不敬」，也不想以拒絕股票來表現「刻意的無私」。[26]

華盛頓一生中，很少有像這次這麼困難下決定。他寫信給每個認識的朋友，包括傑佛遜、派屈克・亨利州長、威廉・葛瑞森（William Garyson）、班傑明・哈瑞森（Benjamin Harrison）、喬治・威廉・費爾法克斯（George William Fairfax）、納塔奈爾・格林、法國的拉法葉（Marquis de Lafayette），詢問該如何處理這些股票的「最佳訊息和建議」。「世人會怎麼看待這件事？」他的美名是否會受損？接受這些股票會不會「讓我失去我最受讚譽的行為」——也就是他的無私。

若不是華盛頓這麼認真，這個故事真的很令人發噱。當他告訴朋友他對這個問題

「一點苦惱都沒有」時，他其實很清楚不是這麼回事。[27]他在一封又一封信中表達出真心的苦惱。這件事和今天的政府官員顧忌利益衝突不同，要知道，華盛頓在一七八四年和一七八五年時是完全沒有公職的。

傑佛遜再一次看穿了華盛頓的心態，告訴他，拒絕這些股票會為他的無私添上一筆。於是華盛頓把這些股票捐給了一所學院，這所學院後來成為華盛頓與李大學（Washington and Lee University）。

華盛頓對於要不要出席一七八七年費城制憲大會更是苦惱。許多人認為，他的出席對會議的效力有絕對必要性，但情況很複雜。他請求朋友「偷偷告訴他公眾的期待為何，也就是說，我到底該不該出席？」大家對他出席會有何看法？大家會怎麼看他的動機？如果他出席了，會不會被看成違反他不再參與公共生活的誓言？但如果他不出席，又是否會被看成「遺棄了共和主義」？他該不該把名聲押在一件可能不會成功的事情上？[28]

大會如果失敗了呢？代表們會回到家，「懊惱失敗和沮喪。這對任何出席者來說都不好，而對我這種情況的人來說尤其如此。」就連麥迪遜都很猶豫，會不會誤用了華盛頓的名聲這如此好的資產。最後讓華盛頓決定出席的理由是，他怕人們會誤會他是故意要讓會議失敗，然後他可以進行軍事接管。他最後決定，如同麥迪遜所說，「不顧光榮退休的美名，拿他的名聲孤注一擲。」此舉之美德實在無與倫比。「他的名聲已如此之高，」亨利．諾克斯驚嘆地寫道，「但他再度跳入火坑。除了國家的危機處境之外，沒有別的事能讓他如此冒險。」[29]

制憲大會一召開，華盛頓立刻被選為大會主席。雖然大會通常都轉為全體委員會議召開，華盛頓不必主持討論，但他在整個討論中發言甚少。這也許是因為他知道，一旦他發言或提案，就會妨礙討論進行，因為沒有人膽敢挑戰他。只有等大會到尾聲時，他才發言支持把每一個議員的最低選舉人數從四萬人減為三萬人。這只是一個很小的議題，而一旦華盛頓發了話，此案立刻就無異議通過。這就是他向同志們表示他支持這部憲法的方式。

華盛頓的出席和領導，無疑賦予了這部憲法草案本來不會有的權威。他對這部憲法的支持，對於其最後獲得通過具有決定性的影響。「要知道，」詹姆斯．門羅（James Monroe）對傑佛遜說，「是他的影響力扛起了政府。」[30]華盛頓一旦對這部憲法表示支持，就努力讓它被通過。他寫信給朋友，讓他們知道他對新聯邦政府的熱情。一旦他公開認同這部新憲法，他就非常積極讓它被接受。這部憲法被認可就等於他自己被認可。

在憲法通過後，華盛頓原以為他可以回維農山莊享福。然而所有人都認為他會當上新政府的總統。廣大的民意讓他再度擔憂自己的名聲。他曾向全國人民誓言，他將永遠退出公共生活。如果他真的出任總統，不就是「輕率且心口不一，即便不是出於魯莽和野心？」他是真心不願意。他會失去太多東西，而得到的又太少。但他又不願顯得「過分重視名聲」。他告訴朋友亨利・李（Henry Lee）說，他很確定，「只要我認為國家的福祉必須要我拿名聲來冒險，我個人的聲望和這麼大的目的相比就是小事。」[31]

但華盛頓無法只把此事當成是在義務和名聲之間二擇一的問題。他愈思考這個問題，愈覺得出不出任總統攸關他的名聲，尤其是漢彌爾頓對他說：「如果拒絕幫助而不支持這個政府，那對你所珍視的名聲會有很大的風險。」當一個人所重視的美德反而會被視為不道德時，這是很困難的抉擇。華盛頓告訴班傑明・林肯（Benjamin Lincoln），沒有任何事情能讓他放棄退休生活，「除非國人對我的偏愛讓我非出來服務不可，而且如果我拒絕，可能會讓人以為，我把保全自己的名聲和個人安逸置於國家的福祉之上。」[32]

很多歷史學者不喜歡華盛頓那種自高自大、謹小慎微和不願陷入政治損害自己名聲的態度。偉大的華盛頓傳記作家弗里曼（Douglas Southall Freeman）就認為，一七八〇年代末的華盛頓「太重視他的地位、名譽和聲望，是個太過自以為是的國家英雄，而不是個勇敢的愛國者。」[33]歷史學者也許難以理解他的行為，但他的同時代人卻可以。他們毫不懷疑華盛頓只是想保持一貫的無私。他之所以焦急地四處詢問世人對他的看法、他之所以對出任公職猶豫不決、他之所以有疑慮和顧忌，全都因為他致力奉行有德領袖的古典理念。他擔任大陸軍總司令時從未拿過薪水，而當國會希望他能接受總統的薪俸時，他也推辭再三。⑤他似乎是公民道德的化身。雖然亞當斯並不怎麼欣賞華盛頓，但他的太太艾比蓋爾（Abigail）卻很欣賞。她崇拜他的自制，非常相信他。「如果他不是世上最善良的人，」她寫道，「那他可能是最危險的人。」歷史學者蓋瑞．威爾斯說得好，華盛頓「之所以得到權力，是因為他隨時準備放棄權力。」[34]

結合共和制與君主制的大型實驗

要求華盛頓出任總統的壓力太大，終於使他讓步。他順理成章地拿到所有選舉人票，是美國史上唯一享有如此殊榮的總統。身為首任總統，他面對的環境是其他總統未遇過的，而全國也唯有他有辦法面對。美國人是在君主制度中茁壯的，從未經驗過一個不是國王的元首。華盛頓一方面必須滿足人民對父權領導的深刻渴望，一方面又要塑造由選舉產生的共和國總統典範。一七八七年憲法所選出的元首，在美國史上並無前例，華盛頓沒有先例可供仿效。他不僅要證明和充實這個新的總統職務，還要團結全國，向全世界證明美國這個自治政府的偉大實驗是可行的。他在一個還在戰爭中的革命世界做到這些，沒有犧牲掉國家的共和制度，成就令人驚嘆，這是其他不論多偉大的總統都不能及的。

在一七八九年時，許多美國領導人認為一七八〇年代的各州民主已太過氾濫，民主需要被約制，但又不能傷害共和主義原則。而這正是創立新憲法的背後原因之一。所有聯邦黨人（支持新憲法的人自稱）都認為民主需要被約制，新政府需要更大的權力。而在十八世紀的英美政治理論中，權力就意味著王權。根據十八世紀混合式或平衡式政府（balanced government）的傳統憲政概念，過多的民主就需要用王權來加以制衡。

但在一七八九年，聯邦黨人很清楚他們不能公開倡議政府中需要更多的王權。然而許多人私下都同意班傑明．洛希的看法，亦即新政府必須「結合王權的活力和貴族的穩定力量，來統合共和國中的各種自由。」[35]就連麥迪遜這麼堅持共和主義的人都認為，新的聯邦政府應該扮演英王在英帝國中那種超越政治的中立角色。[36]

而其他聯邦黨人，例如漢彌爾頓，對革命後的民主過頭更感失望，希望在政體中加入更多的王權。事實上，雖然漢彌爾頓與許多知名聯邦黨人在一七九〇年代都支持新憲法，但他們想建立一個更中央集權的財政軍事國家，最終能與歐洲那些強大君主制國家

⑤ 華盛頓婉拒他的總統薪水，這符合古羅馬公民英雄辛辛那圖斯的形象，也就是將承擔政務看作是公民的義務。但在國會的要求下，他最終接受薪水。

抗衡。但他們也很清楚，不論要怎樣把王權帶進美國，都必須將其置於共和制度中。正如有人所說，聯邦黨人真正想要的是另一個奧古斯都時代，只是他們從來不明言。[37]奧古斯都正是想把君主制帶進羅馬帝國，但同時又對共和制口頭敷衍。

如果要把王權帶進新政府，那麼權力的中心就是總統。正是因為這一點，總統這個職位才讓許多美國人深感疑慮。首席執政官（chief excutive）向來是傳統專制政體的源頭，而正如富蘭克林所指出，這種職位在美國自然會往君主制度傾斜。

美國人雖已習慣有議會，卻未有過一位獨立的總統。一位單一而強大的全國行政首長，會讓他們不由想起他們剛剛拋棄掉的國王。當詹姆斯・威爾遜在費城制憲大會提案說，行政權「應由單一個人組成」時，當場引起一陣不安的沉默。代表們都很清楚這個職位意味著什麼。約翰・拉特利奇（John Rutledge）抱怨說：「人民會認為我們太過傾向君主制。」埃德蒙・蘭道夫（Edmund Randolph）也警告說，創造出總統職位，「乃是向君主制的一大邁進」。[38]但制憲大會之所以無視這些警告，創造出一個這麼強大、這麼像國王的首席執政官一職，只因為大家都認為第一任總統必然會是華盛頓。

確實，在一七八九年那個時候，華盛頓是唯一夠莊重、夠有耐性、夠自制、夠有共和美名，足以擔當這個未曾試驗過、但可能大權在握的總統職務的人。有很多人，包括傑佛遜在內，都期待華盛頓能終身擔任總統，做一個由選舉產生的君王。[39]確實，如果我們不曉得當時的人是真的覺得美國有可能轉變為君主制，我們就不能理解一七九〇年代發生的事。共和制度是未經試驗的新事物。當時全世界幾乎都實行君主制度，大部分人也習慣君主制度，而歷史也證明，大多數共和政體都會轉變成君主政體。

如同四階段社會發展理論所說，社會的自然演進似乎是從簡單的農業共和國發展到複雜的商業君主國（古羅馬的歷史是最明顯的例子）。威廉・肖特（William Short）當時人在法國，他看到新憲法時並沒有特別害怕行政部門的權力。但他認為，「十八世紀的總統」將「在十九世紀被移植成國王」。維吉尼亞的喬治・梅森（George Mason）也認為，新政府註定會變成「選舉產生的君主制」。南卡羅萊納的羅林斯・朗茲（Rawlins Lowndes）則認為，新政府和英國的體制很像，大家都預期「我們會從共和制轉為君主制」。[40]更令人混亂的是，就連副總統亞當斯都極為坦白，不顧政治正確的公開宣稱，美國是「君主共和制」或「共和君主制」。

華盛頓一開始的行為確實有君主的調調。例如，他在一七八九年春從維農山莊起程到首都紐約，整個過程就像國王出巡。一路上盡是禮砲和各種精心策劃的歡迎儀式。凡他所到之處，眾人皆高呼「華盛頓萬歲」。耶魯大學學生還舉辦辯論，辯論由選舉產生的國王是否優於世襲君主，君主制的呼聲甚囂塵上。「你現在就是國王，只是名稱不同」，詹姆斯・麥克亨利（James McHenry）在一七八九年三月對華盛頓說，祝願總統

「能長久而快樂地統治我們」。[41]有些人乾脆把華盛頓的就職儀式稱為「加冕」，這一點都不奇怪。[42]

由於太多人都認為，華盛頓會變成由選舉產生的君主，所以有些人對他沒有子嗣這件事還鬆了一口氣。[43]華盛頓有感於輿論對於走向君主制的焦慮，考慮過只當一年總統就退休，交棒給副總統亞當斯。他在就職演說初稿中指出，「上蒼並不樂見我的血脈或我的姓氏由我的直系後代傳承下去，儘管這是令人喜悅且誘惑的。」他說，他沒有「子嗣要傳承，也沒有要把家族建立在國家的毀滅之上。」麥迪遜說服他刪掉了這些句子，但華盛頓還是很想對人民表明，他完全沒有想當君主的野心。[44]他的態度恰好反映出，當時的美國確實可能走向君主制。

扮演總統的人

華盛頓對於他可能野心稱王的謠言相當敏感，以至於經常不知道該如何扮演總統的角色。他曉得新政府很脆弱，亟需建立威信，但他該模仿歐洲君主制到什麼地步才能取得威信呢？華盛頓很清楚，他的所作所為將為後世設下先例，遂向親近的友人尋求建議，包括副總統亞當斯和即將被任命為財政部長的漢彌爾頓。他應該多常公開露面？他應該讓人親近到什麼程度？他應該多常和國會議員餐敘？他應該舉辦國宴嗎？他適合和朋友私下吃飯嗎？他應該出巡美國一圈嗎？十八世紀美國人所知的國家慶典就是歐洲王室那種慶典。這種慶典適合用在這個年輕的共和國嗎？

漢彌爾頓認為，多數人民「已準備好行政首長的舉止會很高調」，而高調未必不好。他又說，「平等的理念還沒有普遍和強大到」不允許總統與其他部門保持適當距離的程度。漢彌爾頓還建議，總統應該盡量採取「歐洲朝廷」的做法。只有各部會部長、高階外交官和參議員才能接觸到總統。「閣下」（Your Excellency，漢彌爾頓這樣稱呼華盛頓）應該每週接見受邀來賓不超過一次，每次僅半小時。每年可以從事官式娛樂活動四次，但絕不接受任何人邀約。副總統亞當斯則勸華盛頓要展現總統的「威儀」。總統應該有許多管家、隨從參謀和禮官來職司總統儀節。[45]

華盛頓知道他必須比邦聯會議的主席更與民眾保持距離。他說，他們把辦公室弄得太小，「到了輕蔑的程度」，「地位比一個管家都不如……他們的餐桌好像是公共場所，每一個人都以為自己有權受邀上座。」他知道和人太親近，「就無法保持元首該有的威儀和尊崇。」[46]

儘管他對典禮經常感到不自在，但華盛頓知道必須保持總統的「體面」，他在當上總統之後也不吝花錢這麼做。雖然他是被迫才接受兩萬五千美元的總統年薪（這在當時是很大的數目），但他每年光為晚宴買酒就要花將近兩千美元。在公開露面時，他坐的是裝飾華麗的四駕或六駕馬車，旁邊是四個盛裝的侍從，後面再跟著家人的馬車。「當他出巡時，」一位英國旁觀者寫道，「真的非常有國王的樣子。」[47]華盛頓在公開演說時，總是像國王似的以第三人稱來自稱。他有好幾十幅酷似歐洲君主的國家肖像。確實，這個新國家的大部分肖像都是在模仿君主的意象，即使是民間收藏品亦然。[48]

華盛頓也許是個單純的共和主義者，內心深處只是個每晚九點半固定上床睡覺的鄉間紳士，但他很重視他所謂「元首該有的樣子」。他認同政府應該融入一些君主制的元素，他也樂意在某種程度上扮演共和國國王的角色。雖然他並不是真正的國王，但他確實像個國王。在他一生中，人們總是稱讚他天生「威儀」，稱讚他的「英明勇武和領袖風範」。但正如亞當斯後來挖苦地說，他其實是「有史以來最會扮演總統的人」。[49]

有些聯邦黨人很在意新政府的孱弱不堪，比華盛頓更想提高新政府的威信和體面。多數人都認為，採用某些王室的儀典最能達到效果，例如把華盛頓的誕辰提升為和七月四日同級的慶典。如同英國國王坐在王位上對國會講話，總統也對國會發表個人的就職演說。和英國上下兩院一樣，參眾兩院要負責舉辦總統的就職典禮，還要迎接總統從官邸前來國會。在其他許多方面，英國王室也是新共和政府仿效的對象。參議院是美國政體中最接近英國上議院的機構，參議院投票通過聯邦政府的各項命令應以總統之名行之，正如英國政府的命令以英王之名行之。雖然眾議院不願照辦，但最高法院確認了參議院的決議。參議院也提出要仿效歐洲王室，把總統頭像放在美國所有硬幣上。

雖然這些聯邦黨人最終無法把總統頭像放在硬幣上，但他們確實把許多君主制元素加進新政府。他們制定了許多類似王室的繁文縟節，很快就被批評是「美式朝廷」。[50]他們為總統制定了類似歐洲君王的官樣藩籬。批評者說，因為這些藩籬，華盛頓「就像東方喇嘛一樣只能在國家大典時公開露面」。[51]

華盛頓的一元頭像硬幣。（圖片來源：公共領域）

如果總統要像個歐洲君主，那又該用什麼稱謂呢？在副總統亞當斯主持下，參議院在一七八九年為稱謂的問題辯論了一個月。他不能只被稱為「閣下」，因為各州州長也是這麼被稱呼。亞當斯說：「王家或至少公侯等級的頭銜對於維持總統的名望、權威和體面是必不可少的。只有像殿下（His Highness）或至善的殿下（His Most Benign Highness），才能（跟總統）匹配。」[52]在亞當斯倡議之下，參議院委員會最終決議的稱謂是「美利堅合眾國總統殿下，自由的保護者」。當傑佛遜得知亞當斯的執著和參議院的決議後，他只能搖頭，不禁想起富蘭克林對亞當斯知名的評語：他一心為了國家好，永遠正直，有時候很有智慧，但有時候在某些事情上卻完全離譜。[53]

但此事未必完全離譜，因為華盛頓一開始也傾向用「尊貴的美利堅合眾國總統殿下，自由的保護者」。[54]但當華盛頓聽到輿論批評這種稱謂的君主制意味太濃之後，他馬上改變心意，很高興眾議院在麥迪遜領導下，把稱謂定為簡單的「總統先生」（Mr. President）。

然而要把新共和國君主化的流言蜚語還是讓許多美國人驚懼。君主制不只意味著一個單一的統治者，還意味著龐大的官僚體系、常備軍、由上而下的威權統治，以及種種從社會汲取人力財力以發動戰爭的機制。財政部長漢彌爾頓發行公債和成立美國銀行等財政方案，都是跟英國王室學來的。就像英王喬治三世的內閣部長們一樣，漢彌爾頓也用各種手段讓各方支持他和華盛頓的方案。但對許多美國人來說，這無異於將英國君主制的腐敗傳染到美國。

由於對君主制和君主制腐敗的焦慮是很真實的，所以在新憲法成立後的第一個十年中，美國的政治都不是日常一般的政治。整段期間都充滿了危機，幾乎要摧毀剛剛艱難成立的聯邦政府。新擴張出去的美利堅共和國是前所未有的政治實驗，人人都曉得這一點。在現代史上，沒有一個共和國擴張版圖如此之大。由於所有理論和歷史都不看好這個共和實驗會成功，政治領袖們都擔心會有出乎意料的發展。就連華盛頓都在制憲大會中表示，新的聯邦政府恐怕撐不過二十年，一七九〇年代的多數政治領袖也都對聯邦的存續沒什麼信心。[55]在這種害怕不安的環境下，政治就不是日常一般的政治。

一七九〇年代出現的兩個政黨：聯邦黨（Federalists）和共和黨（Republicans），但這並不是現代意義的政黨，兩者的競爭也不是某些學者所稱，是有史以來第一個政黨競爭體系。當時沒有人認為政黨的崛起是件好事。事實上，一七九〇年代的政治領袖都努力要遏止而不是建立政黨政治。華盛頓、亞當斯及漢彌爾頓領導的聯邦黨並不自認是個政黨，而是認為自己才代表合法政府，只是被一些勾結法國革命派、意圖摧毀聯邦的人所圍攻。而傑佛遜和麥迪遜領導的共和黨也不自認是政黨，他們認為自己只是暫時性結盟，防止美國在聯邦黨領導下變成由英國支持的君主制國家。聯邦黨和共和黨互不信任，黨派成見非常深，漢彌爾頓和傑佛遜的劇烈衝突也絕非個人恩怨。一七九〇年代是美國史上最激烈對立的十年，幾乎就要爆發一八六一年那種內戰。

是華盛頓把分裂的國家團結在一起。華盛頓把兩大對立黨派的領袖，漢彌爾頓和傑佛遜都請入內閣，用他的巨大威信和良好的判斷力來抑制恐懼、阻止陰謀、遏止對立，避免嚴重的暴力衝突。一七九四年，他巧妙地恩威並施，兵不血刃地壓制了賓州西部幾百名農民反叛的「威士忌暴亂」（Whiskey Rebellion）。⑥儘管整個國家的黨派歧見非常深，他卻從未失去各黨派領袖的愛戴，這種愛戴使他得以在對立衝突的利益之間調和鼎鼐，維持均衡。

正是人們對華盛頓的信賴，才讓新政府得以存續。也正是華盛頓扮演的共和君主角色，才讓總統成為大權在握的職位。就連不喜歡華盛頓的英國觀察者也不得不承認，華盛頓擁有「身為政治家的兩大要件，他既能掩飾自己的情緒，也能體察他人的情緒。」[56]他永遠懂得如何施展權威。他帶領過軍隊，他在維農山莊管的人比他在聯邦新政府初期管的人還要多。他是個很有條理、精力旺盛的管理者。他經常和部會首長通信，並詳細留下紀錄。他雖然授予部會首長大權，但他會讓他們明白，他們都只是他的助手，只對他一個人負責。雖然他身邊有許多傑出的顧問，包括財政部長漢彌爾頓和國務卿傑佛遜，但他永遠會自己做決斷，確保整個政府只能有一個立場。由於他缺乏他那些顧問們的才智和自信，他經常向他們請益，做決斷時緩慢而謹慎。但一旦他下定決心，他就非常果決。對於一些有爭議的決策，例如他同意漢彌爾頓設立美國銀行，或他在一七九三年宣布美國保持中立，他從來沒有動搖過。他填補人才讓行政部門有效率、負責任，讓總統一職成為新政府三權中的主導權力。

華盛頓知道，他的所作所為都會為後人設下先例。「我們是個年輕的國家，」他說，「我們的特色尚待建立。所以我們要樹立好第一印象，方可流傳後世。」[57]他特別重視總統和參議院的關係。他認為參議院對於人事和條約的建議與同意權，跟他在當總司令時相差無幾，所以他認為除了人事權，參議院對於條約的建議與同意權應該以口頭溝通即可。

一七八九年八月，總統進到參議院，就其與克里克印第安人（Creek Indians）所商定的條約尋求建議和同意。但參議員不像華盛頓的高級軍官那樣只是提建議，反而逐條辯論起條約內容，逼得總統對他們怒目相向。最後，有一位參議員提案要把條約送進委員會審查，華盛頓激動得跳起來大叫：「這完全違反了我此行的目的。」他冷靜下來，但當他走出參議院議事廳時，有人聽到他說，「他死也不會再來這裡」。[58]兩天後他還是回來了，但他和參議員們都不想再發生衝突。從此之後，參議院對於條約的建議權就被束之高閣。而當總統在一七九三年發表中立宣言時，他根本懶得去尋求參議院同意，從此讓行政部門獲得單獨處理國際事務的權力。

在處理外交上，華盛頓是個超級現實主義者。他在一七七五年即將與英國開戰時曾

⑥財政部長漢彌爾頓為了增加財政收入，尤其是為了清償獨立戰爭欠下的債務，由國會通過了一項稅法，對威士忌酒徵收消費稅。西部農民成了這項稅法的最大受害者，賓州西部的農民因而在一七九四年發起抗稅暴動。

說，他永遠「希望看到人類好的一面，因為人類永遠不如我們想像的好。」[59]在一七九四年討論要不要接受約翰・傑伊（John Jay）與英國談好的條約，以及一七九五年在參議院辯論要不要通過條約時，華盛頓做出一系列勇敢的決定。英國扣押了中立的美國船隻，美英戰爭一觸即發，他先派傑伊出使英國，然後又在眾聲反對中簽下條約。眾議院在一七九六年三月試圖推翻已被參議院批准的條約，拒不通過讓條約得以執行的預算，但華盛頓堅不讓步。⑦華盛頓拒絕承認眾議院在條約簽定中的角色。他說，一旦這麼做，不但「將設下危險的先例」，也違反了憲法，因為憲法只讓總統和參議院有權簽定條約。[60]

如果有一個單一個人為年輕的共和國奠下堅實基礎，這個人肯定是華盛頓。他是美國本土培育出來的貴族，他接受社會階級，相信自己應該發號施令，大多數人只能唯命是從。他雖然相信，人民就長期來說是有理智的，但也很容易被煽動誤導。他是對人性不抱幻想的現實主義者。「主導大多數人間事務的動機，」他說，「乃是自愛與自私。」一般人民就和軍中普通士兵一樣，無法期待他們「除了利益還有原則」。[61]

基於這些假設，他很清楚這個新國家的脆弱性。作為總統，他設計了許多方案來強化國家認同。他了解符號的力量，所以他願意坐上很長時間畫肖像，讓人民對政府產生敬重。在欠缺民族主義情感的一七九〇年代，人民對華盛頓的愛戴代替了愛國主義，他的誕辰也和七月四日一樣重大。不誇張地說，對許多美國人來說，他就代表聯邦。

身為總統，他對國內各種利益分歧保持高度敏感，努力防範國家分崩離析。就任總統後，他和二十二個主要宗教團體交換意見，參加不同教派的禮拜，包括羅馬天主教在內。他還非凡地展現那個時代的開明精神，向新港（Newport）、羅德島的猶太人保證說，美國是個啟蒙之地，「每個人都能安心生活在自己的葡萄藤和無花果樹下，無人能使之恐懼。」他在一七八九年和一七九一年兩度猶如國王般出巡全國，要把政府帶到最偏遠的地方，讓沒有見過他的人民生出忠誠之心。[62]他提倡大興道路、運河和郵局，把不同的州和地區串聯起來。他花很多時間處理人事任命，不只是為了拔擢最好的人才，也是為了幫新政府在全國各地建立支持者。他不斷在思考國家以及他所說的「尚未出生的幾百萬人」的未來。[63]他比任何人都支持朗方（Pierre Charles L'Enfant）設計的聯邦新首都，而這個首都最後冠上了他的名字。他希望美國即便不能超越也能跟歐洲列強平起平坐，所以他需要一座與這個未來強國匹配的首都。如果當初是採納傑佛遜的意見，那

⑦ 此條約為「大不列顛國王與美利堅合眾國間的友好、商業和航海條約」，該條約避免了可能爆發的戰爭，讓英美兩國能夠在一七九二年法國革命戰爭爆發後的十年間繼續進行和平貿易。傑佛遜的共和派激烈地反對該條約，在國會努力阻撓通過，但最後失敗了。傑佛遜擔心美國跟英國更緊密的經濟或政治連結，會強化漢彌爾頓的聯邦派的實力，會加強上層貴族統治、削弱共和主義。

麼這座首都將只有大學校園大小，占地十五英畝而已。

華盛頓從未將國家統一視為理所當然。他知道如果聯邦崩解，一定會分成南北兩塊。事實上，他在一七九五年就告訴國務卿蘭道夫說，他已決定要入籍北方，基於他對奴隸制的看法改變，這是可以理解的。[64]但他只是想讓美國各州團結在一起，他在整個總統任內都致力於為國家建立紐帶。從首都還在紐約到一七九〇年遷往費城之後，他和妻子瑪莎在「共和宮廷」（republican court）的社交圈中為來自全美各地的男女作媒。華盛頓以自己和許多維吉尼亞家庭的婚姻為模範，他用一種封建朝廷的角度看待婚姻，把婚姻視為結盟和鞏固全美顯貴統治集團的工具。他和瑪莎總共促成了十六段婚姻，其中包括麥迪遜和多莉．佩恩（Dolley Payne）的婚姻。[65]華盛頓比任何人都更努力提倡林肯等人在後世鼓吹的聯邦團結。

正如他當初辭去總司令一職，華盛頓另一重大舉措是辭去了總統。我們很容易忽略他辭去總統的意義，但他的同時代人都深知其意義非凡。當時大多數人都認為華盛頓會當一輩子總統，所以他的辭職更進一步提高了他的道德權威，也確立了憲法的共和體制。他在一七九二年就想辭職，但朋友和顧問都不贊同。麥迪遜說，當他第一次請求華盛頓繼續擔任總統時，他告訴華盛頓說，如果有人指控他野心太大，他可以自辯說：「只要政府狀況許可，我就會退休過自己的生活」，但無奈政府尚不穩固。華盛頓也尋求其他人的意見，每個人都說：他必須留下。漢彌爾頓提出一個最有力的理由：如果他在人們還需要他時辭職，「將大大損害你的名聲」。一位女性友人伊莉莎．鮑爾（Eliza Powel）把這一點講得最透澈。她寫道，如果華盛頓隨自己的喜好辭去總統職務，他的敵人就會攻擊他的名聲。他們會說「你的一切行為都是出於你的野心」，一旦前路艱難可能有損名聲時，他「就不肯再為人民冒險」。[66]如何在顧及名聲的同時，又不致因為太愛惜羽毛而不盡義務，這是十八世紀特有的困境。於是華盛頓又多留了一個任期。

但到了一七九六年，他已下定決心辭職，不接受任何勸告。他的自願辭職設下了一個先例，直到一九四〇年才被小羅斯福（Franklin D. Roosevelt）打破。但總統只能當兩任已成為強大的傳統，於是在一九五一年被寫進了憲法第二十二條修正案。⑧華盛頓在一七九六年的辭職重要無比。當共和制的實驗在大西洋兩岸備受質疑時，居然會有國家元首主動辭職，這實在是共和主義的一大成就。

⑧ 美國憲法對總統任期原無限制，在華盛頓設下先例後，其後的美國總統都只能做兩任。小羅斯福是美國歷史上唯一連選連任四屆的總統，後來美國國會在一九五一年通過美國憲法第二十二條修正案，規定任何人當選總統職務不得超過兩次。

不再需要英雄的時代

華盛頓退休後的晚年生活並不愉快。美國政界變化太快，他跟不上也難以理解。在他當政最後幾年，他和他的政府受到許多惡意的黨派攻訐，讓他很受傷。確實，傑佛遜就認為華盛頓介意被公開攻擊的程度，「遠超過我所見的任何人」。[67]華盛頓對於法國政府愈來愈介入美國政治深感沮喪。他認為共和黨已變質為「法國人的政黨」。他說，這是「對這個國家的詛咒」，已經威脅到美國的穩定和獨立。[68]他看到陰謀詭計和敵人四伏，於是也變成和漢彌爾頓一樣立場突出的聯邦黨人。

他的恐懼是真實的，他的危機感非常深。他和其他聯邦黨人都認為，法國可能會勾結共和黨這個「法國人的政黨」，入侵這個國家，推翻政府。「在奮鬥了八、九年反抗一個強權侵犯我們的權利，並達成獨立之後，」他在一七九八年寫道，「我無法袖手旁觀另一個強權想達成同樣的目的，雖然方法不同，也比較不加掩飾——事實上根本毫不掩飾。」[69]許多焦急的聯邦黨人呼籲他重出江湖，率領國會為了抵抗法國入侵而組建的軍隊，他仔細聆聽了這些聲音。

雖然他還是表示不願意，不知道當總司令是否會被認為「不肯安分，對退休生活不滿足」，但他在一七九八年時確實有意願出面盡自己的義務。這反映出他對這個「奇蹟時代」有多麼失望。[70]

在他真正出山之前，總統亞當斯已經先任命他為全美國軍隊的總司令。華盛頓接受了，但他沒有多想後果。他立刻前往費城去組建軍隊。但事態發展超出他的控制，他開始認為自己是被「上蒼的計畫」所陷。[71]他的領導指揮成為一場災難。他對副總司令人選固執己見，不但和亞當斯作對，還干涉他的內閣人事。而在法國並沒有入侵，美國軍隊也解散之後，華盛頓又退回維農山莊，對美國政治完全心灰意冷。

一七九九年六月，康乃狄克州州長喬納森·特朗布爾（Jonathan Trumbull Jr.）聯合許多聯邦黨人，希望華盛頓能再出來參選一八〇〇年的總統。特朗布爾說，唯有華盛頓才能團結聯邦黨人，以免國家選出一個「法國人的總統」。但華盛頓已經受夠了。在他的回信中，他不再談到對無私名聲的顧慮，也不再談他想扮演辛辛那圖斯的角色。他說新的政治情勢已讓他參選與否變得無關緊要。在這個政黨政治的新民主時代，他說，「個人的影響力」和人格的卓越性已不再重要。就算傑佛遜的共和黨「提名一根掃把」當候選人，稱這根掃把是「真正的自由之子」、「民主派」或「任何符合其目的的其他稱號」，它還是會「得到他們所有選票」。更糟的是，聯邦黨人也不遑多讓。黨派之見高於一切，大家都只會投給自己政黨的候選人。就算他代表聯邦黨來參選，華盛頓也「完全相信我不會從反聯邦黨的一方得到任何選票」。所以他參選是毫無意義的，他「不會比任何我們支持的聯邦黨人更具優勢」。72

華盛頓在寫信時是憤怒而沮喪的。儘管他說得誇大，但他基本上是正確的。政治世界已經改變，變得民主化，而政黨成為競爭中心，不再是偉人。美國人向來渴望由英雄來當領袖，經常選出像華盛頓這樣的軍事將領來當總統，例如艾森豪，但民主化已經讓美國政府的運作不再需要英雄。雖然華盛頓有貴族傾向，從未真心要讓政治民主化，但他是讓這個民主政體得以存活的關鍵。他是讓平凡人有機會統治國家的不平凡人。沒有哪個總統能像他一樣，我們也不會再見到像他那樣的人。

第二章　富蘭克林是如何被「創造」出來的

富蘭克林已成為美國的象徵，我們除了把他當成美國的平民英雄和美國資本主義的代言人之外，很難有其他想像。要挖掘富蘭克林在美國革命之前的真實面貌，我們得先刨除掉兩百多年來的各種既定印象。一七六〇年代末和一七七〇年代初的富蘭克林並不必然會拋棄大英帝國加入美國革命。他和大英帝國劃清界線，且幾乎在一夜之間就變成激烈的革命分子，但此事絕非必然。

華盛頓是深諳如何扮演軍事和政治領袖的超凡演員，無人能出其右。但在開國元勳當中，真正大師級的演員當屬班傑明．富蘭克林。在十八世紀的美國，沒有人比他有更多樣的面貌，比他扮演更多種角色。事實上，除了他對電學的重大貢獻之外，我們對他其實不太了解，也不太知道為什麼要紀念他為開國元勳。在所有偉大的革命領袖中，他是最令人困惑也最難了解的人。

富蘭克林是矛盾的綜合體。他既是最屬於美國的革命領袖，也是最不屬於美國的革命領袖。他是典型的美式成功範例，從出身卑微到名聲顯赫。他是個普通家庭出身的工匠，賺到在今日可稱為億萬富豪的財富。但他雖然聲名卓著，他卻從未褪去早年平凡出身的氣質。他是樸實民主的象徵，沒有其他開國元勳能與之相比。

他是最平民、最容易親近的人。平民百姓可以在他身上找到在華盛頓和傑佛遜身上找不到的認同感。「喬治．華盛頓不過是個英國貴族軍官，因緣際會才成為共和派，」《紐約時報》在一八五六年說，「(而) 富蘭克林則是從出身、職業、本能和思想上都是共和派。」[1] 到了二十世紀，美國人開始暱稱他為「班」。[2]

但這個最平民化的美國人，卻也是最歐洲化、最有普世價值觀、最有世俗關懷的開國元勳。他是國際知名的科學家。他與英國和歐洲王公貴族來往密切。他能和國王聊天，甚至共進晚餐。沒有哪個美國領導人比他在海外生活得更久。事實上，在他生命中最後三十年，他大部分時間都不住在美洲，而是住在英國和法國。有好幾個時間點，人們都不確定他會不會或想不想回到美洲，甚至關不關心美洲。相較於徹頭徹尾的美洲人，富蘭克林並不確定他到底屬於哪裡。他是英格蘭人嗎？還是不列顛人？他屬於法國嗎？我們不能當然把他當成美國人。我們也不能把他參與美國革命視為理所當然。

意外的國父

從一七六〇年代初的英帝國危機到大英帝國崩解和美國獨立這段期間，沒有人認為富蘭克林是激進派。也沒有人能想到他會成為美國革命的領袖之一。在一七六〇年時，甚至很少有英國人比他更醉心於大英帝國的偉業。

在一七六〇年時，富蘭克林和麻州殖民地末代總督湯瑪斯．哈欽森（Thomas Hutchinson），這個被美國人視為極端托利黨代表以及美國自由獨立最大敵人的人，並沒有什麼不同。富蘭克林和哈欽森都是啟蒙運動人物的代表，有文化、有理性、非常厭惡宗教狂熱。兩人都是帝國官員，效忠於大英帝國。他們在一七五四年還合作締結了「奧巴尼聯盟方案」（Albany Plan of Union），促成了跨殖民地合作的大英帝國防衛聯盟。富蘭克林和哈欽森都喜歡與人為善，都很審慎、仔細、謙遜、重視相互合作，也都在君主社會中靠著與人為善和相互合作往上爬。兩人都相信，唯有少數像他們這樣理性的人才有能力處理事務。兩人都優越地認為，平民老百姓雖然樸實有趣，但絕對不准起來反叛。

在一七六〇年代初，很難預料兩人最終會走上如此不同的道路。從許多方面看來，富蘭克林都最不像是革命分子。他參與美國革命絕不是理所當然或無可避免的。事實上，富蘭克林本來很有可能像他兒子那樣，繼續忠於大英帝國。光從表面上，我們很難理解富蘭克林為什麼會走上革命道路。

首先，富蘭克林不像其他開國元勳都是年輕人。他生於一七〇六年，一七七六年時已經七十歲，早已不是熱血革命家的年紀。他是史上年紀最大的革命領袖，比華盛頓大二十六歲，比亞當斯大二十九歲，比傑佛遜大三十七歲，比麥迪遜和漢彌爾頓幾乎大了半個世紀。他和其他開國元勳完全屬於不同世代。他在英國統治下生活得更久，對大英帝國的感情比他們都深厚。

更重要的是，與其他革命領袖不同，富蘭克林早已聲譽卓著。他在革命之前就已揚名國際，參加革命只有壞處沒有好處。其他美國革命領袖都是年輕人，出了他們所在的偏遠省分就沒沒無名。我們可以理解他們為什麼會起來革命。他們都出身不高但雄心勃勃，把革命當成揚名立萬的機會，把名聲當成漢彌爾頓所稱的「最高貴心靈的最大熱情所在」。[3]但富蘭克林完全不同。他已經擁有其他人還在渴望的名聲和地位。他在電學上的發現對基礎科學貢獻卓著，在大西洋兩岸都是名人。他當上英國皇家科學院院士，在美國和英國許多大學都獲頒榮譽學位，包括聖安德魯斯大學和牛津大學。歐洲各地的哲學家和科學家都來向他請教各式各樣的問題，從壁爐的設計方法到海水為什麼是鹹的都有。早在美國革命之前很久，他就已是世界上最有名的人之一，也是最知名的美國人。

既然他看不出美國革命能提高他的名聲，也不知道這將讓他成為美國最偉大的平民英雄，他又為什麼要在這種年紀冒這麼大的風險？

我們通常不會去問富蘭克林為什麼會成為革命家，都把他參與革命視為理所當然。由於他和美國革命和美國幾乎是同義詞，我們都認定他是個徹頭徹尾的美國人。但這其實是歷史學所稱的年代誤植，也就是錯誤地以後世的眼光去看過去和過去的人物。富蘭克林已成為美國的象徵，我們除了把他當成美國的平民英雄和美國資本主義的代言人之外，很難有其他想像。要挖掘富蘭克林在美國革命之前的真實面貌，我們得先刨除掉兩百年多年來的各種既定印象。一七六〇年代末和一七七〇年代初的富蘭克林並不必然會拋棄大英帝國加入美國革命。他和大英帝國劃清界線，且幾乎在一夜之間就變成激烈的革命分子，但此事絕非必然。

富蘭克林的多種面貌

富蘭克林不是個容易被了解的人。雖然他的著作比任何開國元勳都多，他卻很少談到自己。他對自己總是有所保留，沉默寡言，和人保持距離，也不是非常熱情。富蘭克林有一種精心的克制，這也許是因為他爬得太快，必須在一個到處需要靠山的階級社會中生存。[4]他不會忘記他在費城「出身微賤」，來自「最鄙陋的環境」。[5]儘管他說他的生活向來毫無條理，但他其實很有克制力，總是能展現他要別人看到的一面。唯有到了一七七〇年代初和他生命尾聲時，他才對世事失去掌控。

他的私人書信總是寫得自制而含蓄。他公開發表的作品（尤其是他的自傳）被學者譽為「美國最偉大的文本」。[6]文學家不斷詮釋和再詮釋他的自傳，但對於富蘭克林寫這本書的目的依舊爭論不休。在開國元勳中，傑佛遜和亞當斯都寫過自己的自傳，但都和富蘭克林的不同。富蘭克林的自傳像是一部小說，讓人無法確定主人翁就是作者本人。事實上，許多讀者讀這本自傳的趣味，正來自富蘭克林所描寫的那位年輕印刷工剛到費城時那「笨拙而荒謬的模樣」，及其與「我終於成長為的人物」兩者間的反差。[7]正如有學者指出，富蘭克林的自傳之所以難以理解，是因為富蘭克林游移於好幾種人格，尤其是在無知少年和令人啼笑皆非的成年人之間。[8]

在富蘭克林的所有作品中，他的風趣幽默，他的語帶保留，他所扮演的不同人格和角色，在在都讓他令人難以了解。他用多種角色和人格不斷嘲弄自己。[9]他有時化身為粗俗可笑的女性，例如「沉默的杜古德」、「愛麗絲愛得舌」、「西西拉短臉」、「波麗烘焙師」。有時又化身為「忙碌巴迪」、「阿巴迪亞小老百姓」、「安東尼馬後砲」，或「理查桑德斯」這個又稱為「可憐理查」的年曆製作者。他在倫敦報紙上有時用「一個美國人」或「一個新英格蘭人」為筆名。有時又自稱「一個不列顛人」或「一個倫敦製造商」，隨文章內容而不同。在倫敦期間，他寫了九十篇匿名文章，用了四十二個筆名。[10]他在費城和倫敦寫的每篇文章都假托不同的人物。每個人物對不同作品都有特殊用意，不管是論文、幽默小品、詩或是諷刺文章。而他確實也有多種人格和角色。「沒有任何十八世紀的作家像他從這麼多角度寫過這麼多文章，」當今富蘭克林研究的權威學者說，「也沒有任何十八世紀作家有富蘭克林這麼多不同的人格和角色。」這也就難怪我們很難了解這位偉人。[11]

他也許是開國元勳中最深刻了解人性的人。他可以一下說人類都愛慕虛榮和自私自利，一下又強調人類有愛心和關懷他人。他有獨特的能力看穿人性的各種面向，他也善於理解他人的觀點。他喜歡顛覆傳統智慧，例如他曾力辯批評和誹謗對社會有益。[12]但我們能確定他不是在開玩笑嗎？他是認真的嗎？抑或他在諷刺？他是真心誠意，還是他只是在用一貫的手法闡明觀點？我們無法斷定。

他比其他開國元勳都深知表象和真實的差別。他不但時常談到這種差別，他也不介意維持表象。他說，就算一個人其實並不勤勉謙虛，但至少表面上也要偽裝。

雖然他反對虛偽，也曾寫道「誰能狡滑到藏得住本性呢？」但他自己就是個善於偽裝和隱藏的大師。雖然他說過「我們應該表裡如一」，他卻很喜歡隱藏自己最深層的想法和意圖。「讓所有人認識你，」可憐理查說，「但沒有人能完全認識你。唯有涉水的人方知深淺。」[13]

雖然他偶爾對真誠有浪漫期待，但他本質上是個願意為了教養和好相處而克制欲望感情的十八世紀傳統派。他的種種行為，諸如他的儀態、他扮演的角色、他的偽裝、他的拒絕表露真我，都是注重教養和社交的十八世紀所推崇的。他是完全社會化的動物，沉浸在社會中且具有公民意識。莫里哀《憤世者》（*Le Misanthrope*）主角阿爾切斯特那種反社會的孤立和發自內心的哀號完全不是富蘭克林的性格。富蘭克林和十八世紀許多人一樣，比較喜歡阿爾切斯特的朋友菲林特那種理性而謹慎的作風，懂得如何去適應社會的壓力和矛盾。[14]與亞當斯不同，富蘭克林從不掏心掏肺，大部分意圖和感情都放在心裡。他是掩藏自己的大師。正如「可憐理查」所說：「三個人當中唯有死掉兩個才能保守祕密。」[15]我們真的不理解藏在各種樣貌和角色背後的富蘭克林。他真的有太多面向，每個人看到的他都不同。

沒有哪個開國元勳像富蘭克林這麼富有象徵意義。富蘭克林代表了美國的各種面向。他既代表美國好的一面，也代表壞的一面。對作家和追求靈性的人來說，他代表美國資產階級的自滿、先進的物質主義、對於成功的功利追求、缺乏想像力而斲殺靈魂的美式淺碟粗俗文化。他是市儈作風和美式生活的結合體。

在一九二〇年代，D．H．勞倫斯（D. H. Lawrence）強烈批判富蘭克林，說他是知識分子和作家最討厭的資產階級價值觀的化身。勞倫斯的批判只是其中最有名的，十九世紀的美國作家如愛倫坡（Edgar Allan Poe）、梭羅（Henry David Thoreau）、梅爾維爾（Herman Melville）和馬克．吐溫（Mark Twain）都說過同樣的話。

然而富蘭克林也代表作家們都能認同的美式價值觀。他代表了美國社會的流動性，代表了升斗小民也能飛黃騰達的美國夢。他還代表了美國式的頭腦冷靜、實用主義、創造力以及對普羅大眾富裕幸福的關懷。

總而言之，他是美國史上最富象徵意義的人。

要了解他這個人和他所象徵的東西，我們就要還十八世紀的富蘭克林本來面貌，要解釋他這個人以及他為什麼會參加美國革命，還有他如何在革命過程中和一七九〇年過世後成為象徵符號。我們將會發現，美國人所熟知的富蘭克林，基本上是十九世紀創造出來的產物。

力爭上游的前半生

富蘭克林無疑是個天賦聰慧之人，他的生涯歷程也極不平凡。這是一個由貧賤到發家致富的故事。但我們也不該過於強調他這一面，把他當成十九世紀霍瑞修・愛爾傑（Horatio Alger）那些勵志故事的主人翁。由貧賤到富貴的故事在十八世紀並不稀罕，在英國歷史上也不乏富蘭克林這樣的例子。

在十八世紀的美國和英國，有不少年輕人在社會中往上爬。我們在導論中就有提過，富蘭克林的英國朋友暨合夥人威廉・斯特拉漢一開始也和富蘭克林一樣是熟練的印刷工，後來發家致富，可能比富蘭克林更有錢，然後選上國會議員。美洲也有一個聰明的十七歲商店員工，名叫亞歷山大・漢彌爾頓，他被一位貴人從「低三下四」的聖克魯斯島中拯救出來，送到美洲大陸去接受教育。[16]在當時的君主制社會中，有很多貴人在尋找聰明的年輕人做贊助對象。對階級社會的貴族來說，贊助後輩，建立雙方的互惠關係，這是很重要的標記。

恩庇關係是十八世紀階級流動最基本的方法，富蘭克林就是因此崛起，只要細讀他的自傳就知道。如果他不是在幾個關鍵時刻受到一些大人物的幫忙和支持，他不可能在

在印刷廠工作的富蘭克林。（圖片來源：公共領域）

那個階級社會中混得這麼好。他的姐夫是來往麻州和德拉瓦州做貿易的商船船長，當他得知富蘭克林在費城當印刷工時，就寫信勸這個逃家的年輕人回波士頓。姐夫把富蘭克林的回信拿給賓州州長威廉・凱思（William Keith）看，凱思不敢相信這個十七歲的小伙子居然能寫出這麼精采的信。「他說，」富蘭克林回憶道，「我看來是個有希望的年輕人，應該給予鼓勵。」[17]州長邀請富蘭克林到地方上的小酒館喝一杯，答應他如果他父親可以出資的話，就幫他開一間印刷廠。

凱思不是唯一看中富蘭克林的殖民地州長。第二年，也就是一七二四年，富蘭克林從波士頓回程途中暫住紐約。他沒有拿到父親的錢，但從波士頓帶回一大堆書。在紐約殖民地，一個十八歲的年輕人帶著一大堆書是很稀罕的事，於是州長威廉·柏奈特（William Burnet）就約這位年輕人來聊聊作者和書。

當賓州的大人物都得知富蘭克林的才能後，很快就對他出手贊助。湯瑪斯·丹漢（Thomas Denham）、威廉·艾倫（William Allen）、安德魯·漢彌爾頓（Andrew Hamilton）等人都以不同的方式贊助過他，借他錢、邀他到家裡、把他介紹給人、當他的「朋友」（這是當時對恩庇關係的委婉說法）。所有「這些朋友……都對我很有用，」富蘭克林回憶道，「而我偶爾也對他們很有用。」[18]他本身的耀眼天分無疑是他崛起的主因，一旦受到注意，「那些大人物……就覺得想給我鼓勵。」[19]然後就一直這樣繼續下去。總歸來說，富蘭克林的成功並不如他自己所說，或十九世紀所描寫的那樣，完全是靠自己。

然而他的確成功了，而且成就非凡。他不只是富有的印刷商，還成為企業家。他在其他州許多印刷廠都有投資和股份。他一生中創立了十八家造紙廠，也許是英語世界中最大的造紙商。[20]他在費城和許多沿海城鎮有很多房地產在出租。[21]他有很多錢在放貸，根本算得上是銀行家，放貸額度從兩先令到兩百鎊都有。[22]除此之外，他一生都在搞房地產買賣。

在他一七四八年四十二歲時，富蘭克林覺得他已經有錢有身分到可以退休了。這種退休在十八世紀中的意義比今天要大得多。這表示富蘭克林終於可以當個紳士，一個不需要為生計工作的有閒人。

退休對富蘭克林是件大事，他很認真看待。他請羅伯特・費克（Robert Feke）幫他畫肖像。他買了幾個奴隸，搬到「鎮上較靜謐處」的新宅院。又在櫟樹街和第二大街西北角租了一間房子。他搬離位於市場街的印刷事務所和店面，讓新的合夥人大衛・霍爾（David Hall）住進來負責經營。由於大多數工匠都住在工作的地方，把住家和事業區分開來，就象徵富蘭克林已經不再是個匠人。

一旦成為紳士，能夠「主宰我自己的時間」，富蘭克林覺得他應該做些紳士們該做的事：寫作和「研究哲學自娛」。他對紐約官員兼科學家卡韋萊德・科爾登（Cadwallader Colden）說，他現在「有閒暇可以讀書、研究、做實驗，可以和樂於與我為友的聰明才智之士暢談有益黎庶的大事，不再被生意上的瑣事煩心。」[23]但正如他在自傳所說，「公眾現在認為我是有閒之人，就開始來煩我了。」他說，「政府各部門幾乎在同時間來請我做這做那。」[24]身為一名紳士，也就是有閒之人，他被請入政府服務。他在一七四八年成為費城市議會議員，一七四九年被任命為法官，一七五一年當上市政委員，並被費城推選為賓州州議會議員。賓州州議會由二十六名議員組成，非常具排他性，且貴格派色彩濃厚。

他對從事公職並沒有什麼不滿。他認為自己已成為十八世紀所說的，在政治事務上的「大人物」。他認為擔任公職是紳士最重要的義務。到了一七五〇年代中，他的眼界擴大到整個大英帝國。一七五三年，他成為北美洲郵務局長，這是一個皇家職務，但他還想要更多。「人生就是一齣戲，」他在一七五六年寫道，「應該有漂亮的結尾。這齣戲已到最後一幕，我已開始扮演適合落幕的角色。」[25]但他根本沒想到他人生的結尾還能更加精采。

忠貞愛國的大英帝國子民

他開始覺得美洲的舞台不夠他揮灑。他在一七四九年《關於賓州青年教育的建議》（*Proposals Relating to the Education of Youth in Pennsylvania*）中說，歐洲比美洲更鼓勵年輕人學習和發展。在歐洲，一個窮人家的小孩如果認真學習，可以在法律界或宗教界爬上高位，「獲得極高的榮耀」。年輕人在美洲也許能當個上校，但在歐洲卻可以「在國會發聲，當選議員」，甚至可以當上「治理國家的部長，和王公貴族聯姻」。[26]

富蘭克林非常有企圖心。他要在十八世紀最重要的大事，也就是大英帝國的擴張中扮演角色。不列顛這個偏處歐洲西北角的小島，人口只有法國的三分之一，居然正要主宰全球，而富蘭克林想在英國的擴張過程中扮演重要角色。他認為唯有像他或湯瑪斯．

哈欽森這樣能理性思考的人，才能帶來「不偏私、更寬大和更健全的政治」，才能讓大英帝國成就空前偉業。他相信大英帝國是正義的，相信白廳①的皇家官員都是仁慈的。

在他一七五〇年代和六〇年代初的書信中，富蘭克林完全不是後來為人所知的美國平民革命英雄。他對殖民地議會和總督之間的瑣碎爭端相當不耐。他認為類似一七五四年的「奧巴尼聯盟方案」應該由英國政府和國會直接通過，殖民地遵守即可。「我相信他們會做得很好。」他說。[27]

一七五七年，他代表賓州議會「回到英格蘭祖國」，勸說英王撤銷賓恩家族對賓州的所有權，把賓州改為國王治下的一個省分。[28]②當時有傳言說他想成為賓州首位皇家總督。

雖然他在表面上是賓州議會的代表，實際上卻完全屬於國王人馬。沒有人比他更忠誠。他對英國政府高層的信任程度，連他一些英國朋友都感到不解和驚訝。一七六二年，他甚至在費城家中高掛英王喬治三世「最親密的朋友」（首相比特伯爵）的肖像，

---

① 白廳（whitehall）是英國倫敦西敏市內的一條大道，包括英國國防部、皇家騎兵衛隊閱兵場和英國內閣辦公室在內的諸多部門均坐落於此。

② 一六八一年，英王查理二世御賜威廉・賓恩（William Penn）一片幅員廣闊的北美土地，以償還英王積欠賓恩父親的薪水，面積涵蓋現今的賓州及德拉瓦州。所以這兩州的土地都是賓恩家族的私產。

誇耀說自己和他認識。

一七五〇年代和六〇年代初的富蘭克林是絕對的英國熱愛者。其他美洲人如查爾斯．卡羅爾和約翰．迪金森到過倫敦後，都會把在英國見到的奢華腐敗和美洲的質樸美德做對比。但富蘭克林不會。他不會用偏遠省分的眼光來針砭帝國中心。他在一七六〇年代初的書信中，多方批評美洲的偏狹和粗俗，讚揚英國的精緻華美。不列顛「這個小島，」他在一七六三年寫道，「幾乎每一個村落中有知識、有道德的文雅人士，都比在我們一百里格（五百五十公里）範圍大的森林裡能找到的還多。」[29]他說，沒有哪個在英國成長的人能在美洲過得開心。他認為腐敗奢華的不是英格蘭，而是美洲。英國人面臨的危險是，如果不去除掉一些財富，「就會像我們一樣血管裡堆積太多東西，像我們一樣懶散又愛好奢華。」[30]他認為舊世界每樣東西都和他覺得丟臉的美洲恰成對比。法蘭德斯的週日市集和井然有序的繁華，只會讓他想到清教徒新英格蘭有多麼狹隘古板和愚蠢。[31]

富蘭克林完全著迷於華美的英式生活。他一談起在英國的生活就滔滔不絕。當他在一七六二年必須返回賓州處理郵政業務時，他說他的心屬於英格蘭，發誓會盡快回來。

一七六〇年代初的富蘭克林是忠貞的王室擁護者。他絲毫沒有察覺即將到來的英帝國危機，也不覺得大不列顛和殖民地的利益有何衝突。他一些最親近的朋友都是英帝國官員和保王派。一七六二年，由於他和比特伯爵的交情，他的兒子威廉．富蘭克林在三十二歲就被任命為紐澤西州的皇家總督。富蘭克林自己也想在大英帝國謀取一個官位。

他非常菁英主義。他的「政治信仰」是「凡是比我們優秀的人認為對我們是最好的，那就是最好的。」他對普羅大眾毫無信心，厭惡任何形式的群眾動亂和暴力。舉凡約翰．威爾克斯③、派克斯頓男孩④、自由之子⑤和「軟弱的政府」，都是他所厭惡的。[32]

他在一七六四年十二月回到英格蘭，第二年涉入印花稅法案時，即展現出他對民主政治的無知和菁英主義的缺點。他和其他殖民地代表一樣，都反對這個法案對殖民地許多東西課稅，包括報紙、執照、合約和撲克牌。但當富蘭克林得知這個法案勢必會通過，他也就接受了。他說，帝國畢竟是要花錢的。為了搶占先機，他幫他的朋友約翰．休斯（John Hughes）拿到了費城的印花稅票銷售權。此舉幾乎毀掉他在美洲政界的地

③約翰．威爾克斯（John Wilkes），英國激進分子，新聞記者和政治家。
④派克斯頓男孩（Paxton Boys），賓州的蘇格蘭裔清教徒組織，以濫殺印第安人聞名。
⑤自由之子（Sons of Liberty），美國獨立革命期間為反抗英國統治而建立的祕密組織，曾發動波士頓茶黨事件。由約翰．亞當斯的堂兄塞繆爾．亞當斯創建。

位，差點讓休斯小命不保。⑥

暴民讓印花稅法案在北美大陸各地都無法實施，富蘭克林深感震驚。他不但完全和殖民地人民脫節，他給休斯的信更透露出他完全是個保王派。他叫休斯對暴民冷靜以對。「堅持忠於王室，堅定相信中央政府……，」他說，「這對於你我是最聰明的路，不論群眾或其盲目的領袖有多瘋狂。」[33]

多虧他在一七六六年於英國國會花了四小時譴責這個法案，才挽回他在北美洲的名聲。美洲人對印花稅法案的反應讓富蘭克林震驚，他原來對英國官員的信任日漸動搖。他開始厭惡英國官員對殖民地的「傲慢、輕蔑和濫權」，開始覺得自己是美洲人。

在接下來四、五年中，富蘭克林心情很矛盾，覺得自己卡在一道無法跨越的鴻溝，而且這道鴻溝愈來愈大。正如他所說，英國人認為他太美洲，美洲人則覺得他太英國。他希望能讓兩邊的情緒冷靜下來，讓英國官員和殖民地人民不要再覺得對方在搞陰謀詭計。

但他並沒有放棄在帝國官場的仕途。一七六八年夏天，他突然有機會當上格拉夫頓內閣的副部長。他和格拉夫頓約見好幾次都不成，但格拉夫頓的密友諾斯勳爵告訴富蘭克林說，如果他願意留在英格蘭，政府會「想辦法讓你覺得有所值」。富蘭克林答覆說：「如果能為政府服務，我會很樂意留下。」他告訴兒子說，他「若不是升官，就是被拋棄。」[34]

但一七六八年新設的美洲部首任部長希爾斯伯勒伯爵（Lord Hillsborough）反對任命富蘭克林，因為他反對富蘭克林所提的北美洲跨阿帕拉契山以西的土地開發方案。但富蘭克林沒有放棄希望。選舉會再來，部長會換人，希爾斯伯勒伯爵可能不再是部長。

一七七一年一月，富蘭克林和希爾斯伯勒伯爵會面，這場會面對富蘭克林相當重要，他立即把這場談話寫成戲劇。希爾斯伯勒伯爵很冷淡，拒絕承認富蘭克林能代表麻州議會，這讓富蘭克林很吃驚。他知道若非整個美洲部都是這種態度，希爾斯伯勒伯爵不可能做出這種舉動。威廉・斯特拉漢對富蘭克林的兒子說，他覺得「不但希爾斯伯勒伯爵不待見他，整個美洲部都是如此。」[35]過去三年他想在帝國事務中扮演重要角色的期待，突然被砸得粉碎。

在一七七一年這場挫敗後，富蘭克林開始重新思考人生。在接下來六個月中，他困惑而沮喪。他似乎失去了熱情和企圖心，覺得自己沒有用處了。他在不列顛群島四處遊歷，在朋友的鄉間別墅開始動筆寫自傳。

富蘭克林自傳的第一部是講他二十五歲之前的人生，這是在沮喪、思鄉和不滿的心

---

⑥ 休斯在一七六五年拿到印花稅票的銷售權，但在暴民攻擊其事務所的威脅下，休斯不得不放棄這門生意。

情下所寫的，而多數評論家都認為這部分寫得最好。他自認不是個要靠上頭施捨的求官之人。他獨立自主，只是運氣不好。英國的王公貴族打不倒他。自傳的第一部成了他療傷止痛的膏藥，為他在英國政界的挫敗找理由。他也在這一部訓斥他那好享樂、一直向父親伸手要錢的兒子，他要兒子減少花費，學習父親的榜樣。

但英國政府又起變化。希爾斯伯勒伯爵改變了對他的態度，邀請他到愛爾蘭的宅第作客。然後希爾斯伯勒伯爵被解職，達特茅斯勳爵（Lord Dartmouth）接任部長。達特茅斯是富蘭克林的朋友，熱中於美洲西部的擴張，富蘭克林又覺得他可以在帝國政界一展拳腳。

由於不再需要療傷止痛，富蘭克林就把自傳擱下，直到成功交涉完美國獨立條約後，才於一七八四年在法國再度動筆。雖然他再度有參與帝國政治的可能，但他捲進了哈欽森信件事件，最終毀掉他在英國的地位。

一七六〇年代末，時任麻州代理總督的哈欽森寫了幾封信給他在英國的一位朋友，呼籲要採取嚴厲的措施，包括限縮美洲人民的英式自由權，才能維持大不列顛對殖民地的掌控。富蘭克林不知怎麼拿到了這些信，在一七七二年於麻州公布這些信。富蘭克林的目的是要讓美洲人民看清楚，大英帝國的危機完全是像哈欽森這種壞蛋殖民地官員搞出來的。這樣就可以撇清倫敦官員的責任，讓母國和殖民地理性解決爭端。如此一來，富蘭克林就可以幫達特茅斯勳爵把事情解決。

此舉是一大失算。他在麻州公布的信只是把英帝國危機愈弄愈大。和傳統看法正好相反，富蘭克林其實並不是很敏銳的政治人物，不太能體察民情，與革命前夕的民意更是脫節。爭端中的雙方當時都認為對方在搞陰謀詭計。富蘭克林當然不這樣看，但他太天真地相信理性的力量，以為靠幾個好人就能解決複雜的事情。直到一七七五年，他還認為英國和殖民地的爭端不過是「芝麻小事，只要兩三個理性的人就能在半小時內解決。」他對個人無可抵擋的結構性力量和群眾情緒簡直完全無知。他最後只能認為他終生熱愛的光輝帝國是被「一些笨拙的官員亂搞」才崩解的。[36]

英國政府要富蘭克林對危機負責。一七七四年一月二十九日，他在樞密院一群旁聽者面前，被總檢察長亞歷山大．韋德伯恩（Alexander Wedderburn）狠狠指控，說他是個不配當紳士的小偷。這是最後一根稻草。據說他在離場時，悄聲對韋德伯恩說：「我會讓你的主子淪為小小的國王。」[37]

兩天之後，富蘭克林被解除郵務局長職務。儘管他還是用幾個月時間試圖拯救帝國，向老皮特首相提出最後一搏的和平方案，但他終於認清英帝國，以及他在英帝國中的角色，都將告終。

風靡歐陸的美國外交大使

他在一七七五年三月回到美洲，變成一個狂熱的愛國分子，而且比大多數人都狂熱。這場革命對富蘭克林的個人恩怨成分，遠勝其他革命領袖。就連向來愛恨分明的亞當斯，都對富蘭克林的革命熱情和他對國王的厭惡程度感到驚訝。

他的熱情有部分是出於精心計算。富蘭克林必須清除許多同胞對他的疑慮。有些人認為他在一七六〇和七〇年代的立場過於含混，不是真正的愛國人士。有些人甚至認為他是英國間諜。為了克服這些疑慮，富蘭克林才會在一七七五年七月寫信給他畢生的英國摯友威廉．斯特拉漢說：「你是國會議員，你隸屬的多數黨現在正在摧毀我的國家。你們已開始燒毀我們的市鎮，殺害我們的人民。看看你的雙手吧，它們沾滿了你同胞的鮮血！你我是老朋友，但你現在是我的敵人，我也是你的敵人。B．富蘭克林。」38

為了讓美國同胞相信他是真正的愛國人士，他把這封信給費城人看，但他其實沒有寄出過這封信。幾天後，他就一如往常地寫信給斯特拉漢。

他的憤怒和激情有些是出於計算，但也不完全都是。富蘭克林最想要的東西被英國政府官員阻撓，他個人還被羞辱，這是其他革命分子不曾經歷的。他參加革命是帶著極強烈的個人情緒。他深感受傷，恨透了英國人對待他的方式。他在和平談判時對保王派毫不留情的程度，就連亞當斯也感意外。他從未原諒忠於英國王室的兒子威廉，不但和他斷絕關係，最後還出手懲罰他。

到了一七七六年，富蘭克林已準備好扮演美國的代言人。在革命之前，富蘭克林就發現他在歐洲比在英格蘭更受人尊重。一七七〇年代初，他在不列顛受挫到極點時，他更重視他在歐洲大陸的名聲。「造訪英格蘭的外國才智之士幾乎都來求見我，」他在一七七二年對兒子吹噓說，「我的名聲在海外比在國內更大。」好多外國大使都「殷勤地和我拉關係，把我當他們自己人。」[39]

他開始覺得英國的舞台太小，他在「外國宮廷」作為美國特使的名聲，足以彌補他在英格蘭的失勢。當他在一七七六年被美國新政府派去巴黎當外交代表時，他在心理上已完全準備好要為美國代言。

是法國強化了富蘭克林代表美國人的形象。他在法國八年期間，把自己塑造為美國的象徵。在這個意義上，富蘭克林在屬於美國之前是先屬於法國的。

是法國人率先創造出我們所熟知的富蘭克林的現代形象：名叫「可憐理查」的布爾喬亞道德家、質樸民主的象徵、單純的偏遠地方的哲學家。富蘭克林的聰明之處就在於，他知道他在法國人心中的形象，並利用這個形象為美國服務。

富蘭克林的任務起初看來是根本做不到的。法國一開始並不想承認這個新國家，也不想過早和英國開戰。美國除了脫離英國這個不太可能的前景之外，根本給不了法國王室什麼東西。富蘭克林是個老人，一七七六年時已高齡七十，身上有一堆老人病。他的同志都不喜歡他，在美國又有很多人懷疑他。畢竟他之前二十年幾乎都住在倫敦，而他兒子威廉這位前紐澤西總督又是惡名昭彰的保王派，現在在美國被捕。難怪有些美國人懷疑，富蘭克林根本是英國間諜。

儘管困難重重，他還是令人敬佩地成功了。他是美國史上最偉大的外交家。他不但把法王路易十六拉過來幫新共和國打仗，他還在漫長的戰爭過程中，從財政窘迫的法國政府取得一筆又一筆的借款。沒有哪個美國人能做到他做的事。

他頂著大科學家和大哲學家的名聲來到法國，是從美洲原野中孕育的本土天才，準備要震驚世界。對許多法國貴族來說，富蘭克林就是美洲的化身，許多人都熱愛美洲所代表的理念——質樸、單純與自由。在當時的激進風潮下，他們也愛用美洲和富蘭克林的形象來批評自己社會的奢華腐敗。他們為自由、共和與和平謳歌。他們喜愛博馬舍（Beaumarchais）的《塞維亞的理髮師》（*Barber of Seville*）和莫札特的《費加洛婚禮》（*Marriage of Figaro*），儘管這些作品都在反對貴族。許多法國貴族，例如羅希福可（La Rochefoucauld），都強烈主張要取消貴族在地位和財富上的特權。他們並不知道這會有什麼後果。羅希福可最後被革命暴民用石頭活活砸死。

富蘭克林也是這股激進風潮的一部分。他被法國貴族瘋狂崇拜。他的頭像無所不在，出現在紀念章上、鼻菸盒上、糖果盒上、戒指上、雕像上和出版品上。還有很多婦女梳富蘭克林頭。富蘭克林對他女兒說，這些東西「讓你父親的臉孔和月亮一樣有名」。[40]法王路易十六對一名朝臣崇拜富蘭克林大為吃味，他送了一只夜壺給這名朝臣，上面有富蘭克林的頭像。

富蘭克林的聰明之處在於，他知道法國人想從他身上得到什麼，並盡量加以利用。在歐洲最奢華和最繁文縟節的凡爾賽宮中，他總是身穿褐白相間的簡單麻布衣，頭戴毛帽，不戴假髮也不帶劍。但法國宮廷和貴族都愛他。他們以為每個賓州人都是樸實的貴格派教徒，富蘭克林一定也是。他不能犯錯。富蘭克林在重大場合向來不發一語，因為他法語說得不好，但法國人反而喜歡這種共和派的緘默。

頭戴毛帽的富蘭克林，象徵他帶來歐洲的新大陸質樸氣質。（圖片來源：公共領域）

他那些「可憐理查」關於如何賺

錢的名言金句，被拿來和伏爾泰與蒙田的宏大哲學等量齊觀。從法國哲學家孔多塞可以知道法國人的理由。孔多塞說，「可憐理查」「是很獨特的作品，我們都看得出他是一個很優秀的人，但卻找不出哪一個句子可以看出他的優秀。」孔多塞預示了後世的法國解構主義理論：他承認富蘭克林作品中的思想和文筆沒什麼超越「最普通才智」之處，但是孔多塞又說，「懂得哲學的人」就能發現這些名言金句背後的「高貴目標和深遠意涵」。[41]

雖然他那些「可憐理查」的名言金句在法國大受歡迎，但法國人卻不把富蘭克林當作生意人。他深知法國貴族熱愛榮譽和自由，建議美國外交部長羅伯特・李文斯頓（Robert Livingston）該如何與法國人打交道。富蘭克林說：「（法國）是一個慷慨的民族，他們熱愛榮譽，尤其喜歡保護受壓迫者。」法國貴族對做生意沒有興趣，但如果你對他們說，幫助我們符合法國人自己的利益，「這就等於說，來幫我們吧，然後我們就不用感激你了。」

富蘭克林心中雪亮。法國外交部長維金斯（Vergennes）曾說，所有美國人「都對做生意有瘋狂的執著」，唯獨富蘭克林不會，「我相信他的手和他的心一樣乾淨」。[42]

在某種重要意義上，是法國人創造了我們今日所知的富蘭克林。在美國人還不需要富蘭克林的時候，法國人就需要他。富蘭克林有辦法利用這種需要讓法國人支持美國。

難怪他在法國的八年是他人生最快樂的時光。他在做他畢生最想做的事：在世界舞台上幹大事。正是在這種環境下，他在一七八四年重新動筆寫自傳的第二部，開始覺得人生是可以掌控的。

身後成為勤勉致富的美國文化代表

在簽定和平條約後，富蘭克林很不情願地回到美國終老，但他所有朋友都在法國。他現在明白，他的命運和美國是繫在一起的。他在一七八五年回到美國時，他的同胞還搞不太清楚他這個人。他們都曉得他是國際英雄，和華盛頓並列為世界上最受崇敬的美國人，但他們不太曉得原因。他不像亞當斯領導過革命運動，也不像傑佛遜寫過偉大的革命文件，更不像華盛頓帶領過軍隊。

當他在一七九〇年去世時，只得到一份公開的悼詞，是由他的宿敵威廉・史密斯（William Smith）所寫，而史密斯只是因為擔任美國哲學協會副會長，才被指派這項任務。就連前麻州州長詹姆斯・鮑登（James Bowdoin）都有幾十份悼詞。華盛頓的悼詞則有幾百份。倒是法國人對富蘭克林稱頌不已。米拉波伯爵（de Mirabeau）在法國國民大會上發表了最著名的悼詞，國民大會將悼詞刊行，並宣布追思三天，這是有史以來第一次。相較之下，美國參議院則拒絕通過眾議院稱頌富蘭克林的決議案。

更糟的是，史密斯給美國哲學協會寫的悼詞根本言不由衷。由於美國哲學協會的紳士們對富蘭克林出身寒微甚為尷尬，史密斯還要為此致歉，將他的青少年時代略過不提。

美國人當時是把富蘭克林視為愛國者和科學家，不是後世那個名叫「可憐理查」的樸實布爾喬亞道德家。他在一七九〇年過世，他的自傳在一七九四年出版，富蘭克林的形象才發生轉變。在接下來三十年中，美國市場上出現了無數的富蘭克林自傳版本和節錄本。一七九八年後，出版社開始把「可憐理查」的文章收進富蘭克林自傳中。

工匠和商人在十九世紀的崛起，造就了富蘭克林的物質主義新形象。一如過去的法國人，他們也在富蘭克林身上發現了他們的象徵。他們成立富蘭克林研究會和機械師協會，用富蘭克林來挑戰紳士，因為這些紳士就和千年來的貴族一樣，鄙視為生計工作的人。富蘭克林的人生被視為年輕人的榜樣，正如一八一〇年一篇他的傳記所說，他白手起家，「沒錢沒靠山」。他是自學成功，自己創造了自己的命運。

在十九世紀初，富蘭克林的形象比較接近勤勉致富的貧窮印刷工，而不是一位十八世紀紳士及哲學家。不同於史密斯的悼詞，這些傳記更強調富蘭克林的貧賤出身和青少年時代。

其中最好的一篇傳記，是帕森．威姆斯在一八一七年所寫的：「你們這些浪費時間、頭腦空空，嘴裡有雪茄或香菸才開心的年輕人啊。你們就繼續吞雲吐霧，繼續抽菸，繼續骯髒吐痰，繼續讓愛清潔的主婦們時刻擔心她們打了蠟的地板和光潔的地毯。我說你們就繼續吧。但請記得，我們的小班可不是這樣成為偉大的富蘭克林的。」[43]

把富蘭克林等同於辛勤工作及布爾喬亞物質主義，是在富蘭克林死後十九世紀的事。愛倫坡、梭羅、梅爾維爾和勞倫斯批評這種布爾喬亞的形象，但這種辛勤工作白手起家生意人的形象卻又最歷久不衰。不管富蘭克林有多偉大，不管他在美國革命時的外交成就讓他的地位僅次於華盛頓，只要美國依然是一個商業社會，美國文化就會把富蘭克林當作共和國早期資本主義蓬勃發展的象徵。

第三章　如果美國出了問題，那麼傑佛遜就有問題

幾乎從一開始，傑佛遜就是美國人作為一個民族的象徵和試金石，他發明和創造出讓我們美國人所喜所惡、所懼所愛的民粹主義、菁英主義、農民主義、種族主義、無神主義、自由主義。……過去四十年來，包括歷史學家在內的許多人，都認為美國出了很大的問題。而如果美國有問題，那麼傑佛遜也有問題。

富蘭克林是美國夢的象徵，尤其是發財致富的象徵，但湯瑪斯・傑佛遜是美國民主理念和民主渴望的化身。「所有榮耀歸於傑佛遜。」林肯在美國內戰前夕這麼說過。林肯說，傑佛遜提出了爆炸性的觀念：「凡人皆生而平等」，為後世所有暴政和壓迫設下了「指控和路障」。「傑佛遜的原則，」林肯說，「就是自由社會的真義和公理。」[1]

幾乎從一開始，傑佛遜就是美國人作為一個民族的象徵和試金石，他發明和創造出讓我們美國人所喜所惡、所懼所愛的民粹主義、菁英主義、農民主義、種族主義、無神主義、自由主義。我們不停在問，假如傑佛遜還在世，他會怎麼想。當我們討論歷史上各項重大議題時，也會引用傑佛遜的話。大多數美國人對傑佛遜的看法，和史上首位專業傳記作家詹姆斯・帕頓（James Parton）一樣。帕頓在一八七四年寫道：「如果傑佛遜是錯的，美國就是錯的；如果美國是對的，傑佛遜就是對的。」[2]

麥瑞爾・皮特森（Merrill Peterson）在近半世紀前出版的《美國人心中的傑佛遜形象》（*The Jefferson Image in the American Mind*）一書中說，傑佛遜在美國文化中的形象，向來「敏銳反映了……美國人對自我形象的苦苦追尋。」[3]在皮特森的書出版幾十年後，即使現在的史學研究水準已然高出許多，美國人還是不改其志地把傑佛遜符號化、象徵化，與美國等同為一。經過這些動盪年代，傑佛遜與美國變得更加融為一體。過去四十年來，包括歷史學家在內的許多人，都認為美國出了很大的問題。而如果美國有問題，那麼傑佛遜也有問題。

傑佛遜留給美國的深遠影響

最先對傑佛遜開砲的也許是李奧納多・李維（Leonard Levy）的《傑佛遜與公民自由》（*Jefferson and Civil Liberties: The Darker Side*, 1963）一書。[4]李維這本書不是什麼巧妙諷刺之作，也不是委婉地嘲弄傑佛遜的言行不一和偽善，而是如同檢察官的起訴書。李維剝下傑佛遜的自由放任主義外衣，揭露出他的「黑暗面」：他對黨派攻訐的狂熱、他對基本公民自由的漠不關心、他那自以為正義而導致的冷酷殘忍。在李維和其他歷史學者筆下，傑佛遜不是對事物有好奇心、能容忍所有理念自由散播的啟蒙知識分子，而是一個意識形態家和獨斷的思想家。他一方面教導青年要順從他的教義，一方面查禁所有他不喜歡的

傑佛遜的畫像。（圖片來源：公共領域）

書。他完全沒有保持開放和懷疑的胸襟。

傑佛遜不但沒有創意和好奇心，他根本是個教條主義者和強硬派自由主義者。歷史學者伯納德・貝林（Bernard Bailyn）說，他對歐洲社會文化的態度，完全是「一種十八世紀的刻板觀點，這是一種大膽高傲的啟蒙式的刻板觀點。他毫不保留地接受自由主義的態度和理念，除了以其優美的詩文為其增色，完全無所增減。」[5]在這方面，他和較有求知欲的麥迪遜完全不同。例如，傑佛遜只能用傳統自由主義對王權的厭惡來理解法國大革命爆發。[6]他之所以支持在聯邦憲法中加入《權利法案》，不是因為像麥迪遜那樣深思熟慮過，而是因為一個良善的政府本來就該有人權條款。①他向美國同胞轉述自由派的法國貴族朋友告訴他的話，「歐洲受啟蒙的人士都贊同我們要創造一個保障人民權利的工具，對我們這麼快就放棄感到震驚。」[7]有人認為傑佛遜在一七八七年和八九年之所以力主要通過《權利法案》，只是因為不想在法國自由派朋友面前丟臉。他反對奴隸制度也是一樣，主要是為了符合外國啟蒙人士的期待。

傑佛遜對美國黑人和奴隸制度的看法，讓他在今日飽受批判。如果美國的種族關係有問題，傑佛遜一定也有問題。傑佛遜寫下自由平等的偉大宣言，卻終生擁有奴隸，看到這種對比，誰會不覺得尷尬呢？傑佛遜當然痛恨奴隸制，他相信他在一七七六年寫下的真理終將讓奴隸制在美國走進墳墓。他早年曾試圖推動維吉尼亞的奴隸解放運動，但不成功，一七八〇年代又努力想在西部新領土取消奴隸制。但不像華盛頓，他自己從未解放過一個奴隸。不只如此，近來有些歷史學者還指出，他不但購買、繁殖、鞭打奴隸，還像其他維吉尼亞莊園主一樣，追殺逃跑的奴隸。他更曾說過，美國奴隸制不像古羅馬奴隸制那麼壞。[8]

近來更有些史學家宣稱，傑佛遜對黑人的態度令人深惡痛絕，把這位「蒙特塞羅的聖人」等同於改革運動，簡直是一大汙辱。傑佛遜從未想過黑奴解放後可以留在美國的白人社會中，他一生都強調，要把解放的黑奴遞解出境。他想把黑人都送到西印度群島或非洲，或美國以外的任何地方。有學者批評說，以傑佛遜的廢奴條件，廢奴運動根本就不可能。當有年輕人請傑佛遜為廢奴發聲時，他只會找藉口拖延。[9]

他要驅逐黑人，是出於他的種族恐懼和反感。儘管他不反對白人和印第安人通婚，對於黑白混血卻終生表示「極大的厭惡」。古羅馬奴隸獲得自由後，「可以和主人通婚，不會汙染主人的血脈」，但黑奴獲得自由後，就必須「被驅逐到不會發生混血的地方」。雖然傑佛遜認為印第安人是未開化的民族，但他向來敬重印第安人，用許多環境因素來解釋他們和白人的不同。但他對於美國黑人就沒辦法。事實上，他一直質疑黑人

①《權利法案》是指美國憲法第一到第十條修正案，於一七九一年十二月十五日正式成為美國憲法的一部分。

從生理和心理上都比白人低等。[10]

有人說，傑佛遜對黑人的厭惡來自他被壓抑的性欲望，但他對他漂亮的混血女奴莎麗・海明斯（Sally Hemings）卻非如此。一八〇二年，一名大膽的記者詹姆斯・卡倫德（James Callender）率先指控海明斯當了傑佛遜幾十年情婦，為他生了好幾個子女。一九九八年公布的ＤＮＡ鑑定結果也顯示，海明斯的子女確實出於某位傑佛遜家族的男性。於是多數歷史學者都認定傑佛遜的確和家中女奴有染，和海明斯生了幾個子女。他這種行為與其他南方莊園主沒什麼不同。[11]

但依然有歷史學者否認傑佛遜有和海明斯生下子女。這個問題還在爭辯中，但已經不重要。無論他是否和海明斯有染，傑佛遜家裡確實發生過他在道德上厭惡的黑白混血。[12]打從一開始，傑佛遜的蒙特塞羅莊園算不上是家父長制莊園的模範。

每個人都從傑佛遜身上看見美國，於是傑佛遜在奴隸制和黑白混血問題上的羞恥和罪過，也就代表了美國黑白關係扭曲的羞恥和罪過。在一九二〇到四〇年代，對帕靈頓（Vernon Louis Parrington）那一代人來說，傑佛遜是美國病症的靈丹妙藥，對現在的人則成了毒藥。在近年的研究中，傑佛遜簡直就是美國過去四十年所有被批判的東西的代表：自以為是、充滿罪過、種族歧視、獨斷教條、滿腦子自由派理念，但一遇壓力就輕易退縮。

每當美國人努力追尋自我，都繞不開傑佛遜。傑佛遜為個人權利而戰，而這些權利在近年來已走到極端，所以傑佛遜及其獨立宣言一定出了什麼差錯。[13]事實上，十八世紀的聯邦黨人批判傑佛遜執著權利更為猛烈。一名典型的聯邦黨諷刺作家說，他總是無休無止地談論權利，甚至鼓吹一草一木皆有生長的權利。為什麼不呢？每一種植物「不都有平等生存的權利嗎？……為什麼唯有小麥和大麥能夠茁壯，成為農地上的主宰呢？」[14]

有些人則認為，美國並不是只注重個人權利的自由資本主義社會。若然如此，那麼傑佛遜所代表的美國人形象也必須有所改變。史學界在一九七〇和八〇年代有一場激辯，有人強調要重新挖掘美國革命時期那種重視美德、腐化和公共福祉的古典共和文化，而不是只重個人權利和追逐私利。這場論戰的核心就是傑佛遜。從這種古典共和傳統看來，傑佛遜並不是只注重個人權利的洛克信徒，而是古典禁欲主義者。他討厭城市、賺錢、腐化，倡導一套適用於農民共和國的社會道德條件，而這個共和國是由不受市場影響的獨立耕作者所組成。

有些歷史學者，尤其是波考克（J. G. A. Pocock）相當醉心美國早期的古典共和傳統，他們認為，美國革命並不是一場把美國推向自由資本主義新世界的進步運動，而是「文藝復興的最後一搏」。美國是在「對現代性的恐懼」中誕生的，其代言人傑佛遜是要恢復美好舊時光，對抗正橫掃大西洋兩岸的經濟巨變。[15]

但其他史學家則認為這種觀點太過頭了，倒不如去發掘傑佛遜的思想中還有哪些具有進步性，還能適用於當代的東西。蓋瑞．威爾斯在《發明美國》（*Inventing America*, 1978）一書中主張，傑佛遜的獨立宣言受到蘇格蘭倫理學家法蘭西斯．哈奇森的社群主義影響，遠勝於洛克的財產個人主義，但別的學者則強調洛克對傑佛遜的重要性。[16]畢竟這是關乎美國特質到底是什麼的問題。有些評論家譴責威爾斯，說他強調傑佛遜的社群主義，是意在「為共和國的歷史塗脂抹粉」。[17]還有一些歷史學家，尤其是喬伊絲．艾波比（Joyce Appleby）則主張要更全面地理解美國革命和傑佛遜這個人。艾波比說，其他開國元勳也許都很菁英主義、守舊、哀嘆失去的美德，但傑佛遜絕非如此。傑佛遜也研究古典學，但他從不認同人只能在公共領域才能實現自我的古典理念。他雖然是農民，卻是個接受商業的現代化農民。「比起同時代任何人，」艾波比說，「傑佛遜更能把經濟發展計畫和建國策略結合為一個激進的道德理論。」他不是「被現代化打敗的輸家」，而是自由派與進步派的贏家。他相信未來，提倡個人追求幸福的權利，致力使美國的商業繁榮不致僵死在政府手中。艾波比認為，美國民眾對美德、腐化和社群的重視，遠不及重視平等、個人權利和出售產品到大西洋兩岸。所以在一七九〇年代，人民會把傑佛遜及其民主共和黨（Democratic-Republican Party）②當成他們樂觀夢想的代言人。艾波比寫道，「傑佛遜用對未來的想像召喚了他的同胞，在新道德中加入了物質主義」，而支撐這個新道德的根基，就是他對自由個體有能力自我管理的深刻信念。[18]

如此一來，傑佛遜又變成率領美國人走向民主和商業的先鋒，再度成為自由美國的象徵。但如果這表示傑佛遜非常支持資本主義，那麼理查・馬修（Richard Matthews）的著作又提醒我們並非如此。馬修為不同版本的美國挖掘出「不同版本的傑佛遜」，「一個不只是對美國市場社會提出尖銳批判的傑佛遜，還自覺為美國提出一幅正確而民主的未來願景，如果不是路徑圖的話。」馬修的傑佛遜相信不斷革命，相信一種屬於社群主義的無政府主義，以及人民廣泛參與政治。馬修的結論是：他是正宗的美國激進民主派。[19]

成長過程與人格特質

在我們的歷史上，傑佛遜就代表美國，代表這個國家的道德特質。沒有哪個歷史人物能肩負如此道德重擔，而還能是個真實的人。在所有形象和象徵的背後，傑佛遜也是

② 民主共和黨是傑佛遜跟麥迪遜在一七九二年創立的政黨，本書作者大都簡稱為「共和黨」。至於現今美國的民主黨跟共和黨，原型其實出現於安德魯・傑克遜總統之後，請讀者留意。

一個有各種人性弱點和缺點的凡人。傑佛遜的文字和理念超越時代，但傑佛遜這個人並沒有。

作為一個凡人的傑佛遜，本質上是個十八世紀的人，是一個聰明愛讀書，還擁有奴隸的南方莊園主。他雖然開明進步，但他無疑和所有人一樣，既有弱點也有長處，既有愚昧也有智慧，既有盲目也有遠見。

傑佛遜長得很高，有六呎二吋（約一八八公分），體型瘦削，膚色紅潤略帶雀斑。他的眼睛是明亮的淡褐色，頭髮呈紅棕色，喜歡不上髮蠟結成辮子。和亦友亦敵五十年的革命夥伴亞當斯不同，他個性內斂、冷靜沉著，而且無可救藥的樂觀。他不喜歡人際間的爭端，喜歡和朋友與敵人當面打交道。但他也會在背後對人恨之入骨，所以他很多對手都說他是兩面人。

他無疑是個很複雜的人。他既有到處散播自由民主的崇高理想，又有最精明的密室政治能力。他是個什麼東西都想要的購物狂，但他也讚頌不受市場誘惑的自耕農。他厭惡人家拚命賺錢，厭惡到處成立的銀行，厭惡十九世紀在北方各州興起的自由資本主義，但他也是美國最大力扶植自由資本主義崛起的人。雖然他會詳細記錄每天的交易，他卻從來不計算盈虧。他認為借公債有害政府的健全，但他自己的債務卻愈積愈多，因為他不斷借錢來支應日益龐大的支出。他是個老於世故之人，最愛的地方是他在維吉尼亞偏遠山上的家。

傑佛遜的大部分思想都很傳統，但正如有人指出，他的「有為舊酒裝上新瓶的天分」。[20]他必須傳統，否則他就不會對當時的人有那麼大的影響力。他在撰寫獨立宣言時，如同他後來所回憶的：「不是要發現什麼前人沒想過的新原理或新論點……而是要把常識擺在所有人面前，用最淺白和最堅定的語言來獲得他們認同，解釋為什麼我們不得不獨立。」[21]

傑佛遜的傳統來自他超常的敏銳、博學和寫作技巧。他博覽群書，對當時的知識潮流很敏銳，殷切追求十八世紀最好、最政治正確、最啟蒙尖端的東西。他的求知若渴，以及他吸收最先進事物的能力，讓他成為美國啟蒙運動的領頭羊。

十八世紀的啟蒙運動要破除黑暗蒙昧和哥德式的野蠻狀態，散布光明和知識。這種鬥爭發生在各個面向。有些人認為，主戰場是用自然科學日益了解自然。有些人認為，主戰場是在宗教上消除狂熱和迷信。有些人則認為，主戰場是在政治上打破專制，創建自由的新政府。還有人認為，主戰場是要傳布高尚文雅，用各種看似不起眼的東西，讓愈來愈多人生活得更便利、更舒適和更愉快。但所有這些啟蒙活動都講求要把秩序和理性帶給世界。能領略宇宙秩序之美，能知道最好的思想和主張，這就是所謂的啟蒙。

傑佛遜參與了十八世紀啟蒙運動的各個面向。在美國革命領袖中，他可能是最醉心於自由主義有關啟蒙、高尚、文雅等理念的人。他生於一七四三年，父親是富有但未受教育、算不上紳士的西維吉尼亞莊園主。他就讀威廉與瑪麗學院，是他家族中第一個上大學的人。他和許多同為家族中第一個接受博雅教育的革命領袖一樣，希望社會能由一群有才幹和品味的菁英來領導。長久以來，評價一個人的標準都是父親是誰，或和誰結婚。而在啟蒙的新共和社會中，才幹、美德和品味才是唯一的標準。

傑佛遜不常流露情緒，但從他一八二一年七十七歲時寫的自傳中，能看出他有多討厭維吉尼亞那些以家世自豪、以家世評斷他人的人。傑佛遜在自傳一開頭就說，他那來自威爾斯的父親的家世已不可考，在威爾斯只有兩筆資料談到他父親的家族。他的母親則來自蘭道夫家族，這是維吉尼州最有名望的家族之一。傑佛遜曾語帶嘲弄地說，蘭道夫家族「可以追溯到英格蘭和蘇格蘭，包辦了所有信仰和美德。」[22]然後他描述他在一七七六年曾想打破維吉尼亞州「某些家族」以法律限定財產只能由長子繼承（即長子繼承制），或由某些族系繼承（即限定繼承制），「以形成一種輝煌和豪奢的特權團體」。歷史學家常認為傑佛遜太誇大長子繼承制、限定繼承制和「特權團體」。限定繼承制在維吉尼亞本來就很普遍，「特權團體」也沒有什麼特別之處。但傑佛遜認為問題很嚴重，對此憤恨不平。他認為這種「有錢的貴族」應該被消滅，「讓路給有美德有才能的貴族」，但他就是這種貴族。他說這種天生的貴族（有德有才的貴族），「是自然給予社會指導、信賴和統治的最珍貴財寶。」[23]

要當天生的貴族，就要具備天生貴族的特質：啟蒙、文雅和品味。我們必須知道，年輕的傑佛遜有多麼熱切想成為全美洲最有世界觀、最自由派、最文雅、最啟蒙的紳士。他很早就意識到自己生活在偏遠地區，開始批判殖民地的落後。在大學和在威廉斯堡（Williamsburg）就讀法學院時期，他拉小提琴、修法文、學習外面世界的品味和文雅。他經常和州長福奎爾（Francis Fauquier）及兩位老師史末爾（William Small）和懷特（George Wythe）吃飯，傑佛遜說，在這些飯局中，他「所聽到有益的、理性的和哲學的討論，比一生加起來都多。」他回顧說，威廉斯堡是「全美洲在行為舉止和道德教育上最好的學校」。[24]他年輕時沒

現藏於梵諦岡的「觀景殿的阿波羅」。（圖片來源：公共領域）

見過多少藝術品，只能在書本讀到和聽說而來。他在一七七一年羅列出一張清單，列出他想得到複製品的畫作和雕像，包括「觀景殿的阿波羅」（Apollo Belvedere）和「拉斐爾圖稿」等等。到了一七八二年，這位「從未踏出國門」的狂熱自學者，被來自法國的查斯特勒克斯侯爵（de Chastellux）稱為「既是音樂家，又是製圖家、測量家、天文學家、自然哲學家、法學家和政治家的美國人。」[25]

傑佛遜對自己的文雅、品味和自由派作風相當自豪。他視自己為美洲的救星，他的任務是把同胞從「可悲的蒙昧」中解救出來，教導他們歐洲文化中最好和最先進的東西。[26]當美國人在一七八〇年代想為華盛頓製作雕像時，他從巴黎寫信來說：「該聘請哪一位雕塑家是不用考慮的事，本市烏東先生的大名在歐洲無人能及。」沒有任何美國人敢在知識上挑戰傑佛遜。華盛頓原本對烏東古羅馬式的雕塑風格略表擔心，但一見傑佛遜神色不悅就打退堂鼓，不敢「反對我這個大行家對品味的判斷」。[27]

傑佛遜熱愛十六世紀義大利建築師安德烈．帕拉迪歐（Andrea Palladio）的作品，其《建築四書》在當時的美洲根本無人知曉。而這又是一個偏鄉人愛好世界性品味的明證。他對家鄉維吉尼亞的「哥德式」喬治時代建築相當不屑，在蒙提塞羅莊園自建古羅馬式的住宅。一七八〇年代，他逼著維吉尼亞州蓋一座新的州政府大樓，完全仿效法國尼姆（Nîmes）一世紀的羅馬方形神殿（Maison Carree），因為他想讓美國的公共建築成為世人「研究和仿效」的典範，以及「國家品味的證明」。他說，方形神殿是「近兩千年來無人不愛」的建築。幾乎完全是因為他一個人，所以美國的公共建築都酷似羅馬神殿。[28]

傑佛遜對紅酒的了解在美國無人能及。他在一七八七和八八年遊歷歐洲時，花了很多時間考察法國、義大利和德國的葡萄園和酒莊，還把紅酒進口到美國。美國人都知道他是紅酒專家，前後三位總統都諮詢他在總統晚宴上該用什麼紅酒。從園藝、食物、音樂、繪畫到詩歌，不管什麼東西，傑佛遜都要英國或歐洲最先進的。

要嘲笑傑佛遜這種暴發戶式的態度和行為很容易，但他對藝術和品味的堅持，並不是一個美洲鄉下人為了想當紳士而裝模作樣。傑佛遜也許比其他革命領袖都更重視這些東西，但並不是只有他才重視提高自己和美國民眾的品味。每個開國元勳都把這點當成道德和政治上的使命。對每一個十八世紀啟蒙運動者來說，提高民眾的品味都是道德和政治使命。

充滿美德的文明社會

精美的藝術、高尚的品味和良好的舉止，在在都有政治上的作用。正如英國哲學家沙夫茨伯里勳爵（Lord Shaftesbury）所說，道德和品味是綁在一起的。「藝術的科學和美德的科學，在某種程度上是同一回事。」[29]藝術的鑑賞力、教養和文雅與公共道德和政治領導密切相關。有高尚品味之人即是受啟蒙之人，受啟蒙之人即是有美德之人。

但所謂的美德是現代的美德，不是古代的美德。現代的美德是指與人為善、仁愛和慈善。與人為善和品味及教養相連，此即為賓州的詹姆斯・威爾遜和威廉・懷特（William White）在一七六八年所定義的「社會德行的自然優雅表現」。教養和文雅讓古典的美德概念不會過於嚴肅。提倡社會情感也就是提倡文明。「人民的教養和文雅是什麼呢？」《紐約雜誌》一七九二年的一篇文章問道，「難道不是培養親密的友誼，能感受彼此的不幸，能流露自己的真情嗎？」[30]這種社會性的美德不是斯巴達式的，而是約瑟夫・艾迪生式的美德。它不像古代那樣要求自我犧牲，而是為了和平繁榮願意與人為善。美德被等同於教養、品味和道德直覺。[31]如同十八世紀蘇格蘭哲學家凱姆斯勳爵所說：「藝術的品味與人的道德感攜手同行，緊密相連。」[32]

要了解這種新的社會性美德，傑佛遜無須去讀凱姆斯勳爵和哈欽森等蘇格蘭道德情感學家的著作，英格蘭的沙夫茨伯里勳爵和巴特勒主教（Bishop Butler）也同樣在宣傳教養和文雅是最自然的社會黏著劑。而除了這些大思想家之外，幾乎每一個十八世紀受過教育的美洲人，都會談到人類的道德情感，都會談到仁愛和慈善是社會的紐帶。傑佛遜重視道德情感並不算特別。

傑佛遜等人所提倡的現代美德，大不同於古典共和傳統的美德。傳統的美德要求公民要參與政治，認為政府是公民意識和公共精神的來源。但現代的美德要求公民參與社會而非政府，因為自由主義者把政府視為世間邪惡的淵藪。社會（私人生活的事務）孕育了同情心和內化於心的美德。同理心和同胞之誼產生於畫廊、俱樂部和咖啡廳的應酬交往之間，而傑佛遜等自由主義者認為，正是這些東西才能把受啟蒙的人們黏著在一起。有些人甚至主張商業（傳統美德觀的大敵）才是現代美德的源泉。因為商業鼓勵人與人、國家與國家的往來和信任，所以商業有助於促成兼愛之心和同胞之誼。

傑佛遜主張社會比政府更重要。傳統自由主義對社會和政府的劃分，構成他政治思想的基礎。他相信社會有天然的秩序，他相信一般人都有共同的道德感，他相信政府愈小愈好。他說：「凡是人註定要活在社會中，所以他才需要道德，他才被賦予是非對錯觀。道德感（或稱為良心）是人的一部分，就像腳或手一樣……這種道德感在某種程度上需要理性的指引，但那只是一小部分。」每個人都「在胸中被植入」這種「對他人的愛」和「道德直覺」。正是這種「社會性」（social disposition）讓民主得以可能。[33]

這種內化於心的現代美德，對傑佛遜和其他美國思想家是相當重要的。它不像古典的美德那樣死抱傳統，而是進步甚至激進的。它為十九世紀所有改革運動及後世的自由主義思想打下基礎。我們至今還在追求一個所有人互相關愛的世界。[34]

傑佛遜也許是最堅信人類天生具有社會性的美國領導人。他在十九世紀重編了一部聖經（所謂「傑佛遜版聖經」③），這既是為了調和基督教與啟蒙運動，也是為了回應那些指控他敵視宗教的人。傑佛遜發現，當耶穌教導要愛鄰人如愛已時，事實上也直接啟發了當今的啟蒙時代。傑佛遜版的新約聖經為新共和國提供了亟需的社會和諧的道德觀。

傑佛遜對人類天生具有社會性的信念，也讓他相信政府愈小愈好。傑佛遜完全理解當時要求下放授權和在地民主的熱潮。他相信國家，但不相信現代意義上的國家。他痛恨官僚和政府用來強迫人民的所有機關。他有時甚至暗示，政府不過是少數人用來搶奪、詐騙和壓迫多數人的工具。他絕不接受國家是獨立於統治者和被統治者之外，有自己生命實體的現代國家觀。傑佛遜只相信人民，沒有任何權力獨立於人民之外。

傑佛遜的國家願景

雖然他不是現代意義的民主主義者，因為他認為國家應該由天生貴族來領導，但他比任何開國元勳都相信，人民有選舉出這種貴族的能力和美德。傑佛遜和其他開國元勳都不太信任政府官員，包括下議院的民選代表，例如他曾在一七八五年的維吉尼亞下議院說過：「一百七十三個人獨裁就和一個人獨裁一樣壞」，但他也相信，只要沒有煽動家和聯邦黨人那些君主主義者搗亂，人民自會撥亂反正。他沒有看到我們今日所稱的積極自由和消極自由，以及人民權利和個人權利之間的衝突。他沒有看到麥迪遜所稱的，「一種少有人注意到的根本性區別，亦即政府違反立憲機關的意志而行使權力，以及立憲機關把政府當工具來行使權力。」[35]他認為錯的永遠不是人民，而是人民選出來的官員。多數人總是被少數人設計和利用，而所謂少數人，就包括政府官員和人民選出來的人。

如此一來，傑佛遜不但拒絕承認現代國家的結構和制度，也不承認現代國家的基本前提，亦即在特定領域內合法地壟斷控制權。在他第一任總統任內，美國還只是一個鬆散的聯邦，和之前的美利堅邦聯差別不大。所以他要把自由的帝國擴展到整個大陸的雄心，符合他對國家的看法。「誰能限制聯邦的原則有效施行的範圍呢？」他在第二任的就職演說中說。傑佛遜是以原則（principles）而不是國界來定義「自由的帝國」。只要一個人信仰某些東西，他就算是美國人，不論政府的疆界為何。他有時甚至不在乎西部各州從美國東部獨立出去。這有什麼關係呢？他在一八〇四年說：「西部各州的人和東部人一樣，都是我們的子民和後代。」[36]

③ 傑佛遜高度懷疑福音書記載的有關耶穌的文字。他認為那些記錄耶穌故事的人徹底不夠格，既「文盲」又「無知」。他還暗示，福音書因為口口相傳是有缺陷的。錯誤記憶、總體誤解和曲解的可能性玷汙了信仰。所以他刪掉了聖經中許多關於神蹟的內容，只留下短短四十六頁。

傑佛遜及其共和黨人把西部視為逃避歐洲國家發展命運的手段。有了大片土地讓農民得以世代耕作，就可以延緩美國的社會發展，美國就不會進入最後的商業社會階段，不會像歐洲國家那樣製造大量商品、窮奢極欲、都市敗壞。傑佛遜及其追隨者堅信，沒有哪個正常人會想要放棄務農搬到都市，只要擴大美國的領土，就可以解救他們。有了大片土地可以耕作，就不會像歐洲那樣有大批過剩人口無地可耕，美國人就不必到都市去找製造奢侈品的工作。這種農村式的美國未來願景，正是傑佛遜共和黨人和聯邦黨人最根本的分野。[37]

但他們的分野不止於此。同樣重要的是，傑佛遜貶抑現代國家，堅信人類天生具有社會性，不必仰賴政府的力量。傑佛遜黨人甚至把人類天生具有社會性的概念應用到國際政治上，這讓聯邦黨人，尤其是漢彌爾頓，只能斥責他們是無可救藥的空想家。傑佛遜和一些啟蒙運動領袖相信，國際貿易在國際事務中的作用，等同於人民之間的感情在國內事務中的作用，兩者都是人與人關係的自然展現，不能受到君主的阻礙和干涉。於是在一七七六年後，傑佛遜等革命理想派希望為全世界做他們為美國社會所做的事，也就是改變人與人的交往關係。他們想建立理性的世界，以自然的貿易關係，來取代腐敗的君主外交、祕密結盟、權力平衡，以及王朝之間的競爭對立。如果不同國家的人民可以自由交換商品，那麼國際政治就會走向共和與和平，戰爭也將不再存在。由於理想化的相信貿易的力量，傑佛遜和共和黨採取了一些「真誠而自由」的「和平壓迫」實驗——美國不但多次禁止貨物進口，甚至還通過災難性的《一八〇七年禁運法案》④，試圖改變國際政治。[38]

雖然傑佛遜的思想是傳統的，但他宣揚的是一種啟蒙傳統下的激進主義。他太熱情擁抱十八世紀最先進和最自由主義的理念，以至於他很容易被沖昏頭。麥迪遜在一八二三年溫和地指出，傑佛遜和「其他天才型的人物」，都有一種「習慣」，「喜歡在當下把話說得很滿」。在開國元勳中，他是唯一不覺得「謝司叛亂」⑤有什麼大不了的人。「我喜歡時不時出現一些小動亂，」他說，「這就像風暴總會起於大氣之中。」有人被殺是很不好，「但自由之樹總要時常用愛國者和暴君的鮮血來澆灌。這是最自然的肥料。」他在評論血流遍野的法國大革命時，也是用同樣誇張的論調。他在一七九三年寫

④ 十八世紀末、十九世紀初，法國大革命演變為拿破崙戰爭，英法兩國互相使用封鎖政策扼制對方，危及了中立國的經濟利益。美國於一八〇七年頒布了《禁運法案》。但《禁運法案》的實施非但未能有效抵制「封鎖」政策，反而沉重地打擊了美國自身的對外貿易，對農業也造成了一定程度的破壞。

⑤ 謝司叛亂（Shays' Rebellion），是美國麻州地區在一七八六至八七年發生的一場叛亂。原因是麻州政府對農民的漠視，以及亂收選舉人頭稅等。後來叛軍領袖被俘虜並判處死刑，但不久就被赦免。此次叛亂使當時美國政界恐慌，不久召開了立憲會議。

道，由於「全世界的自由」都繫於法國大革命的成敗，犧牲一些人命是難免的。「比起讓它失敗，我寧願看到大半個世界陷入荒涼。只要每個國家還剩下一個自由的亞當和夏娃，那就比現在要好。」[39]他與柯立芝（Samuel Taylor Coleridge）和華茲渥斯（William Wordsworth）那些幻滅的歐洲自由派不同，終生都支持法國大革命。

他認為法國大革命是起於美國革命的人權運動的延續。而他對美國革命和人權的堅持至死不渝。在他所寫的最後一封信中，他說他一輩子都相信，美國革命是「敲醒人們去掙脫無知和迷信的枷鎖，轉而追求自我統治的警鐘。」他預見全世界都將跟隨美國人的腳步（「有些地方快，有些地方慢，但最後全部都會」）。正是這種態度，導致美國人那種彌賽亞式的責任感，要把自由民主推展到全世界。[40]

傑佛遜和他的民主之夢

但在傑佛遜生命的最後幾年，他對啟蒙運動的前景愈來愈沒有信心。從傑佛遜一八〇九年離開總統職務，到他一八二六年過世這段期間，是美國史上極為動盪的一段時期。這段時期有美國對英國和印第安人的戰爭、嚴重的商業危機、民主和基督福音教派的快速推展、針對蓄奴問題的密蘇里危機⑥等等。在這段期間，這位「蒙提塞羅的聖人」與家人和朋友悠然林下，在山上接見無數來訪的崇拜者。他和亞當斯重修舊好，兩位老革命有許多精采的魚雁往返。他努力推動的維吉尼亞大學也成立了。但傑佛遜卻得不到寬慰。

他努力打造出來的世界正在快速改變，變得讓傑佛遜困惑甚至害怕。美國革命的走向出人意料。美國社會變得更民主化，更加資本主義，但傑佛遜完全沒有準備。在他生命的尾聲，傑佛遜擔心他畢生奉獻的美國革命會以失敗收場。於是他的言行變得和我們所知道的傑佛遜主義矛盾起來。

傑佛遜在一八〇九年退出政治後，變得愈發目光狹隘和地方主義。他向來以其普世主義自豪，但自總統退休後，他就回到維吉尼亞，再也沒離開過。事實上，他幾乎再也沒有離開過他所心愛的藍領山脈。他與世隔絕，對世事幾乎一無所知。據一位訪客喬治・提克諾（George Ticknor）說，他變得「對政治議題完全無知和無感」。他只看《里奇蒙詢問報》（*Richmond Enquirer*）一份報紙，也不太有興趣閱讀來信。他和他的朋友及鄰居麥迪遜截然不同。提克諾說，麥迪遜「看很多份報紙，還派一位僕人專門為他收

---

⑥ 密蘇里領地是一八〇三年美國從法國購入的路易斯安那領地的一部分。到一八一七年，該領地居民達六萬六千人（含約一萬名黑奴），向國會申請成為新的一州，加入聯邦。但對於該州能否採用奴隸制，卻影響到南方蓄奴州和北方非蓄奴州在參議院中的勢力平衡，故引起所謂「密蘇里危機」。美國國會在一八二〇年達成一項協議，規定在原路易斯安那領地土地上新建的各州中，除密蘇里州外，禁止北緯三十六點五度以北各州蓄奴。

信，對許多事件都很關心。」41

在傑佛遜退往內心世界這段時期，正好也是維吉尼亞在美國地位衰落的時期。在一七七六年時，維吉尼亞是美國最富有、人口最多的一州，認為自己是美國的中心和靈魂。然而到了一八二〇年，維吉尼亞已變成以買賣奴隸為主的窮鄉僻壤，到處破敗不堪，就連傑佛遜在蒙提塞羅也有感受到。雖然他終生反對借公債，他自己的債務卻愈來愈沉重，不斷借新款還舊款。他想賣掉土地，碰壁之後只好賣奴隸。他害怕保不住蒙提塞羅莊園，嘴上一直抱怨他的債務，卻不肯縮減請客吃飯和購買紅酒的昂貴開銷。

傑佛遜無法理解是什麼經濟力量改變了美國，摧毀了上南部，只能把自己和維吉尼亞的慘況怪罪於銀行和當時的投機風氣。在一八一二年戰爭後，他接受了商業和一定程度的製造業。但他所接受的商業是溫和傳統的商業，不是十九世紀初席捲美國北方的強大商業。傑佛遜理解的商業是把小麥、菸草和棉花等農產品銷往海外的商業，而不是不斷流通、不停買賣的洋基（Yankee）文化。活躍的國內商業活動以及種種資本主義玩意兒，諸如銀行、股市、流動資本、紙幣等等，在在都讓傑佛遜害怕和厭惡。

他想讓美國農民生活富裕，但他就和今日一些自由派一樣，並不理解什麼樣的經濟力量才能創造富裕。他對銀行完全不了解，認為銀行發行的紙幣，是「榨取誠實勤勞的人民來讓騙子發財」。他無法理解為什麼，「用紙變出來的把戲可以在世界上創造出真實的財富和勞動。只要有常識就知道無中不可能生有。」[42]在他看來，買賣股票、募集資本，不過是放肆的投機賭博，是「商業貪婪腐敗」的症候。[43]

然而，他認為，造成美國墮落的最根本源頭，乃是聯邦政府的腐敗和專制。一八一九至二〇年的密蘇里危機，是因為北方各州要限制奴隸制擴展到西部，傑佛遜認為這是「暗夜的警鐘」，是對聯邦及共和制革命實驗的威脅。他認為聯邦政府限制密蘇里州蓄奴，是違憲且違反各州自治原則的。他說，國會無權「去規定一個州的州民應該由哪些人組成」。只有各州本身，才有「絕對的權力」去規定可不可以蓄奴。[44]如果聯邦政府自以為有這種權力，那下一步就會宣布解放全國的奴隸，「那麼在波多馬克河和俄亥俄以南的美國白人就會全部搬離，最有錢的人最先走。」[45]

傑佛遜無力阻止聯邦權力和商業價值觀的不斷擴張，只能哀嘆「民意背離了原來的自由原則」。他嚴厲批判最高法院擴權，比他在一七九八年更加捍衛各州的自主權，當時他寫下「肯塔基決議案」⑦，主張各州可以不理會聯邦法律。兩相比較，麥迪遜依然

---

⑦一七九八年，肯塔基州通過一項由傑佛遜起草的決議案，主張憲法只是各州與聯邦政府之間的協定，聯邦政府無權行使憲法無明文規定的事項，而各州對聯邦政府各項越權之舉可視為無效。此提案為美國史上首次對州權論之陳述，開啟日後各州拒行聯邦法規的先河。

堅持其國家主義，主張最高法院有權介入解釋憲法；傑佛遜則全力支持維吉尼亞那些最頑固、最激烈和最偏狹的人士，包括史賓塞．羅恩（Spencer Roane）、約翰．蘭道夫（John Randolph）為首的州權捍衛分子。[46]

此時的他滿心恐懼，他比一七九八年更激進，比他的維吉尼亞同鄉麥迪遜更堅持。對傑佛遜這麼樂觀的人來說，他在一八〇九到二六年這段期間真的是懷憂喪志。到底怎麼了？他到底在憂慮激動什麼？我們該如何解釋傑佛遜這種對未來不尋常的恐慌？

他私人的問題，像是龐大的債務、破產的危機、害怕失去蒙提塞羅莊園等等，當然都是原因，但不是全部。他在退休期間的古怪行為並不全是因為外在因素，有些是出於傑佛遜自己的主義和理念，出於他長久以來對民主及未來的深刻信仰。

傑佛遜比任何革命領袖都相信進步，相信美國人民有自我管理的能力。他比任何人都堅信，啟蒙將會打破中世紀的蒙昧、黑暗、宗教迷信與狂熱。正因為他太相信美國社會將邁向進步，他在智識上和情感上都無法面對在他退休後所發生的一切。他沒想到平民百姓居然能站上統治地位，也無法面對他和他的共和黨所激發出來的群眾革命。到頭來，傑佛遜是被他自己對人民的過度信任和對未來的天真想像所害。他致力推動的啟蒙和民主革命，以及他自由主義的樂觀天性，終究反噬其自身。

傑佛遜是開國元勳中對人民最樂觀、最有信心的人。目前所有的問題，他相信，終究會被人民解決。對人民和未來極度樂觀是他在後世美國人心中的形象。他在一八一六年告訴亞當斯說，他喜歡「夢想未來猶甚於研究過去」，這是很美國式的想法。[47]

他永遠樂觀。他簡直就是樂觀少女波麗安娜（Pollyanna）的化身。他的期待總是超越現實，不管是對那些無法如他朋友拉法葉那樣堅持自由派精神的法國貴族，或是花園中永遠長不大的植物，或是違反校規的維吉尼亞大學學生，或是讓人民得以追求金錢富裕的美國革命。他是單純天真的美國人。他不了解人類邪惡的一面，也毫無危機意識。

在他漫長的公職生涯中，傑佛遜總是能在其他人惶惑不安時，保持沉著樂觀。他知道奴隸制罪大惡極，但他相信他那一代人無法解決。他主張要有耐心，讓下一代年輕人來處理。一八一四年，有一位年輕人愛德華·柯爾斯（Edward Coles）請求傑佛遜出來發聲反對奴隸制，他只說自己對未來有信心，「解放的時刻正在到來，只是時間問題。它終將到來……」[48]

不管面對什麼困難，他都如此。他認為船到橋頭自然直。一八一四年，他認為他家面臨的財務危機，「只是風暴即將帶來的波浪。但我認為我們要照常生活、照常吃喝，一如波浪已在船下搖曳。事情總會過去，一如事情總是會來，所以我認為現在也一樣。」[49]進步不是在向前推進嗎？科學和啟蒙不是正在到處打破無知、迷信和黑暗嗎？他相信未來站在他和人民這一邊。自由民主的社會能解決任何問題，即便他這一生不會，未來也一定會。

但傑佛遜的壽命太長，未來和下一代並不如他所想的那樣。在他最後十年的信件中，充滿對「我原來滿懷希望的新世代」的哀嘆。[50]雖然他在寄出的信件中，尤其是寫給外國人的信件中，肯認進步與文明終將到來，私底下卻對未來愈來愈憂心。他覺得美國，包括維吉尼亞在內，並沒有變得更好，反而正在變壞。人民並沒有變得更文明、更有教養、更和善，反而更野蠻、更愛互鬥。傑佛遜害怕國家分裂，也害怕安德魯·傑克遜（Andrew Jackson）的高人氣，他認為傑克遜個性狂暴，不適合當總統。他被橫掃各地的新紙幣文化搞得頭昏眼花，而他從未搞清楚，這都是他的民主和平等主義原則促成的。

他如此信任平民百姓，信任程度遠勝他的朋友麥迪遜，但人民並沒有變得更開化。傑佛遜認為迷信和盲從與教會組織密不可分，而現在這些東西都趁著他所領導的民主革命捲土重來。他從天性上就難以理解，基督教福音派怎麼會有這麼大的群眾力量，在十九世紀前幾十年橫掃美國。我們或可稱他是一個被芸芸眾生包圍的世俗人道主義者。他在一八二二年還預言說，每一個現在活著的年輕人在去世時，都會是「一位論」⑧的信徒，但就在當時，衛理公會（Methodism）、浸信會（Baptists）和其他福音教派正在所謂「第二次大覺醒」⑨中，席捲成千上萬的信徒，改變美國社會。傑佛遜只好怪罪新英格蘭聯邦黨人的無能，以及新英格蘭神職人員把福音教義和資本主義散播到全國。

為了對抗來自新英格蘭「哈佛與耶魯的虔誠年輕修士」的威脅，傑佛遜想在維吉尼亞設立一所能延續真正共和精神的大學。[51]「正是在我們的學院中，」他告訴麥迪遜說，「維斯塔貞女的灶火⑩才能長燃。」[52]但成立這所大學風波不斷，維吉尼亞議會不想花錢在高等教育上。對議會來說，傑佛遜想設的大學是政治上的麻煩，而非資產。

當時的人比美國革命時代更相信宗教、更不理性。他們似乎已不知道傑佛遜是誰，他又做過什麼。這就是他所寄望的新世代嗎？在他生命的最後一年，他的傳記作者杜

⑧「一位論」（unitarianism）否認三位一體和基督的神性。此派強調上帝只有一位，並不如傳統基督教相信上帝為三位一體（即聖父、聖子和聖靈）組成。一八二二年，傑佛遜在一封致《俄亥俄州先驅者》的信中寫道：「真神僅只一位，此一真理業已復甦；而我確信，合眾國內所有青年，最終定成一位論之信徒。」

⑨第一次大覺醒是十八世紀橫掃不列顛和美洲的一次宗教運動。以公理會為主的許多牧師認為殖民地人民失去了其清教徒祖先的信仰，在一七三〇年代到四〇年代，這些牧師發起了一系列試圖恢復宗教熱情和投入的活動。牧師特別向全年齡段的女子和年輕男子佈道。第二次大覺醒是指十八世紀末到十九世紀初，在美洲大陸又興起類似第一次大覺醒般的宗教復興。教會的教友及城市百姓都悔改認罪，基督信仰生活興起，人們渴慕認識耶穌基督，教會復興。這場運動始於一七九〇年左右，在一八〇〇年快速發展，一八二〇年之後，浸信會和衛理公會的成員迅速增加，他們的傳教士領導了這場運動。到一八五〇年代末達到顛峰。

⑩維斯塔貞女的灶火（vestal flame），維斯塔貞女是古羅馬時代專司保護灶火（聖火）的女祭司。此處傑佛遜拿來象徵共和精神之火。

馬斯．馬隆（Dumas Malone）說，「他前所未有的不安」，甚至悲哀地羅列出六十一年公職生涯的貢獻，以求國會給他殊榮。[53]難怪他覺得被拋棄了。「所有人，所有人都死了，」他在一八二五年寫信給老朋友說，「只剩下我們活在這個他們不認識我們，我們也不認識他們的新世代中。」[54]

這只是他樂觀主義的小小磕絆，只是他對民主信念的小小質疑，但對他這樣天真的人來說，這就已經夠了。傑佛遜之所以比麥迪遜更堅持各州自主，更害怕聯邦擴權，是因為他對革命與人民的期望太高。在智識上和情感上，他比麥迪遜更堅信未來和人民民主。傑佛遜是那種堅持事情能夠怎麼樣和應該怎麼樣的人，麥迪遜則比較願意接受現實。麥迪遜對美國的未來從不樂觀，從未放下對人民和多數暴力的疑慮。傑佛遜則一意相信人民和未來，別無其他。這就是我們會紀念傑佛遜而非麥迪遜的原因。

第四章　用現實主義治國的漢彌爾頓

漢彌爾頓希望美國能成為像英國和其他歐洲國家一樣強大的國家，有中央集權的官僚體制、專業的常備軍、有能力對其他國家發動戰爭。……漢彌爾頓完全看不起共和黨領導人幻想光憑人類天生的社會性和道德感，就可以作為社會紐帶，取代利益和政府的力量。

雖然在美國人心中，亞歷山大・漢彌爾頓這位美國首位財政部長比不上傑佛遜或富蘭克林，但他有很重要的象徵意義。在十九世紀後半葉，漢彌爾頓被視為國家財政資本主義的開創者。到了一八九〇年代，馬克・哈那（Mark Hanna）這位總統競選總幹事以及一些共和黨人，把漢彌爾頓捧到了最高點。他們認為，漢彌爾頓不只是一手開創出美國現代資本主義，「美國政治家叢書」（American Statesman Series）編輯約翰・摩斯（John D. Morse）還在一八九八年宣稱，「他是美國政府的真正締造者」。[1]紐約大學在一九〇〇年設立美國傑出人物名人堂時，漢彌爾頓是第一位當選的人。老羅斯福（Theodore Roosevelt）總統尤其崇拜他。就連進步派改革者和《新共和》雜誌首任編輯赫伯・克羅禮（Herbert Croly），都稱讚他是「健全的思想家和有建設性的政治家」，他提倡「強勁、積極和建設性的政策……相信唯有一個有效率的政府才有力量促進國家利益。」[2]

漢彌爾頓無疑是個大政府主義者，但由於他似乎也偏向大企業，二十世紀上半葉的共和黨保守派也對他很稱頌。二十世紀初有一位漢彌爾頓的傳記作者，稱他是美國第一位企業家。「作為一個個人，」羅伯特・沃爾修（Robert Warshow）在一九三一年寫道：「他不算崇高；作為一個政治人物，他不算太有成就；作為一個政治家，除了財政措施之外，他不算太傑出。但作為一個企業家，他不但在那個時代無人能及，綜觀美國史也無人能超越他。這是他的天賦所在。」[3]

漢彌爾頓的畫像。（圖片來源：公共領域）

既然共和黨人稱頌漢彌爾頓作為企業家的一面（所以柯立芝政府把他的肖像放在十元鈔票上），民主黨人就比較偏好漢彌爾頓終生的死對頭——傑佛遜。在民主黨人看來，這兩位開國元勳在一七九〇年代的衝突，乃是貴族勢力和民主勢力在美國史上持續纏鬥的序幕。民主黨人說，如果漢彌爾頓是為企業利益代言，傑佛遜就是為平民大眾發聲。

在這場衝突中，少數人的代言人自然不敵多數人的代言人。小羅斯福總統深明象徵的重要性，他把傑佛遜這位最主張小政府主義的總統當成民主黨的偶像，和「新政」①的邏輯完全矛盾。既然共和黨只把傑佛遜放在很少使用的二元鈔票上，小羅斯福就把他

① 新政（The New Deal）是指一九三三年小羅斯福就任美國總統後所實行的一系列經濟政策。新政基本上就是在經濟和社會福利上擴大政府支出的政策，也就是大政府主義。

放在最常使用的五分錢硬幣和三分錢郵票上。「新政」對傑佛遜的歌功頌德，在一九四三年華府傑佛遜紀念堂成立時達到最高峰（紀念堂裡面沒有一句傑佛遜關於小政府之美的話），而漢彌爾頓的聲望則不斷下降，直到二次大戰以後才慢慢恢復。儘管漢彌爾頓的國家主義、行政管理天賦、財政專業、對外事務的強硬現實主義路線，在一九五〇和六〇年代受到稱頌，但像漢彌爾頓這種對人民抱持懷疑態度的人，很難取代傑佛遜作為美國民主傳承的象徵。

但在過去幾十年，由於傑佛遜的蓄奴和種族主義受到嚴厲批判，漢彌爾頓又重新被評價。漢彌爾頓反對蓄奴，致力取消家鄉紐約州的奴隸制度。除此之外，在美國這個移民國家，他還是開國元勳中唯一不是出生在美國的人。在二〇〇四至二〇〇五年紐約歷史學會的大型展覽會上，漢彌爾頓再次被奉為「現代美國的締造者」。

然而，除了期刊上的傳記文章，以及在《華爾街日報》偶爾出現的正面評論之外，在大多數美國人心中，漢彌爾頓還是很難有地位。華爾街可以立一座雕像來紀念他，但華府卻不太可能蓋一座漢彌爾頓紀念堂。有成千上萬的人造訪華盛頓的維農山莊、傑佛遜的蒙提塞羅山莊、麥迪遜的蒙特佩利爾山莊，卻少有人會去參觀漢彌爾頓在北曼哈頓大街後面的格蘭奇大廈。當今許多自由派民主黨人贊同漢彌爾頓積極的利維坦式國家觀（Leviathan state），但卻很難同意他的現實主義世界觀，他對維持大型常備軍和建立強大軍力的看法，以及他對民主的質疑（漢彌爾頓在一八〇四年說，「民主」是毒害美利堅「帝國」的「真正頑疾」）。而當今大部分共和黨人，雖然稱頌漢彌爾頓對建立強大軍力的遠見，卻不想要一個利維坦式的國家來掌控經濟和徵稅。所以在可見的未來，凡是想利用開國元勳來達成自己目的的人，都不會真正喜歡漢彌爾頓。他在死於艾隆・伯爾之手的數年前，就曾感嘆說，「美國這個世界並不適合他」，也許他是對的。[4]②

與其利用漢彌爾頓來達到當前的目的（很多人都慣於這樣利用開國元勳），不如從其時代來真實理解這位十八世紀的政治家。

早年生涯

一七五五年，漢彌爾頓出生於英屬西印度群島中的尼維斯島（Nevis，但漢彌爾頓認為自己生於一七五七年）。他的父親詹姆斯・漢彌爾頓（James Hamilton）是一名蘇格蘭地主的幼子，來到加勒比海經商致富。他的母親瑞秋・萊文（Rachel Lavien）並沒有和他父親結婚，所以漢彌爾頓是非婚生子，他後來的敵人也一直拿這個汙點來攻擊他。亞當斯就曾輕蔑地說，漢彌爾頓是「蘇格蘭小販的私生子」，而這只是對他不光彩出身

② 關於漢彌爾頓和伯爾的糾葛，詳見本書第八章。

諸多攻擊的其中之一而已。他父親在一七六五年拋棄了他們母子，母親又在一七六八年過世，十四歲的漢彌爾頓只能到聖克里斯島幫一名商人記帳，一直渴望會出現一場戰爭，幫他逃離「命運逼我當個小店員低聲下氣的處境」。這種對戰爭的渴望，在二十一世紀的人聽來很刺耳，卻可從中了解漢彌爾頓的性格及其身處的貴族社會。

然而，幫他脫離西印度群島的並不是戰爭，而是庇護人的支持。就和許多開國元勳一樣，他最初是因為文章而受到注意。一七七二年，他在地方報紙上寫了一篇生動描寫颶風的文章。一位長老會牧師及其在西印度群島的朋友，決定送這名有潛力的年輕人到紐約受教育。第二年，漢彌爾頓前往美洲本土，再也沒回頭。

他本來想進普林斯頓大學而非國王學院（後來的哥倫比亞大學），因為普林斯頓「比較共和派」，但普林斯頓校長約翰．威瑟斯彭（John Weatherspoon）不同意他上他想上的加速學程，漢彌爾頓遂於一七七三年秋，以特殊學生的身分進了國王學院。儘管還是青少年，他已在英帝國危機中寫文章支持愛國派，包括一七七四和七五年兩本令人印象深刻的小冊子。一七七五年，英國和殖民地爆發衝突，漢彌爾頓終於迎來他渴望已久的戰爭。他在一七七六年初成為紐約砲兵連上尉。

作為砲兵軍官，他在大陸軍中表現卓越，獲得上級肯定，一七七七年就以二十二歲之齡升為中校，在總司令華盛頓營中擔任副官。華盛頓立刻就注意到這位年輕人，待他有如父子。但他們的關係時有緊張，因為漢彌爾頓過於自傲。一七八一年初，因為漢彌爾頓遲到十分鐘，華盛頓對他發飆說：「我必須告訴你，先生，你對我很不尊重。」漢彌爾頓說他沒有絲毫不敬，一怒之下當場辭去華盛頓的副官一職。一小時後，略帶悔意的華盛頓試圖示好，但二十六歲驕傲的漢彌爾頓理都不理。

漢彌爾頓繼續留在華盛頓營中等待新的副官來接手。他請求總司令讓他上戰場擔任指揮官，不然他就要退休。一七八一年七月，華盛頓終於讓漢彌爾頓擔任紐約輕步兵營營長，正好讓這位年輕營長參加約克鎮包圍戰。漢彌爾頓急於在約克鎮證明自己不畏死亡、建立軍功，竟然讓士兵在敵人砲火前列隊遊行。一名屬下軍官後來舉報說，漢彌爾頓是個「隨意讓部下涉險」的軍官。[5]在不斷請纓下，他終於得到建功立業的機會。一七八一年十月四日，漢彌爾頓對英軍陣地發動一次成功的刺刀夜襲戰。他帶頭爬上敵軍的護牆，大叫要後面的人跟上。

因為他在西印度群島長大，少年時才來到美洲本土，漢彌爾頓不會對哪一個殖民地或州有特殊情感（當傑佛遜說到「我的國家」時，他指的是維吉尼亞）。漢彌爾頓都是在考慮全國性的問題，從革命一開始，他就專注在思考如何建立全國性的政府。早在一七七九年戰爭尚未結束時，漢彌爾頓就寫了很多思慮周詳的長信給一些重要人物，討論邦聯的缺陷，以及如何改造。他說，不只是國會要有徵稅權，政府也要有「適當的行政權」。國會本身絕對不足以施展「能量」，他和華盛頓後來都愛用這個詞。「這樣一個由許多人組成又不斷變動的機關，絕對無法做出有效和有系統的決策。三分之二的國會議員，有一半時間根本不知道之前發生了什麼事。」這些呼籲要建立強大中央政府的信件，立刻被擴編為一系列文章，以「大陸主義者」（Continentalist）為名發表在紐約的報紙上。[6]

一七八二年，紐約州議會推舉二十七歲的漢彌爾頓為邦聯議會的代表。他在那裡遇到來自維吉尼亞的麥迪遜，兩人從此攜手合作，強化中央政府的權力。他們先在一七八〇年試圖增加邦聯權力，但是失敗，又在一七八六年的安納波里斯大會和一七八七年的費城大會合作，最後又合力寫就了支持新憲法的《聯邦黨人論文集》（*The Federalist*），這本書的八十五篇文章於一七八七和八八年在紐約寫成，成為美國政治思想的經典之作。是漢彌爾頓想出了「聯邦黨人」一詞，說服麥迪遜和約翰．傑伊相助。傑伊因為生病，只寫了五篇文章。在其餘文章中，麥迪遜寫了二十九篇，漢彌爾頓寫了五十一篇。

這些文章都用普布利烏斯這個筆名。③雖然各篇的作者都已被考證出來，但每篇文章的論點都相當一致。這幾位作者不是政治理論家，而是實際在搞政治的政治人物。他們不是在討論理想中的憲法該是什麼模樣，而是在反擊反聯邦主義者的論點。在費城制憲大會上，漢彌爾頓提出總統和參議院必須是終身職，宣稱英國政府「世界第一」，他

「懷疑其他形式的政府能適用於美國」。[7]但在一七八七和八八年的憲法批准過程中，他完全收回他對憲法草案的質疑，盡力為其辯護。在這一點上，他和被譽為「美國憲法之父」的麥迪遜相同。麥迪遜在制憲大會結束後認為，最後的草案和他原來的方案相差太多，一定會失敗。

一七八九年，三十歲的漢彌爾頓就站上了人生高峰。他崛起得很快，也正確地娶了來自紐約州最有名望家族的伊莉莎白·斯凱勒（Elizabeth Schuyler）。他有能打動所有人的魅力。雖然他很矮，約只有五呎七吋（約一七〇公分），身材瘦弱，但他活潑的性格總能吸引全場目光，不論男女都喜歡他。斯凱勒家的小妹妹凱薩琳說，他「有一種天生但不顯擺的優越感」。他的「長相令人難忘」，「額頭寬廣，鼻如懸膽，眼珠黑亮，嘴型果決勇敢。」[8]但他真正令人佩服的是他快速掌握國政的能力。老於世務且熟識許多國王皇帝的法國政治家暨外交家塔列朗（Charles Maurice de Talleyrand-Périgord），在一七九〇年代中曾到美國躲避法國大革命，他認為漢彌爾頓是比拿破崙和威廉·皮特更偉大的當代政治家。

③ 這個名字來源於他們所尊敬的古羅馬執政官普布利烏斯（Publius Valerius Poplicola）。

國家的財政大管家

一七八九年九月，華盛頓任命漢爾頓為財政部長。這個選擇幾乎是命中註定的。華盛頓的密友（美國革命的財政家羅伯特．莫里斯）認為漢彌爾頓最適合這個職務，但最想用漢彌爾頓當財政部長的正是華盛頓本人。就和許多革命軍官一樣，華盛頓與漢彌爾頓處於這場戰爭的最核心，產生出一種終生不移對整個大陸的關懷和對聯邦的感情。雖然兩人對人性的看法都很實際，對美國未來的願景也很一致，但實際上是華盛頓很欣賞漢彌爾頓這個乾兒子的才華，並小心應付他高傲的個性，才讓兩人得以成功合作。

身為財政部長，漢彌爾頓是新政府中最重要的部長。漢彌爾頓仿效英國財政部長，自視為華盛頓這個君王般總統的首相。他有時甚至會說「我的政府」。由於他相信「任何政府的最重要措施都與財政有關」，他認為自己有理由介入其他部門，領導和管理整個政府。[9]

和國務卿傑佛遜及戰爭部長亨利．諾克斯不同，漢彌爾頓這個財政部長有特殊的權威和獨立性。華盛頓把傑佛遜和諾克斯當成顧問，經常親自介入外交和軍事。但他對漢彌爾頓完全不同，因為他自己對公共財政懂得不多，也因為他認為財政部在憲法上的地位不同於其他部門。當國會在一七八九年設立戰爭部時，只宣布其部長承總統之命行使職權。然而在設立財政部時，國會完全沒提到總統，而是要財政部長直接向國會報告。華盛頓不願侵犯國會的權威，遂讓漢彌爾頓擁有其他部長所沒有的自主空間。[10]

有了人撐腰，漢彌爾頓就開始介入國會的立法。事實上，早期的國會眾議院之所以摒棄常設委員會制度，是因為眾議院很快就仰賴行政部門首長（尤其是財政部長）來草擬法案。眾議院在一七八九年七月成立了籌款委員會（Committee of Ways and Means）來處理財政事務，而財政部隨後在一七八九年九月二日成立。漢彌爾頓在九月十一日被任命為財政部長，六天後，眾議院就解散了籌款委員會，表示國會要仰賴漢彌爾頓的財政專業。一直到一七九五年漢彌爾頓辭去財政部長後，眾議院才重新成立籌款委員會。

漢彌爾頓為美國所做的事，正是十八世紀初英國政府為了建立大英帝國在全世界的霸權所做的事。漢彌爾頓很欣賞英國憲法，而且是未經改革過的英國憲法。據傑佛遜回憶，在一七九一年一次晚宴中，他自己、漢彌爾頓及亞當斯都在場。談話中有人提到英國憲法，這時亞當斯說：「要把憲法中腐化的部分去除掉，讓代表人民的一院有更平等的代表權，這才會是人類所設計出來最好的政府。」傑佛遜說，這時「漢彌爾頓跳了出來，他認為把憲法中腐化的部分去除掉，讓代表人民的一院有更平等的代表權，這種政府將完全無法運作，正如當前的政府，雖然滿是缺點，卻是有史以來最完美的政府。」[11] 漢彌爾頓這種驚人之語顯然是要刻意激怒亞當斯和傑佛遜，但他只是在重申休謨對現實的觀察。休謨認為，王室的大臣用金錢和恩惠來影響國會議員這種行為，「儘管是令人反感的腐化或依賴」，但對王室實行統治來說是必要的。[12]

漢彌爾頓是個堅定的現實主義者，他在一七九〇年代所做的事，乃是十八世紀每一個成功的英國大臣都會做的事，也就是為了政府的穩定而去「腐化」社會。他以君主式政府的影響力把商業利益和政府綁在一起，創造出新的利益依附體系來填補他認為美國所缺乏的美德。

用現實主義治國，以英國為模仿標竿

漢彌爾頓知道美國有許多人，包括商人、投機客、股票商都想靠政府牟利。雖然這些有錢人都是自私的壞蛋，但新政府還是需要這些人支持。新政府需要所有社會上層有權勢者的支持，無論他們是好是壞。在漢彌爾頓十八世紀的傳統眼光看來，這些上層的少數人把影響力和恩惠向下延伸到社會各階層。漢彌爾頓和多數聯邦黨人一樣，認為政治就是要獲取這些上層有權勢者的支持。他相信，政治家只要能抓住這些人，就能抓住整個社會。

方法就是要迎合少數權勢者的利益。人與人之間沒有比利益更穩固的紐帶，他早在國王學院讀書時就明白這一點，而且一直強調。「人總是追求利益，」他在一七八八年說，「改變人性如同治理私欲的洪水。有智慧的立法者會和緩地改變河道，把水流導引到公共利益的方向。」這種對人性的現實觀點是他和華盛頓的共同點。而雖然漢彌爾頓認定所有人都自私自利（華盛頓除外），他自己卻小心保持無私和不受腐化。他說，就讓別人，包括國會議員，去成為「投機客」和「挪用公款者」吧，但他自己不會。他嘲諷地說，他自己是一個「公家的傻瓜，明知沒人會感激還會被罵，但還是要為了公益，犧牲私利。」他要站在所有利益之徒之上，利用和駕馭他們。雖然他後來否認他的各項方案都是把利益當成「最重要的動機」，但他確實是以「增加政府和利益人士間的紐帶」，來強化聯邦政府的權力。[13]漢彌爾頓的財政方案是設計來建立一個強大的民族國家，而不是為特定團體牟利。如同歐洲史上所有偉大的建國者，他運用恩庇制度這個強大的工具。[14]

他和聯邦黨人在全國各地籠絡能忠於中央政府的地方利益集團。在整個大陸的各個大小城鎮中，漢彌爾頓和聯邦黨領導人運用恩庇關係，建立了支持新政府的層級體系。當時各州的州、鎮、縣官員都是民選的，但在聯邦政府，除了總統和副總統之外，所有行政和司法官員都是指派的。早在一七八二年，漢彌爾頓就看出聯邦政府任命大小官員的權力有多重要。這些任命的目的，漢彌爾頓說：「就是要在各州內部建立一批忠於聯邦政府的人。」政府不能單靠武力支持，因為人們不樂見動用武力，動武的後果也難料。「不要動用是最有智慧的。」他寫道。為聯邦建立支持的最佳方法，就是「在各州讓許多支持聯邦政府的人得到好處，用這些人來抗衡其他人的野心，讓他們難以團結起來對抗聯邦的必要措施。」[15]

出任財政部長後，漢彌爾頓有幾百名官員可以指派，可以利用來達成他的目的。這些海關官員、收稅員和郵局局長遍布全美各城鎮，觸及到美國經濟的各個層面，他們對新政府獲得支持相當重要，即使是反對新憲法的人亦難逃羅網。

雖然漢彌爾頓否認自己是君主主義者，但古弗尼爾·莫里斯（Gouverneur Morris）後來卻回憶說，他「在原則上是反對共和，傾向君主政府的」。[16]由於非婚生子的背景，漢彌爾頓沾不上王公血脈的好處。但他反對傑佛遜主義者認為美國未來還是要以農立國的觀點。他認為美國最終要成為像歐洲各國那樣的傳統民族國家。他認為一七九〇年代的美國要以英格蘭的君主制社會和政府為榜樣。他相信社會將按照文明發展的階段不斷前進，時間站在他和聯邦黨人這一邊。隨著時間過去，美國社會將更階層化、更不平等、更都市化、更工業化，也就是說，會愈來愈向精緻、複雜和高度商業化的十八世紀英國社會看齊。他相信，美國應該為這個不可避免的未來預做準備。他比任何美國人都相信，美國政府應該學習英國在十八世紀的經驗，他也刻意仿效英國在維持社會穩定和動員資源發動戰爭的偉大成就。

十八世紀的英國已經擺脫十七世紀的混亂和內戰（當時的內戰殺了一個國王，並流放了另一個國王），成為全世界最穩定、軍事商業實力最強大的國家。這個偏處歐洲北方，人口只有法國三分之一的小島，居然能打造一個自羅馬帝國崩解以來最強大的帝國，甚至超越前一個世紀的荷蘭，這真是時代的奇蹟。用史學家約翰・布魯爾（John Brewer）的話來說，十八世紀的英國是「財政—軍事國家」，動員財富發動戰爭的能力在歷史上前所未見。[17]其中央集權的政府既有強大的徵稅和舉債能力，又不會讓國民貧窮。漢彌爾頓認為，漢諾威王朝成功的祕訣在於其中央徵稅和發行國債的制度，以及其銀行體系和公債市場。一個國家要能成功發動戰爭，就要能有效徵稅和便宜舉債。作為新任財政部長，漢彌爾頓的目標就是要複製英國成功的經驗，讓美國發動戰爭的能力可以和英國及其他歐洲國家匹敵。漢彌爾頓和華盛頓認為這可能要花上五十年。而在那之前，美國應該避免戰爭，直到可以在軍事上和歐洲國家較量為止。

漢彌爾頓的財政方案

十八世紀的美國人對積極的國家力量毫無經驗，漢彌爾頓的方案著實令人讚嘆。他在一七九〇和九一年接連向國會提出四份關於貸款（包括稅收）、國家銀行、造幣廠和製造業的報告。這些報告寫得鏗鏘有力，可以看出漢彌爾頓作為一位政治家的偉大之處。

漢彌爾頓提出，美國政府不僅該負責償還邦聯政府因為革命戰爭導致的債務，就連各州的債務也要一併承擔，把債權人從各州轉向新的中央政府。但中央政府不用立刻還清這些州或邦聯政府的債務，而是轉為長久債務，每年只付利息。他又倡議要設立國家銀行來穩定美國的信貸，並發行貨幣。他還認為美國最終要發展製造業，不但要足夠軍事所需，還要創造出能夠自給自足，無須仰賴歐洲供應的多元繁榮經濟。

雖然漢彌爾頓的財政方案重視富人和金錢，卻不是為了富人的利益而設計的。富人無疑能從他的方案獲益，但那只是附帶效果。他的目的是利用新的經濟和財政措施，把有錢有權的人和新中央政府綁在一起。漢彌爾頓對美國資本主義的貢獻很大，但他絕不是個生意人或企業家，他也不應該被稱為美國商業文化的提倡者。他是個十八世紀的紳士，和他的紐約同鄉艾隆．伯爾一樣，都是為了賺錢才在華爾街當律師。為了讓國家富強，漢彌爾頓樂意讓生意人和小老百姓獲得該有的利益和富裕，但他渴望帶給自己和美國的，卻是貴族式的名望和榮耀。

漢彌爾頓的財政方案，尤其是讓聯邦政府承擔各州債務，在一七九〇年的眾議院中遇到強大反對聲浪。反對派的領導者正是與漢彌爾頓合作批准新憲法的維吉尼亞眾議員詹姆斯．麥迪遜。此時在眾議院還有一個議題和州債問題一樣爭辯不休，也就是聯邦政府永久首都要設在哪裡。南方各州希望首都能在波多馬克河，新英格蘭各州和紐約州希望首都繼續留在紐約，中部各州則希望能在費城，或至少要靠近薩斯奎漢納河（Susquehanna）。因為害怕分裂，各方最終願意妥協。在一七九〇年六月由傑佛遜舉辦的一場晚宴上，漢彌爾頓和麥迪遜達成協議，南方各州接受由聯邦來承擔各州債務，以此換取把永久首都設在波多馬克河。④

漢彌爾頓的償債方案是用妥協換來的，但美國國家銀行不是。傑佛遜和麥迪遜都認為，設立國家銀行是違憲越權之舉，他們的反對讓華盛頓大為苦惱，要求財政部長撰文反駁。於是漢彌爾頓花了一星期寫出一份精采絕倫的報告。他精心駁斥反對設立銀行者的各項論點，強有力地主張要更寬廣地解釋憲法，這套論述影響了後來幾十年的美國史。他主張國會有權設立銀行，因為憲法中有一個條文說，國會有權制定「必要和合適」的法律以行使其代議權。[18]華盛頓被說服了，遂於一七九一年二月簽署了銀行法案。

在一七九〇年，多數美國人都不知道銀行是幹什麼的。邦聯會議曾於一七八一年在費城設立北美銀行（Bank of North America），一七九〇年又多了紐約、波士頓和巴爾的摩三間銀行。但和英格蘭相比，銀行在美國還是新鮮剛萌芽的東西。十八世紀的大不

④此即現在的華盛頓哥倫比亞特區。

列顛已有多種票據，全國每個郡都有幾十間私有銀行，這在美國是看不到的。當北美銀行於一七八一年在費城開幕時，銀行總裁湯瑪斯．威靈（Thomas Willing）還說它是個「新玩意」。他說，銀行在美國「還是一片荒煙蔓草，大西洋此岸的人少有聽聞。」沒人懂得英國銀行的各種規定、制度和票據。「對我們來說是一團謎」。[19]

漢彌爾頓的同志都搞不懂他在做什麼。前面已經說過，傑佛遜認為銀行發行的紙幣都是騙局和花招，都比不上「在田間辛苦工作」所創造的「實體財富」。一張沒有等量物品做擔保的紙能有什麼價值呢？他說，「無中不能生有」完全是常識。亞當斯也同意，「銀行發行的每一塊錢若在庫房中沒有等量的金銀，那就完全不代表任何東西，也就等於是詐欺。」[20]

面對眾人對銀行和財政的無知，漢彌爾頓不得不在報告中用華爾街律師的口氣，向鄉巴佬解釋銀行和信貸體系的精妙之處。但漢彌爾頓在設立美國國家銀行時，並沒有料想到銀行後來在美國會發展成什麼模樣。他所想的是用國家銀行來吸納全國各州的銀行，形成一個壟斷性的銀行體系。他心目中的銀行客戶也很有限。雖然他希望美國國家銀行發行能夠流通的紙幣，但他以為紙幣只會供應給大商號，或一些需要九十天以下短期借貸的人。在一七九〇年時，美國幾家銀行（包括美國國家銀行）都還沒想到要對農民的土地做長期抵押貸款，因為這樣會把錢綁得太久，銀行得等上很長時間才能收回還款。

但對許多需要長期借貸的農民和企業家來說，一切很快就改變了。儘管漢彌爾頓和美國國家銀行反對，北方的傑佛遜共和黨人還是批准設立幾百家州立銀行，發行了幾百萬美元的紙幣給一般美國人使用。漢彌爾頓不理解一般農民和小商人的企業需求，這顯示出他和聯邦黨人對美國資本主義的真正源泉其實一無所知。

然而在一七九〇年，沒有人比漢彌爾頓更有自信，也沒有人比他更不清楚他的政策會帶來什麼樣的政治後果。他似乎真的不明白為什麼他的合作夥伴麥迪遜會在國會中成為他的大敵。當他著手仿效英國在十八世紀的財政方案，麥迪遜嚴厲反對，並和傑佛遜聯手組成共和黨，對抗漢彌爾頓君主式的計畫。這兩位《聯邦黨人論文集》的合作者很快就成為政治死敵。

漢彌爾頓和他的強國之夢

對於聯邦政府應該是什麼模樣，漢彌爾頓和麥迪遜有非常不同的看法，兩人反目成仇也就理所當然。漢彌爾頓希望美國能成為像英國和其他歐洲國家一樣強大的國家，有中央集權的官僚體制、專業的常備軍、有能力對其他國家發動戰爭。他在內政和外交上都自視為現實主義者（這是漢斯·摩根索〔Hans Morgenthau〕這類強硬派國際政治學者推崇漢彌爾頓的原因）。漢彌爾頓完全看不起共和黨領導人幻想光憑人類天生的社會性和道德感，就可以作為社會紐帶，取代利益和政府的力量。他說，那種以為只要有共同道德感和仁善之心，「人性就會依照啟蒙的藍圖而更加完善」，政府也終將「變得無所用處，而社會將掙脫枷鎖照常繁榮」的想法，不過是「瘋狂和致命的……空想」。就算是傑佛遜「這種新哲學的信仰者」，「也無法徹底貫徹其瘋狂的信條」，但他們已足以危害到人類的幸福。[21]

漢彌爾頓完全不接受傑佛遜共和黨人關於最好政府就是最小政府的觀點。他深信社會「需要」政府的「共同指導力量」，看不起那些以為光靠貿易和自利就可以達成自我管理的人。「這種恣意的、似是而非的看法，」他說，「現在雖有一些人誤信，卻完全抵觸先進國家的一致做法……任何了解商業史的人都應該加以駁斥。」[22]傑佛遜黨人相信共和國天生具有和平傾向，在國際事務中可以用經濟制裁取代軍事力量，漢彌爾頓對這些想法更是不屑一顧。

由於對國家力量和美國該成為什麼樣國家的觀點完全不同，傑佛遜和麥迪遜對漢彌爾頓做的事情完全無法苟同。從一七九〇年代初開始，他們就用共和黨來阻止漢彌爾頓及其聯邦黨人把戰爭機器兜售給美國。這場關於聯邦政府性質的鬥爭，讓一七九〇年代成為美國史上最動盪的十年。在這種動盪的環境下，政治不可能是日常的政治。政治手段日益下流，人身攻擊不斷，讓漢彌爾頓等人急於捍衛他們的名聲。如同歷史學家喬安妮．弗里曼（Joanne B．Freeman）所說，這段美國早期政治史，必須放在當時那種重視個人名聲和榮譽的文化中，才能適當理解。[23]儘管政黨在一七九〇年代興起，但當時的政治依然是非常貴族的事，人與人之間的忠誠與敵對都要遵守紳士的榮譽準則，而捍衛榮譽的最高點就是決鬥。決鬥是一套繁複的政治儀式，當事人、助手和朋友要進行好幾個星期甚至好幾個月的磋商。這些複雜的政治程序導致了多場決鬥，但多數決鬥都不會真的開槍交火。

漢彌爾頓的榮譽心極強，受不得任何輕蔑，他一生中參加了十一次決鬥。在一七九五年針對「傑伊條約」（Jay's Treaty）⑤與傑佛遜共和黨人的鬥爭中，他在幾分鐘內就向兩個人提出要決鬥，甚至高舉拳頭說，他「要和整個可惡的黨派一個一個單挑」。然而，雖然他決鬥過這麼多次，只有一次真正有開槍，也就是他在一八〇四年死於艾隆．伯爾之手的那一次。[24]

漢彌爾頓在一七九五年離開華盛頓內閣後，為了賺錢養家，又回到華爾街重操律師舊業，但他還是想操控首都的事。一七九七年，華盛頓的繼任者亞當斯上任，亞當斯留

⑤詳見本書第一章注⑦。

下了華盛頓內閣中的主要成員，這些人忠於漢彌爾頓勝過忠於總統。當一七九八年法國有可能入侵美國時，亞當斯被迫敦請退休的華盛頓來指揮幾萬大軍。華盛頓無奈地答應，但條件是要由漢彌爾頓來當少將，實際指揮軍隊。亞當斯很生氣華盛頓居然強迫他，用這個「即使不是全世界，也是全美國最不安分、最沒耐性、最躁進、最沒原則的密謀家來當他的副指揮官。」[25]

漢彌爾頓在這場危機中的行為深受歷史學家批判。共和黨認為他想用軍隊來對付他們，漢彌爾頓也確實想用武力來壓制內部動亂。當漢彌爾頓聽說，傑佛遜和麥迪遜的家鄉維吉

正在跟伯爾決鬥的漢彌爾頓。（圖片來源：公共領域）

尼亞正在整備軍隊時，他似乎迫不及待要「給維吉尼亞顏色看看」。[26]一七九九年初，賓州東部真的發生動亂，他告訴戰爭部長說不能只派少數軍隊去平亂。「政府一旦要出兵，」他寫道，「就要像海克力斯一樣，展示武力讓人生畏。」[27]他相信一七九八年的危機正是為政府建立一支強大常備軍的大好機會，這是他一直想做的事。這樣一支常備軍既可以讓美國「制服不聽話的強州」，也可以獨立平等地和歐洲強權打交道。[28]然而，建立強大的常備軍不過是他讓美國強大的第一步而已。他還要擴大司法系統、開闢道路和運河、增加稅收、修改憲法分割一些大州。

在美國邊境之外，他的目標更為宏大。他認為對法戰爭讓美國有機會和英國合作，從西班牙手中拿下佛羅里達和路易斯安那，他說這是為了不讓這些地方落入野心勃勃的法國之手。與此同時，他還想幫助委內瑞拉愛國者弗朗西斯科·德·米蘭達（Francisco de Miranda）解放南美洲。他告訴美國駐英大使魯弗斯·金恩（Rufus King）說，美國在這些計畫中應該「擔任主角」，尤其要提供陸軍。「指揮權將自然落在我身上，希望我能不負眾望。」[29]漢彌爾頓最想要的，是讓美國作為軍事強權在世界上占有一席之地。但這些夢想和總統亞當斯背道而馳。亞當斯在一七九九年以新的和平方案結束與法國對峙，視此為其總統任內最無私和最重要的舉措。

當時有許多美國人，包括總統在內，都認為漢彌爾頓及其聯邦黨人想以漢彌爾頓為首建立君主政府，並與英國聯盟。這一點並沒有證據，而在一八〇〇年當時看來，漢彌爾頓想建立美利堅帝國的宏圖也不切實際。不過在兩個世紀後看來，這些計畫並不算荒誕。在當今的美國和當今的世界中，漢彌爾頓也許是對的。他會很欣賞今日聯邦政府的龐大官僚組織、宏偉的五角大廈、強大的中央情報局、巨額的公債、他想像不到的是美國徵稅的能力，尤其是超過百萬兵力遍布兩大洋和數十個國家的專業軍隊。美國終於打造出他夢想中的全球性大帝國。在這個意義上，漢彌爾頓也許真的是「現代美國的締造者」。

第五章　真有所謂「麥迪遜問題」嗎？

麥迪遜在一七八〇年代是國家主義和聯邦主義運動的領導者，一七九〇年代卻變成捍衛州權、反聯邦主義運動的領袖。要如何解釋這種轉變是個重大難題，深深困擾著所有麥迪遜的傳記作家，以及研究美國建國初期的歷史學家。

詹姆斯・麥迪遜在美國人心中沒有他應有的地位，此著實令人可嘆，尤其是念及他這個人物和他的成就：他是美國憲法的主要起草者；他是《權利法案》之父，也是美國史上最堅持良心和宗教自由的人；他是美國史上最重要政治理論著作《聯邦黨人論文集》的共同作者；他是一七八九年首屆眾議院的領袖和最重要的議員；他在一七九〇年代共同創立了民主共和黨；他是傑佛遜政府的國務卿；他是美國第四任總統。但儘管有這些成就，他並不如其他開國元勳受人民愛戴，尤其是和他的摯友傑佛遜相比。

麥迪遜似乎無法擺脫傑佛遜的陰影，似乎在各方面都不如他這位維吉尼亞的同鄉。他只有五呎六吋（約一六八公分）高，傑佛遜有六呎二吋或三吋（約一九〇公分），而身高的差距，似乎也影響到人民對這兩位開國元勳的不同評價。傑佛遜在美國首都有一座巨大的紀念堂，而直到一九八〇年，才有一座新的國會圖書館以麥迪遜為名。美國到處都刻有傑佛遜關於自由和民主的名言，但麥迪遜的名言卻很少見。傑佛遜的蒙提塞羅莊園被完善保存，當成聖殿，每年有幾千名遊客造訪。相較之下，麥迪遜的蒙特佩利爾莊園直到最近才開放給遊客參觀。

一七五一年，麥迪遜出生於維吉尼亞一個奴隸莊園主之家，這些莊園主如同貴族一般統治著當地社會。雖然他的父親是維吉尼亞橘郡最富有的地主，他成長的地方還是屬於原始的邊境地區。年輕的麥迪遜和許多開國元勳一樣，是家族中第一個上大學的人。

麥迪遜讀的是紐澤西學院（後來的普林斯頓大學），院長約翰・威瑟斯彭教授他十八世紀蘇格蘭思想家法蘭西斯・哈欽森、亞當・史密斯和大衛・休謨的啟蒙理念。他在大學時期就展現出對知識的熱情，且終其一生。麥迪遜一直抱怨身體不好，他父親的莊園財富本可以讓他回家讀書，並考慮參與維吉尼亞殖民地的地方政治。但美國革命改變了一切。

一七七六年，麥迪遜二十五歲就被選入維吉尼亞議會，從此涉入革命。他最初關切的是宗教自由的問題，也因此和傑佛遜交好。傑佛遜大他八歲，當時已是維吉尼亞革命運動的主力。兩人從此展開一生的友誼。

麥迪遜的畫像。（圖片來源：公共領域）

在一開始，人們並看不出這段友誼竟會如此親密綿長。兩人的個性天差地別。前面已經提到，傑佛遜情操高尚、凡事樂觀、志向遠大、能迅速理解新穎獨特的觀點。雖然他有時是個實際的政治家，清楚什麼是可能的和做得到的，但他也是激進的烏托邦主義者，經常懷抱著對未來的夢想，總是認為事情應該要如何才對。麥迪遜恰成對比。他的個性保守，重視正當性和穩定性，比傑佛遜更願意接受現實。他總是審慎、冷眼旁觀地分析，對烏托邦式的計畫保持懷疑態度，尤其是當這些計畫可能激起民眾激情的時候。他接受任何觀點之前總要先質疑一番，前面也提到過，他從來不像傑佛遜那樣全然相信人民。

舉例來說，雖然傑佛遜和麥迪遜都質疑政府的權力，包括民選議會的權力，但傑佛遜害怕的是民選官員會不代表人民，他們可能會與選舉他們出來的人民脫節。相較之下，麥迪遜則害怕民選官員會太過代表人民，太過擁抱選民的激情。傑佛遜關心多數人的權利，麥迪遜則關心少數人的權利。[1]在傑佛遜看來，人民從不會錯。當麥迪遜為一七八〇年代末的謝司叛亂焦心時，傑佛遜卻一派輕鬆地從法國寫信來說，人民反抗政府的精神不但有價值，還要保持其活力。「我喜歡時不時出現一些小動亂。」他說。動亂就像大氣中出現風暴，能清理一下空氣。[2]

改革邦聯

一七七九年，二十八歲的麥迪遜被選為大陸會議代表，要處理邦聯遇到的許多問題。美國革命所依據的《邦聯條例》（*Articles of Confederation*）並沒有建立真正意義的政府。邦聯比較像是一群互相合作的主權國家間的聯盟，類似今日的歐盟，而不是一個單一的政府。各州每年派出一名代表到邦聯（有些州稱其代表為「我們的大使」），每個代表只有一票。根據《邦聯條例》，商業管理和徵稅等關鍵性的權力（事實上包括所有最終立法權）都保留在各州。大陸會議的決議只能建議各州該執行哪些事項。從《邦聯條例》第二條可以清楚看出邦聯的分權性質：「除了經召開會議並由邦聯明確授權給美利堅合眾國者之外，各州均保留其主權、自由、獨立以及所有的權力、司法權與權利。」所以根據《邦聯條例》第三條，邦聯乃是堅持獨立的各州之間的「堅定友好的聯盟」。「美利堅合眾國」（The United States of America）本就是個複數名詞，這種字面上的意義，我們今日已經很難體會。

邦聯一成立之後，包括麥迪遜在內的許多美國人立即就看出它實在太虛弱，根本做不了什麼事。到了一七八〇年代，問題愈來愈嚴重和明顯。大陸會議無法徵稅和付款，也無法供養軍隊的衣食與裝備。它無法徵收關稅來管制貿易，或報復重商主義的歐洲帝國。就連合法的開會人數都經常不足。有人試圖修改條例，讓大陸會議有權對歐洲進口商品徵收百分之五的關稅，但這也因為需要十三州的一致同意而沒有通過。在國際上，美國也受盡屈辱。北非海盜在地中海扣押美國船隻，把美國船員賣去當奴隸，邦聯完全無計可施。它甚至無法保障新國家的領土完整。英國軍隊不顧一七八三年的和平條約，繼續在美國東北方領土占有據點。在西南方，西班牙想占據今日阿拉巴馬州和密西西比州的大部分領土，並與美國內部的異議分子共謀要脫離美國。

《邦聯條例》這些明顯的弱點，讓麥迪遜和許多人都認為需要改革美國這第一部憲法。在一七八〇年代早期，麥迪遜思考過許多改革邦聯的方案。他甚至考慮過，邦聯政府可能需要對各州動武，強迫各州遵守大陸會議的決議。到了一七八〇年代中，幾乎整個政界都準備好要修改條例，讓大陸會議有部分權限來徵稅和管理貿易。由於大家都有共識要對中央政府做些改革，這讓麥迪遜等人有機會不單只為大陸議會增加一些權力。到了一七八六年，他開始相信一七八〇年代的危機不只是因為邦聯政府的虛弱。真正的危機是各州的民主政治出了問題。

他之所以得到這個驚人的結論，不只是因為他讀了傑佛遜從巴黎送給他的一堆書。更重要是因為，他在一七八〇年代當過維吉尼亞州議員，這段經驗讓他相信，各州才是問題所在。一七八四年，他因為《邦聯條例》的任期限制不得不辭去大陸會議的代表，轉任維吉尼亞州議員，從一七八四到八七年待了四個會期。這幾年是他最沮喪洩氣的一段時間，但也是他人生中最重要的幾年。他在一七八〇年代擔任維吉尼亞州議員的經驗，形塑了他對憲法改革的思路。

民主不是問題的解答，而是問題本身

雖然麥迪遜在這幾年有一些立法成就，尤其是讓傑佛遜著名的宗教自由法案通過，但他對傑佛遜後來所說的，議會中的「律師和半律師那些無止境的吹毛求疵、狡辯、惡意曲解、濫訴和拖延」，感到非常厭煩。麥迪遜第一次發現民主在美國將意味著什麼。並不是所有議員都像他和傑佛遜一樣，很多人根本不像個紳士，一點啟蒙開明都談不上。維吉尼亞的議員都很地方主義、不開明、心胸狹窄，多數人「只為特殊利益服務」。他們根本不顧榮譽或誠實。他們經常扭曲立法程序，只要不受民眾歡迎的事就不肯做。他們會延遲徵稅，拒絕還債給英國臣民，胡亂通過、否決和再通過一些法案。麥迪遜對一七八四年維吉尼亞港口法案有很高的期待，但其他議員卻自私地將其扭曲。他提出的所有法案幾乎都被如此對待，尤其是關於法律和法院體系改革的提案。「專家花時間弄出來的法案，」他抱怨說，都被「粗俗無聊的討論」給破壞殆盡。他能拿這些蠢貨怎麼辦呢？「你真會看不起這些參議員，」他在一七八六年沮喪地寫信給華盛頓說，這些參議員居然會否決掉授予外國使節在維吉尼亞外交特權的法案，「只因為原則上……外國人的地位不該在本國公民之上。」今日有許多紐約客抱怨聯合國外交官的停車特權，不贊同這種觀點的人想必能理解麥迪遜為什麼氣惱。[3]

共和國的立法不該是這副模樣。麥迪遜不斷要向「優勢情緒」妥協，無論這些情緒是不是對州或國家有利。他不得不同意壞的法案，只因為不想要更壞的；或者得放棄好的法案，只因為不想「付出高昂代價」給反對者。今日的議員都很習慣這種政治交易，但麥迪遜並不習慣這種日後成為美國立法政治特色的利益交換和肉桶立法（pork barreling）。

他「強烈擔憂」，他和傑佛遜所希望的法典改革「永遠無法有系統地完成」。議員都太討好民眾，對共和主義一點好處都沒有。例如，有人要求要把一個關於法院改革的法案「印發出來供公眾討論」，但麥迪遜擔憂，此舉「不是在尋求有智慧和有德之士的認可」，反而是「呼籲利益人士要更大力去遊說議員」。民主不是問題的解答，民主成了問題本身。麥迪遜不斷打退那些「受多數人歡迎的印鈔票的欲望」，和其他想把債務勾銷的措施。麥迪遜不得不承認，他最多只能「平息大家的衝動」，但打不退他們。[4]

和其他熱情的革命理想派一樣，麥迪遜在經歷過一七八〇年代中的民主政治之後，已變成非常世故的共和派。他在其發表的〈美國政治制度之惡〉（Vices of the Political System of the United States）一文中說，立法者不是有自己的利益，就是笨到會被派屈克．亨利這種領導人花言巧語所騙，這已經夠糟了，而對共和政府更危險的是，這些立法者通常只反映其特殊的利益，或其選區的偏狹觀點。太多美國人除了自己的皮夾或鄰里之外，看不到別的東西。「眼界寬闊重視國家榮耀的人，」麥迪遜說（他知道自己說的是誰），也許可以把啟蒙的世界標準帶進公共事務，但「多數群眾」不會起而效尤。「我們能想像一個在羅德島的民眾或甚至議員，有辦法像在法國或荷蘭，或甚至麻州或康乃狄克州那樣，有能力評估紙幣政策的良窳嗎？兩者（民眾或議員）都只能看到自己的利益。」[5]

麥迪遜在州議會與民粹政治打交道的經驗，對他撰寫聯邦憲法草案非常重要。但他的經驗並不算特殊。事實上，若不是許多人都有和麥迪遜相同的經驗，美國憲法就不會是這副模樣。在費城制憲大會上，許多代表願意接受麥迪遜的「維吉尼亞草案」，正是因為他們都和麥迪遜一樣，很不喜歡州議會充滿地方主義和利益取向的政治。「惡劣的州政府是汙染的源頭，將長期毒害美國的名聲，」亨利．諾克斯在費城制憲大會上對魯弗斯．金恩說，「摧毀它們吧，以上帝和人民之名。」[6]

不只在維吉尼亞，許多州都通過各種膨脹紙幣發行和減輕債務人償債義務的法案，傷害了屬於少數群體的債權人。一七八〇年代這些經驗激起了新思維，麥迪遜開始重新理解美國政治，質疑有關多數統治、共和國適當規模和黨派在社會中的角色等傳統觀點。這些新思維都寫進了維吉尼亞草案，成為一七八七年制憲大會的討論依據。這個草案的關鍵是，讓國會有權力否決各州的法律，只要國會認為這些法律違反了《邦聯條例》。

但傑佛遜不這麼認為。傑佛遜在一七八〇年代都在法國當大使，他遠在巴黎，不像麥迪遜經歷過州議會的民主政治。雖然傑佛遜也認為需要一個新的聯邦政府，但和麥迪遜不同，他依然認為美國應該是一個分權式的邦聯。他主張由中央政府來控制對外政策和對外貿易，但內部事務包括徵稅權等都要保留給各州。「對外，我們必須是一個國家；對內，讓我們保持各自獨立，」傑佛遜在一七八六年對麥迪遜說，「要在普遍和個殊的政府之間做適當劃分。」[7]

到了一七九〇年代初，傑佛遜的看法如一，但麥迪遜的看法又為之一變。到了一七九二年，麥迪遜開始害怕他自己創建出來的政府。這個轉變被稱為「麥迪遜問題」（Madison problem）。正如學者認為有兩個不同的亞當．史密斯，所以有「亞當．史密斯問題」，他們也看到有兩個不同的麥迪遜。

什麼是「麥迪遜問題」？

所謂「亞當．史密斯問題」，或者德國學者所稱的 das Adam Smith Problem，是因為亞當．史密斯的《道德情操論》（*Theory of Moral Sentiments*）與《國富論》兩本著作似乎並不一致。似乎有兩個亞當．史密斯，對人性有不同的看法。他在《道德情操論》中認為，人類行為的主要動機是同理心，但在《國富論》中則認為是自利。許多學者花了很多時間精力要解決這兩本書的差異。然而，近年來的研究顯示，這個差異不過是學術上的想像，這兩本書實際上是互相連貫的。[8]

詹姆斯．麥迪遜也是如此嗎？兩個明顯不同的麥迪遜也能被連貫起來嗎？

一七八〇年代的麥迪遜是狂熱的國家主義者，他害怕各州多數專制，要讓中央政府來管控它們。雖然他並沒有要消滅各州，但他似乎想把各州縮減為最小的、只有一些「附屬用處」的行政單位。[9]這就是被稱為美國憲法之父的麥迪遜。

相較之下，一七九〇年代的麥迪遜則是嚴格的州權主義者，他共同創建了民主共和黨，害怕中央政府及其君主制傾向，只相信各州的多數民眾。到了一七九八年，他甚至認為各州有權裁定聯邦政府行為是否違憲，並在中央政府違憲時介入保護人民。對早期的麥迪遜來說，各州的多數民眾是問題的來源；但對晚期的麥迪遜來說，各州的多數民眾是問題的解方。我們很難把這兩個看似截然不同的麥迪遜連貫起來。

第一個麥迪遜是維吉尼亞草案的起草者。我們經常會忘記，維吉尼亞草案中的中央政府是多麼強大有力。根據麥迪遜的草案，國會兩院都按選民比例選出，藉此抹去各州獨立於中央政府的地位。此外，國會還有權對各州無能處理的任何事務立法，而當國會認為各州法律抵觸聯邦時，也有權將其撤銷。麥迪遜認為這個新否決權是「絕對必要的，也完全沒有侵犯各州的統治權。」[10]

當一七八九年華盛頓政府剛上台時，麥迪遜還是個標準的聯邦黨人，是「強有力政府的好朋友」，南卡羅萊納的聯邦黨人威廉．勞頓．史密斯（William Loughton Smith）在一七八九年這麼形容他。[11]雖然麥迪遜是眾議院議員，但他是華盛頓總統的密友。他幫忙立法，設立了聯邦政府各部門，還大力讓行政權獨立於國會。他之所以把《權利法案》縮限於個人的權利和自由，似乎只是為了防堵反聯邦派想對中央政府的權力做更多限制。這「不過是個障眼法」，一名反聯邦派人士如此批評他的《權利法案》。[12]

但麥迪遜逐漸改變觀點。雖然他不情願地接受了發行國債的計畫，但他對於漢彌爾頓在一七九〇年一月提出的，政府只要償還目前持有政府債券的人，感到相當不滿。漢彌爾頓主張由中央政府來承擔各州債務，這一點更讓他憤慨。當漢彌爾頓提出要設立國家銀行時，麥迪遜對這位財政部長的批評更加強烈，政治菁英也嚴重分裂。

漢彌爾頓並不意外有人反對他的財政方案。他很清楚，各州的地方利益必然會反對任何強化中央政府權威的措施。但他很驚訝在眾議院中批評他最力的人，居然會是麥迪遜。他原本認為麥迪遜和他一樣渴望強大的中央政府。他無法理解，為什麼他和麥迪遜「過去的政治觀點幾乎相同」，現在卻相差如此之大？[13]

在眾議院中，麥迪遜不只批評國家銀行法案是錯誤地仿效英國王室，把財富和影響力都集中到帝國首都，更重要的是，這樣子擴大聯邦權力是違反憲法的。他主張要嚴格解釋憲法，認為憲法並沒有明確授權聯邦政府可以設立銀行。

到了一七九〇年代末，麥迪遜和一些維吉尼亞人開始公開警告中央政府已誤入歧途。一七九一年，麥迪遜私下形容，漢彌爾頓的支持者不但都是投機分子，還是托利黨人，這個詞意指他們支持君主專制。[14] 一七九二年，麥迪遜和傑佛遜創立了麥迪遜所稱的共和黨，以對抗聯邦黨人想要建立英國君主制的企圖。由於共和黨幾乎是麥迪遜一手創立的，所以也稱為「麥迪遜的黨」。[15] 到了一七九二年五月，漢彌爾頓已然相信，「麥迪遜先生與傑佛遜先生共謀領導一個黨派，完全衝著我和我的政府而來，而我認為他們的觀點不但破壞了良善政府的原則，更有害於國家的團結、和平與福祉。」[16]

隨著法國大革命爆發，法蘭西共和國和英國君主國又在一七九三年開戰，聯邦黨人和共和黨人的分歧愈發深刻激烈。美國的未來似乎繫於歐洲國家的鬥爭結果。「沒有任何共和黨人，」歷史學家詹姆斯．莫頓．史密斯（James Morton Smith）寫道，「比麥迪遜更相信法國大革命是美國革命的延伸。」[17]

到了這個時候，麥迪遜已深信漢彌爾頓及其聯邦黨人想要和英國「連繫」，決心在「它的庇護下」，「慢慢向它的政府形式靠攏」。直到一七九六年十二月從眾議院退休之前，麥迪遜都是共和黨在眾議院中無可爭辯的領袖，以及在報紙上的代言人。當一七九八至九九年的危機爆發時，麥迪遜和傑佛遜起身捍衛州權，反對聯邦黨人強化聯邦權力的路線。

究竟發生了什麼？該如何解釋這麼大的轉變？麥迪遜在一七八〇年代是國家主義和聯邦主義運動的領導者，一七九〇年代卻變成捍衛州權、反聯邦主義運動的領袖。要如何解釋這種轉變是個重大難題，深深困擾著所有麥迪遜的傳記作家，以及研究美國建國初期的歷史學家。

多數傳記作家和歷史學家認為，麥迪遜確實改變了對中央權力的看法，並對其為何從支持強大中央政府變成捍衛州權提出了各種解釋。有人認為，他在一七九〇年的「突然轉向」乃是「政治權宜之計」，只是「他重拾州政治的第一步」。[18]有些人則認為是他終於意識到必須忠於維吉尼亞選民，意識到自己畢竟是維吉尼亞人。另外還有人指出，他根本不了解債券市場和商業事務，他之所以抵制漢彌爾頓的方案，只是因為他討厭北方的投機者和有錢人。[19]也有人認為他是因為和傑佛遜的友誼，他總是順從這位前輩的意見，如同他在一七九四年對傑佛遜所說，他「永遠」都「樂於接受你的指揮」。[20]另有人則指出，他總是「以政治人物的方式在思考」，只要他覺得有什麼威脅到自由與共和的政府，他的觀點就隨之變化。[21]

只有少數學者主張麥迪遜在一七八〇和九〇年代其實是一致的，他們的做法是淡化他在一七八〇年代的國家主義。他們認為，麥迪遜在制憲大會時還不完全是個國家主義者。[22]但有鑑於麥迪遜在一七八七年的國家主義言論，這種觀點不太站得住腳。麥迪遜在一七八〇年代確實是狂熱的國家主義者，急於建立一個能控制各州行為的中央政府。但他並不是漢彌爾頓及其聯邦黨人那種國家主義者。當他弄清楚漢彌爾頓想建立的是什麼樣的中央政府之後，他很自然就站在反對的一邊。他概念中應有的中央政府從未實現。

要為一個在快速變動的社會中活了很久的政治人物找出一致性，也許根本是愚蠢和不必要的。麥迪遜有沒有改變觀點這件事真的重要嗎？他自己是認為很重要，因為他在晚年時總愛堅稱他的信仰是一致的，是漢彌爾頓背叛了他。[23]但我們無法否認，晚年的麥迪遜和早年的麥迪遜確實有許多不同。他確實在一七八〇年代是國家主義者，一七九〇年代是州權主義者。然而在某個基本層面上，麥迪遜的整個政治生涯又有其一致性。並沒有兩個麥迪遜。

該如何解釋麥迪遜的一致性呢？我們得先回到十八世紀，了解他在一七八七年真正想要的是什麼。也許一切都是因為我們這些學者誤認他真的那麼有遠見。由於我們太想把麥迪遜當成不僅是在革命和制憲時期，甚至是整個美國史上最深刻的政治理論家，我們可能把這位十八世紀的政治領袖看得太有理論深度，遠超過他或任何政治人物所能及的程度。我們很想把他列為西方傳統中最重要的政治哲學家。如果英國有霍布斯和洛克，法國有孟德斯鳩和盧梭，那美國至少要有一個麥迪遜。

許多學者因為太相信麥迪遜思想的原創性和複雜性，太著重於探索其政治思想對於當代而非對於十八世紀的意義，這就容易跳入自己設下的陷阱。只因為麥迪遜是締造美國憲法的核心人物，他和他的觀點就要對美國政治和社會的性質負起特別責任。

政治學家尤其想把麥迪遜當成美國最重要的政治哲學家，研究分析他（及漢彌爾頓）的《聯邦黨人論文集》的著作已是汗牛充棟。許多政治理論家都說，了解麥迪遜就等於了解美國政治。於是，對政治學家羅伯特·道爾（Robert A. Dahl）來說，麥迪遜是個故意讓政府結構破碎化以抵抗多數統治，保護少數權利的民粹主義者；理查·馬修則說他代表了冷酷的美國自由主義，只會提倡自私的個人主義，關心物質財富與繁榮，但毫無人道關懷；而對蓋瑞·羅森（Gary Rosen）來說，他則是個富有原創性的社會契約理論家，探討自然權利和有限憲政政府的基礎。[24]

政治學家和政治理論家研究得愈精細，似乎也就離麥迪遜十八世紀的現實世界愈遠。不管他多有原創性，我們都要記住，麥迪遜說話的對象並不是我們和我們的時代。他的世界不同於我們的世界。事實上，我們的世界會讓他大為驚駭。如果我硬要把他受時代限制的思想運用到我們現在的困境，我們就會扭曲他的世界和他的目的。此外，不管他的成就有多大，我們也會誇大了他的原創性。

要回復歷史上的麥迪遜，就必須調整但不用完全摒棄他是憲法之父的傳統看法。他當然是在一七八七年夏天召集費城制憲大會、草擬憲法的主要人物。他也是大會討論的範本「維吉尼亞草案」的主要起草人。他在大會中不但積極參與辯論，也對辯論內容留下大量紀錄，而正是這些紀錄讓我們得知會議的過程。但費城制憲大會通過的憲法草案並不完全是他想要的。他一直說，這是「許多頭腦和許多雙手的成果」，這是有道理的。[25]

要了解麥迪遜，我們就切莫以為現在的美國憲法或一七九〇年這套憲法，完全符合他的維吉尼亞草案。

維吉尼亞草案

他在一七八七年五月二十九日所提出的維吉尼亞草案，當然是極有創意且極富國家主義的，但其創意卻頗為怪異，甚至不切實際，多數聯邦黨人都不接受。維吉尼亞草案是麥迪遜對一七八〇年代的美國開出的處方。對他來說，雖然大家都同意邦聯政府過於虛弱，但其嚴重性還比不上某些州的惡行。各州自私自利的行為不但威脅到邦聯，更重要的是，各州內部的民粹政治還威脅到人民自治的革命實驗。麥迪遜說，自從革命之後，各州就通過許多法律，其「多樣性」和「不義性」已經「讓人質疑共和政府的根本原則，也就是多數人統治的政府是公共利益和個人權利最安全的守護者。」[26]在一七八七年，麥迪遜認為，正是這些各州內部的問題，而不是邦聯政府的虛弱，才促成要召開費城制憲大會。正是出於這個信念，麥迪遜才提出獨特的維吉尼亞草案，不但賦予國會強大的立法權，更重要的是，讓聯邦政府可以監督各州的立法。維吉尼亞草案讓國會有權否決任何違反《邦聯條例》的州法律。它還建議要仿效紐約州設立一個修改委員會，由行政權和一定數量的聯邦法官組成來參與立法。這個委員會不但有權審查和否決國會通過的法律，除非國會再次加以通過，還有權對州法律進行審查，再交由國會行使最終的否決權。

很多聯邦黨人和麥迪遜一樣厭惡正在各州發生的事，也贊同他要提高聯邦政府的地位。但許多人不同意麥迪遜這種奇特的、以司法手段來處理各州黨派政治的構想。這種構想是他得自英國王室樞密院的靈感。

麥迪遜制衡立法權的構想真的頗為怪異。在費城制憲大會召開前的幾個禮拜中，在他腦海中的中央政府否決權，要比寫進維吉尼亞草案中的還要大上許多。他在私人信函中透露，他的思想受大英帝國統治的經驗影響很大。「王權所行使的對各州任何立法的否決權」，他在費城大會前一個月告訴華盛頓說，乃是「絕對必要的」，「一點都不會侵犯到各州的統治權」。[27]正如歷史學家傑克．諾曼．拉科夫（Jack Norman Rakove）所指出，這是一種非常反動的構想。[28]而且它不只反動，還非常奇怪。它讓人想起惡名昭彰的《一七七六年英國宣示法案》（*British Declaratory Act of 1776*）中著名的一個條文，也就是英國國會有權「就任何事項」為殖民地立法。它也讓人想起英國王室對殖民地法律的否決權，而這是傑佛遜在獨立宣言中嚴厲批評的。麥迪遜居然敢提出讓邦聯議會有權否決任何州法律，顯示他的思想有多麼離經叛道。

麥迪遜設想的中央政府是很新奇的。他的中央政府是設計來制衡各州的多數統治，保障個人自由和少數人的權利。他對建立一個有強大行政權的現代國家不感興趣。事實上，他從未認真想過要強化各州的行政權來制衡立法權的濫權，而對於行政權在新的中央政府要扮演什麼角色，他的看法也曖昧不明。直到一七八七年四月，他還向華盛頓說，他「很少思考過行政權該如何組成以及該賦予哪些權力」。[29]在整個制憲大會中，他都認為任命官員和執行外交事務的權力不應該在總統，而應該在參議院。只有在「康乃狄克妥協方案」成形，麥迪遜和其他國家主義者驚覺各州在參議院獲得平等代表權之後，他才主張要把這些權力從由各州主導的參議院轉給總統。在一七八七年，麥迪遜根本沒料到華盛頓和漢彌爾頓會在一七九〇年代把總統職位打造成什麼模樣。

在整個制憲大會中，麥迪遜似乎只關心如何讓中央政府控制有害的各州立法。當大會在六月六日以八州對三州否決他的修改委員會建議案後，他更加堅持國會要對各州立法有否決權。然後大會摒棄其維吉尼亞草案中幾個重要條文。七月十六日，大會在經過冗長辯論後，通過康乃狄克妥協方案，讓每個州都有兩個參議員席位。這對麥迪遜根本不是妥協，而是一大挫敗。他原本希望國會兩院都按選民比例選出，這讓他非常沮喪。由於人民的情感和忠誠都向著各州，他認為讓各州在新政府中擁有代表，並讓各州議會推選參議員，終將削弱新的中央政府。他甚至在第二天還召集所有維吉尼亞的代表，討論是否要退出大會。

第二天，也就是七月十七日，情況變得更糟，麥迪遜瘋狂地阻擋別人想拿掉國會對各州法律的否決權。「否決各州不適當法律的權力，」他宣稱，「乃是維護體系和諧的最溫和與最有效的手段。」從他居然引用英帝國的「英國體制」來為其提案辯護，可以看出他焦急的程度。「沒有任何東西能維持帝國各地區的和諧與臣服，」他宣稱，「唯有仰賴國王能在各地區想擾亂秩序和侵犯權利之初，就讓它胎死腹中。」麥迪遜承認，皇家樞密院否決殖民地立法的特權，「有時候會因無知或私利而錯誤地用在帝國的某個地區」，但他說這不太可能發生在美國，因為大家都清楚私利何在。30

正如古弗尼爾．莫里斯指出，由於麥迪遜關於國會有權否決各州不當法律的提案既古怪又不切實際，「讓每個州都討厭」，這個提案得不到太多支持，七月十七日就以七州對三州落敗。麥迪遜非常失望，相信這部憲法將註定失敗。在大會散會之前，他告訴傑佛遜說，新的聯邦政府將一事無成。這部憲法，他說：「既無法達成全國性的目標，也無法防止因為地方上的胡作非為而引發對州政府的深惡痛絕。」[31]我們可以從這番不尋常的話中看出，最終的憲法草案和他原來的期望差距有多大。

雖然麥迪遜對七月十七日在國會否決州法律一案上落敗很沮喪，他還是想挽回一些修改惡法的權力。七月二十一日，他附議並強烈支持詹姆斯．威爾遜的提案。威爾遜和他一樣憂心惡法，再度提出讓行政和司法有聯手修改立法之權。在之前的辯論中，有些代表認為司法已足以制衡不適當的立法。但威爾遜認為這還不夠。他說：「法律也許不正義、也許不明智、也許危險、也許有害，但未必會違憲到足以讓法官拒絕其效力。」（這種想法就是後來所謂司法審查制度，在一七八七年時還處於萌芽階段。）

麥迪遜立刻支持威爾遜的論點。他在參議員應按選民比例選出一案上挫敗後，非常擔心各州在國會勢力坐大。雖然他提出各種論點為其修改委員會辯護，他最害怕的還是立法權本身。他深深相信，「各州的經驗顯示出立法權有種把所有權力都吞噬的傾向」，而這種傾向，是「美國憲法真正的威脅來源」。雖然許多代表都同意有必要制衡立法權，但麥迪遜的修改委員會又引出別種憂慮。反對者指出，這種委員會混合了司法和行政，實際上是讓法律的執行者有了立法權，「讓法官變成政治人物」。麥迪遜的修改委員會提案再次敗北，但這次輸得比較少，四州對三州，兩州棄權。32

麥迪遜這麼堅持要制衡立法權，是因為他希望新的聯邦政府能扮演類似司法的角色，他在《聯邦黨人論文集》討論美國政治時生動地講過這一點。在《聯邦黨人論文集》的八十五篇文章中，麥迪遜寫了二十九篇。他的聯邦黨人第十號論文成為美國政治思想史上最著名的篇章。麥迪遜像個冷靜的現實主義者，在這篇文章中分析了利益和黨派的來源。利益團體的政治，他寫道，在美國社會現實中根深柢固。每個人都有利益，為了要保護其利益，人們就分成政治黨派。他說，黨派的根源根本就「深植於人性」。期待大多數人能夠有美德到為了模糊的公共福祉而放棄自己的利益，根本就是天真的想法。進一步說，要消滅這些利益，那就等於否定自由。他認為，現代立法的最主要任務，就是管理這些私人黨派利益，也就是說，未來的政府運作避免不了黨爭的因素。

雖然在一七八七年，有不少美國人提出同樣的觀點，但學界一般都盛讚麥迪遜冷靜的現實主義，能夠不帶感情的質疑他一些共和派同志的烏托邦主義。在一七七六年時，這些人希望美國人民能有足夠的美德超越利益，行為無私。然而，如果我們繼續讀麥迪遜在聯邦黨人第十號論文的分析，就能看出他並不真的那麼冷靜實際。

沒有任何政府能是公正的，他寫道，如果當事人（亦即追求私利者的集合體）成為自己的法官；事實上，有自己利益的多數派並不比有自己利益的少數派要好到哪裡去：

任何人都不能充當法官來裁決自己的事情，因為他的利益必然影響他的判斷，從而可能有損他的廉正。根據同樣的、無需更深一層的理由，一群人不適於在同一時候既是法官又是當事人；但是大部分最重要的立法儘管確實不涉及個人權益，而只涉及廣大公民的權益，卻無非是一堆司法裁決而已，此外它們還能是什麼呢？那些屬於不同階層的議員們，除了身為他們所裁決的事項的鼓吹者和當事人之外，又能是什麼呢？有沒有草擬過一項有關私人債務的法律？這是涉及債權人為一方，債務人為另一方的問題。法官對當事雙方當不偏不倚。現在當事人本身是法官，而且必須是法官；而為數最多的一方，即最有勢力的一派，必定可望取勝。[33]

由於各州議會起初通常都是法院（麻州議會至今仍稱為「麻州總法院」，General Court of Massachusetts），大部分的立法都類似判決，我們可以理解麥迪遜為什麼要以法院的意象，來形容州議會中的黨派和利益團體政治。[34]但這種說法既不貼合實際，也不具進步性，是回頭去看殖民地時代，而不是往前看向未來。[35]麥迪遜對各州利益政治的診斷很精采，但他提出的處方卻相當傳統，和他所反對的觀點一樣流於烏托邦。麥迪遜心目中的新中央政府並不完全是現代性的政府，而是理想化的政府，而且在許多方面和殖民地時代的政府沒什麼不同。麥迪遜希望新聯邦政府可以超越黨派，成為超級法官和仲裁者。他說，它將成為「在不同欲望和利益的爭議之中無私無欲的裁判」。[36]儘管麥迪遜無法在聯邦政府中引進一個類似英帝國樞密院的機構，他還是把新聯邦政府和英國王室相提並論。事實上，他希望新政府能扮演超越政治的中立角色，就像英國國王理想上在帝國中的角色一樣。[37]

共和黨人心中的理想政府

一七八七年的麥迪遜希望超越各州，建立國家，但他並不想建立一個有強大行政權的現代戰爭國家（war-making state）。他只希望政府能當無私的法官和公正的裁判，在社會各種利益之間做仲裁。這也是為什麼他不同於傑佛遜，認為最高法院在美國政治生活中很重要，因為最高法院最接近他在一七八七年希望邦聯議會扮演的角色。[38]

麥迪遜心目中的新聯邦政府是中立無私的裁判，所以他其實不是許多學者所說的注重實際的多元主義者。他並不是現代利益團體政治理論的先聲，也不是亞瑟·本特利和大衛·杜魯門的先行者。①他並不認為光從利益競爭的你取我與之中，就可以自然產生出公共政策或公共福祉。他的看法是比較傳統和古典。他希望在整個共和國的大範圍內，衝突的利益能互相中和，由受過博雅教育的理性人士（「其開明觀點和高尚情操使他們克服了地區性偏見和不公正的圖謀」），以無私仲裁者的態度來決定什麼才符合公共利益。[39]

也就是說，麥迪遜並不如我們所認為的那樣現實主義或具有現代性。在他看來，並不是政府中的每個人都得分黨結派。他依然懷抱美國革命的夢想，相信有德的政治在美國是可能的。他相信社會上總有一些像傑佛遜和他自己一樣的無私紳士，希望他設計的制度能讓這種人超越汲汲於私利的社會多數，在新的國會中擔任中立的法官或裁判。而作為其設計的「輔助之需」，麥迪遜認為擴大全國政治的範圍將發揮篩選的作用，挑選出有資格擔任全國性裁判的人。[40]一旦全國政治的範圍擴大，選舉人數增加而代表人數減少，人民就不太會投票給那些在一七八〇年代宰制各州議會，不開明、「懷有派性」和「地方偏見」的目光狹小之輩，而會投給「有最吸引人的優點和最有聲望的」有學問的紳士。[41]

他的理論對新聯邦政府並沒有什麼實際影響。事實上，早在一七八九年三月，麥迪遜就預言新國會的行為和骯髒的州議會不會有什麼不同。[42]在國會中，他不再談論要擴大共和國的範圍以篩選人才。這種構想和國會要有權否決各州立法一樣不切實際。他的

① 亞瑟．本特利（Arthur Bentley）和大衛．杜魯門（David Truman）是多元政治理論的開創者，重視利益團體在政治過程中的角色。他們認為利益團體的互相競爭是民主自由的保障，而不是危害。

其他構想也是如此。事實上，麥迪遜並不如我們所想的那麼現實主義。雖然他總是好奇，永遠愛研究，他在內心深處卻是個理想主義者（即便不是烏托邦主義者）與共和主義者。在某些方面，他和他那不切實際的朋友暨同志傑佛遜並沒有什麼不同。

到了一七九〇年代初，麥迪遜漸漸搞清楚華盛頓、漢彌爾頓及其聯邦黨人正在建立什麼樣的政府，這時他才表露他對聯邦政府該是什麼樣的獨特觀點。華盛頓這些人要的不是類似法官的裁判，而是要打造歐洲式的現代政府，有龐大的官僚機構、常備軍和強力獨立的行政權。聯邦黨人也許和麥迪遜一樣擔心各州的多數暴力，但他們對美國懷抱更大的雄心壯志，不只是想控制各州內部的民粹政治，保護少數人的權利。漢彌爾頓及其聯邦黨人是想複製，已在歐洲和英國發展了幾個世紀的國家建構過程。

我們已經提過，如果有哪一位開國元勳算是具有現代性的人，那絕對不是麥迪遜，而是漢彌爾頓。是漢彌爾頓把美國轉變成類似英國和法國的強大現代化財政—軍事國家。麥迪遜的維吉尼亞草案只是希望有一個強大的中央政府，能在各州的民主競爭中扮演裁判，但他絲毫無意建立漢彌爾頓心目中的現代化戰爭國家。所以他根本不覺得自己在一七九〇年代反對漢彌爾頓的建國方案有什麼不對。

西方世界在現代化初期最重大的發展，乃是現代民族國家的崛起，有強大的行政權，有財政和軍事能力以前所未有的規模發動戰爭。在過去幾十年中，已有豐富的歷史學和社會學文獻在討論歐洲現代化初期的國家建構。[43]從十六世紀到十八世紀，歐洲君主制國家忙著在明確的領土範圍內鞏固權力，抵禦敵國侵犯其權力和領土。他們在近三百年來所做的事，就是建立愈來愈龐大的官僚體系和軍力以發動戰爭。而這又意味著要建立愈來愈中央集權的政府，愈來愈巧妙地從臣民手上汲取金錢和人力。而這又表示軍力不斷增長、公債不斷增加、行政權力不斷增強。[44]

建構君主制國家必然會激起反抗，尤其是在具有珍視自由和長久抵抗王權傳統的英國。英國在十七世紀末和十八世紀初興起的輝格黨意識形態，本質上就是共和派思想，就是在反對英國的君主制國家建構。當詹姆斯·博格（James Burgh）與湯瑪斯·潘恩（Thomas Paine）等十八世紀末的英國激進派警告說，自由之光正在照亮歐洲各地，但英國卻暗淡無光時，他們講的就是這個現代國家的建構過程。[45]麥迪遜、傑佛遜和許多美洲人之所以參加革命，就是為了反對把這個現代國家建構的過程延伸到美洲。他們不允許漢彌爾頓及其聯邦黨人把美國變成高債務、高稅收、有昂貴常備軍的現代財政—軍事國家。這種國家正符合君主所好，其本質就是為了發動戰爭。「在公民自由的所有敵人之中，」麥迪遜在一七九五年說，「戰爭或許是最可怕的，因為它包含了會孕育所有其他敵人的種子。」戰爭是「軍隊之母」，他說，不只提高了「債務和稅收」，還意味著「行政部門的決定權擴大，對官職、爵位和報酬的影響力劇增，所有引誘和收買人心的手段紛紛出籠。」[46]正是麥迪遜反覆強調的這些疑慮，造成一七九〇年代的共和黨人，經常歇斯底里地反對漢彌爾頓及其聯邦黨人的國家建構方案。

終結戰爭，世界和平

許多美國革命家，包括傑佛遜和麥迪遜，都想終結這種現代國家建構及其所導致的國際衝突。美國的啟蒙分子在一七七六年追求的是新型態的國內政治，要終結國家內部的專制。他們也追求新型態的國際政治，提倡國家間和平共處，甚至消滅戰爭本身。在整個十八世紀，自由派知識分子都在夢想一個啟蒙新世界，這個新世界沒有腐敗的王室外交、祕密結盟、王朝間的對抗、常備軍和權力平衡。由於君主制度不需要回應人民的意志，它本身就是問題的來源。君主制國家龐大的官僚體系、常備軍、長期的國債、沉重的賦稅都是因為它要不斷發動戰爭。只要消滅自尊自大的王室及其周邊組織，就可以消滅戰爭。一個由共和國組成的世界將出現不同的外交型態。這是一種愛好和平的外交。它不再是傳統外交那種殘酷的權力鬥爭，而是由各國人民的商業利益來自然協調。如果讓各國人民的商業利益自行發展，能自由交換商品，而不被自私的王室、非理性的王朝對抗和過去的多重祕密外交干擾，那麼國際政治就會走向共和與和平，只按照商業規則來運作。在這個由貿易互相連繫的世界中，舊時代的外交也將不再必要。[47]

在一七七六年，美國突然被孤立於歐洲的重商主義帝國之外，美國人終於有機會實踐這些關於國際關係及商品自由交易的自由主義理念。商業利益和革命的理想主義結合成美國對外政策的思想基礎，一直延續到二十世紀。在某種程度上，這種結合依然是我們現在對世界的看法。

光憑貿易就足以把國家凝聚在一起，維持世界和平。對麥迪遜、傑佛遜及理想派的自由主義者如潘恩來說，在國際領域中，各國人民的和平貿易乃是人民的社會性在國內領域的對應。正如啟蒙思想家認為共和社會只要靠人民的自然情感就能凝聚，各國在貿易上的自然利益也能凝聚全世界。不論在國內領域和國際領域，君主制及其侵害性的機構與壟斷性的行事方法，都阻礙了人民情感與利益的自然和諧。

正是根據這些啟蒙運動的假設，麥迪遜、傑佛遜與共和黨人在一七九〇年代和十九世紀初嘗試了多種貿易施壓手段。共和黨人很清楚，如果美國這樣的共和制國家要避免君主制國家那種權力膨脹的過程，像是沉重的賦稅、大規模的長期債務、常備軍，那就得尋求戰爭之外的和平手段。麥迪遜並不完全是空想家。他在一七九二年寫道，他害怕「普遍而永久的和平……（這）除了在哲學家的幻想或博愛之士的腦海之外，永遠不會存在。」然而，由於戰爭既愚蠢又邪惡，他仍然希望理性的進步終究能消除戰爭，「而如果還有任何一絲希望，」他說，「那任何事都要嘗試看看。」[48]

當然，在理想上，應該讓全世界都走向共和，也就是讓世界各國的政府都遵循人民的意志。傑佛遜和麥迪遜相信，跟不顧其臣民意志的君主制政府不同，由人民自治的共和國當然會愛好和平，但漢彌爾頓對這種觀點不屑一顧。麥迪遜也同意，即便是共和國，有時也會走向戰爭。但如果戰爭是由人民發動的，且更重要的是，如果戰爭的代價只由發動戰爭的那一代人來直接承擔，那麼麥迪遜認為，「國家就會得到豐富的報償」。所有「愚蠢的戰爭」都可以被避免，只剩下短暫、「出於必要和自衛的戰爭」。但即使是這種戰爭，最終也會消失。「如果所有國家都能依此而行，」麥迪遜說，「大家都會得到雙倍的報償，而雅努斯神廟也可以關閉，永遠不再開啟。」[49]②換句話說，麥迪遜相信一個由共和國組成的世界，將永遠把戰爭拒於門外。

然而麥迪遜也相信，在一個由君主制國家組成的世界中，美國不訴諸戰爭的最好方法，就是採用另類的和平手段。這個另類手段就是用貿易來懲罰敵人，終極措施就是停止美國與其貿易。他說，這些措施「最有可能不以戰爭達成我們的目標」。[50]也就是說，麥迪遜提出了我們今天稱為經濟制裁的概念，我們直到今天都認為這是不直接動用武力的最佳手段。由於共和黨人認為貿易對各國相處這般重要，把貿易當成國際政治的武器就是很合理的事。

唯有從這種共和理想主義的脈絡（害怕現代財政—軍事國家，想找出戰爭之外的手段），我們才能最好地理解麥迪遜及共和黨人的思想。這不但能解釋他們對現代國家權力的態度，也能解釋他們為什麼會在一七九〇年代初對英國採取貿易懲罰。麥迪遜及共和黨人對一七九五年的傑伊條約大為不滿，因為該條約讓美國繳出了重要武器。從這個脈絡也可以解釋傑佛遜和麥迪遜在一八〇六年傑伊條約失效後，以禁止進出口來對付英、法這兩個歐洲交戰國。這些嘗試於共和黨在一八〇七和一八〇八年完全禁止美國與英、法兩國貿易往來，達到最高峰。傑佛遜稱之為「坦率而開明」的和平施壓實驗，也是美國史上把意識形態直接加諸於公共政策的最獨特案例（漢彌爾頓想必會從墓中跳起來）。[51]而實際上，麥迪遜要比傑佛遜更相信貿易禁運的效用。麥迪遜一直到死都相信，如果不是太早撤銷，貿易禁運最後會發生效果。[52]

麥迪遜和共和黨人對一八一二年戰爭③的態度，最能證明他是想逃避強大聯邦政府和現代歐洲君主制國家建構過程的理想派共和主義者。當時眾議院的共和黨大談要開

② 雅努斯神廟（Temple of Janus）是古羅馬時代的神廟。神廟兩側刻有門神雅努斯。這間神廟在平時關閉，只有在戰爭時才會打開。

③ 一八一二年戰爭（War of 1812），是美國與英國之間發生於一八一二至一五年的戰爭。英國占領美國的緬因州，並且一度攻占美國首都華盛頓，焚燒了美國國會大廈和白宮。但是英國陸軍在美國南部多次遭到挫敗，海軍也吃了敗仗。一八一五年雙方停戰，邊界恢復原狀。

戰，但同時又要撤銷軍隊。他們削減戰爭部的預算，又反對建立海軍。他們在衝突爆發前還廢除了美國國家銀行。他們在一八一二年勉強同意加稅，但前提是要戰爭真的爆發才能開徵。

歷史學家經常批評麥迪遜及其共和黨人對戰爭的愚蠢態度。但這種批評忽略了麥迪遜及其共和黨人最害怕的東西。正如傑佛遜在一八〇六年所言：「我們的憲法是為和平設計的，根本沒想到戰爭。」[53]共和黨人意識到，戰爭只會導致漢彌爾頓那種君主制政府，有高額的稅收、膨脹的官僚體系、沉重的債務、常備軍和強大的行政權。既然戰爭是對共和主義的一大威脅，共和黨及其政府在一八一二年就決定打一場不同於君主制國家會打的戰爭。當時的財政部長艾伯特·加勒廷（Albert Gallatin）從一開始就說，共和黨的兩難在於既要打仗，又不能促進「戰爭必然帶來的邪惡……（包括）債務、長期徵稅、軍事組織及其他會腐化或反共和的習慣或制度。」[54]

儘管戰事慘烈，麥迪遜依然高度樂觀。國家被侵略和首都被焚毀，總比建立歐洲君主制國家要好。即使在戰爭進行中，他依然呼籲貿易禁運是最有力的致勝武器。他相信共和黨領導人絕不會變成拿破崙或漢彌爾頓。他相信在一個共和國中，強大的行政領袖只會危及戰爭原來想保衛的原則，所以他是有意接受行政權的混亂與效率不彰，有意接受軍事失敗。[55]

所以儘管戰爭解決不了任何事情，但戰爭也解決了所有事情。它證明有限共和政府的偉大革命實驗是對的。雖然美國首都被命名為華盛頓特區來向華盛頓總統的戰功致敬，但戰爭之劍總是以「公民或政治自由」為代價，作為總統的麥迪遜決心在對英戰爭中避免之。麥迪遜不但限制軍力使用要「限於合理範圍」，還要指揮「一支每年要花幾百萬美元的五萬大軍，但絕不侵犯人民的政治、公民和宗教權利。」誠如一位他的崇拜者所說，麥迪遜既要抵禦外敵，又要抵擋國內的反對派，「既沒有懲處任何人叛國，也沒有起訴任何人誹謗。」[56]

今天的歷史學家活在一個很不一樣的世界。這個世界談的是先制性戰爭（preemptive war），擁有開國元勳難以想像的龐大聯邦官僚、雄偉的五角大廈、強大的中央情報局、巨額的公債和稅收，還有超過一百萬人的軍力。今天的歷史學家也許很難理解麥迪遜的成就，但當時的人不然。「儘管有千百個錯誤，」亞當斯在一八一七年對傑佛遜說，麥迪遜的政府「比華盛頓、亞當斯、傑佛遜等前三任總統加在一起更有成就，更能締造團結。」[57]

我們歷史學家太習於謳歌作為《聯邦黨人論文集》第十篇作者的麥迪遜，而貶低作為總統的麥迪遜，所以我們假想有兩個不同的麥迪遜。但事實上並沒有什麼「麥迪遜問題」，一切只出於我們自己的想像。也許我們應該少花點時間研究作為《聯邦黨人論文集》第十篇作者的麥迪遜，多研究作為總統的麥迪遜。不論我們贊不贊同他對戰爭和政府的看法，都可以讓我們更好的理解那個我們已經遠去的世界。

第六章　一輩子都活在「敵國」的亞當斯

他和國人同胞的鴻溝愈來愈大，覺得深受誤解和指控，而且向來如此。「自一七六一年起，距今超過五十年了，」他在一八一二年對班傑明．洛希嘆道，「我一直活在敵人的國家。」長久以來，他想坦白告訴美國同胞的真相是，美國的價值觀和美國的神話是無法長存。

約翰・亞當斯一直認為他是最被低估和忽視的革命領袖。他曾對班傑明・洛希說，他知道他在革命中的地位永遠不會受到正確評價。這場革命的性質，他抱怨道：「將被寫成是富蘭克林博士的避雷針打到了地面，然後華盛頓將軍揭竿而起。富蘭克林的避雷針點燃了火花，然後這兩個人就包辦了所有政策、談判、立法和戰爭。」1

麻州出生的愛國者亞當斯確實有理由抱怨他被革命同志忽視。在一七七四至七六年的大陸會議中，他是鼓吹獨立的先鋒，而當獨立達成後，亞當斯覺得很多人的貢獻都被吹捧過度。雖然他也是起草獨立宣言的委員會成員，但一七九〇年代的人只知道傑佛遜是初稿的起草人。亞當斯一直認為，獨立宣言不過是匯總大陸會議在一七七六年五月十日到十五日之間的各項決議，而他才是這些決議的主導者。這些決議建議各殖民地要成立新政府，「如果沒有政府足以應付當務之急的話」，還宣布「國王的任何權威都應該完全被壓制」，並呼籲要施行「殖民地人民政府的所有權力」。一些猶豫的同志認為最後一項決議是「企圖製造獨立」，亞當斯則歡快地回應道：「這就是獨立本身。」但在一八〇五年，他失落地回顧說，五月份這些決議「當時少有人知」，而「現在則幾乎被完全遺忘」。2

就是如此。亞當斯一直認為他的成就沒有受到足夠的評價。確實，他在獨立之後被任命為首任駐英大使，在一七八九年又被選為副總統，得到的選舉人票數僅次於華盛

亞當斯的畫像。（圖片來源：公共領域）

頓。但這種程度的認可似乎永遠不夠。他渴望成為偉人，但何謂偉人要按他自己的定義。沒有人比他更重視獨立性。他就是他自己，不從屬於任何人。他反抗父親，選擇當律師而不當神職人員。一七七〇年，他幫「波士頓大屠殺」中殺害五名同胞的士兵辯護。[3]①一七七四年，他又不顧許多愛國派人士反對，為一名保王派的暴亂受害者辯護。一七八〇年代初在

---

① 一七七〇年三月五日，一名英軍軍官要購買假髮，但假髮店的店員愛德華．加里克（Edward Garrick）卻誤會軍官沒付錢，於是向軍官喊叫，軍官解釋之後就打算離去，但他部下的士兵休．懷特（Hugh White）為軍官抱不平，與加里克發生口角，懷特最後打傷加里克，加里克血流如注，哀號痛哭，憤怒的圍觀民眾立刻包圍懷特。另外一名英軍軍官湯瑪斯．普雷斯頓（Thomas Preston）率領幾個士兵來解救懷特，卻遭到民眾丟擲石塊與毆打，英軍情急之下向群眾開火，殺死了五名平民，並導致六人受傷。亞當斯在當時參與了該案的審判，他認為士兵們並不是惡意傷人。不過，這起事件激發了英國北美殖民地的反抗，並最終導致美國革命。

歐洲談判和平條約時，他又與所有人為敵，包括大陸會議、他的革命同志，以及法國盟友。他向來光明磊落。別人對他那好鬥直率的言論冷嘲熱諷，他反而很得意。他心目中的古典英雄是狄摩西尼（Demosthenes）和西塞羅（Cicero），因為他們的成就都來自於失敗、受人冷落和孤單。「我必須獨立思考，只要我一息尚存，」他說，「這是我存在的根本。」[4]

他的同志都不知道怎麼和他相處。他們都曉得他聰明又有熱忱，但他的行為總是讓人搖頭不已。亞當斯實在太過自傲，傑佛遜在一七八三年巴黎和平談判時就說他似乎憎恨所有人。「他恨富蘭克林、恨傑伊、恨法國人、恨英國人。」但傑佛遜也承認亞當斯非常正直。「無論如何，」他告訴他的朋友麥迪遜說，「即便是毒草，也能萃取出誠實的成分。」[5]但把亞當斯的性格勾勒得最好的是富蘭克林。他對亞當斯知名的描述是，他「總是為了國家好，永遠是個誠實的人，經常很有智慧，但有時候在某些事情上卻會完全失去理性。」[6]

然而，亞當斯和同志們的疏離，遠比不上他在一七八八年從英國回到美洲時所感受到在智識上的疏離。亞當斯沒有參與到一七八七年草擬新聯邦憲法，也沒有經歷過新憲法在各州批准過程中的大辯論。也因此，他並不了解在新憲法的形成和辯論背後，已然出現新的政治思想。確實，亞當斯未能領會這件美國革命後最重要事件的意義，這是很大的不幸。

像政治科學家，不像政治人物的亞當斯

亞當斯居然不了解新憲法的意義，這是很諷刺的，因為沒有任何美國人比他更致力於美國革命的憲政主義精神，沒有人比他更嚴肅看待美國革命及其政治意義，也沒有人像他把美國革命的成功當成自己生命般重要。政治對亞當斯來說永遠是最高的科學。他在整個生涯中，都告誡自己要不斷追求智識活動。「每天要把法典或法條在心中溫習至少六小時……要真實了解政府的性質、目的和手段。要比較政府形式的異同，衡量其對公眾和私人福祉的影響。要研究塞內卡（Seneca）、西塞羅和其他優秀倫理學家的作品。要研究孟德斯鳩、博林布魯克（Bolinbroke）……和所有優秀平民作家的作品。」[7]沒有人比亞當斯對法律和政治讀的書更多、思考得更多。

在所有革命領袖中，亞當斯是最能代表美國啟蒙運動的政治面和憲政面的人物。在建立憲法之初，他的小冊子《對政府的思考》（*Thoughts on Government*, 1776）是指引新共和國最有影響力的著作。在一七七〇年代末期，他也是草擬麻州一七八〇年憲法的重要人物，這部憲法普遍被認為是革命時期最重要的州憲法。他孜孜不倦地研究政治、指引國人，他也比大多數人更快看出，美國人在一七七六年革命時所依據的假設是錯誤

的。在一七八〇年代的智識危機中，他在英國試著把他自己和美國人對於自身及其政治的理解，寫成可普遍適用的社會學及政治學基本原理。成果就是他的《美利堅政府諸憲法之辯護》（*A Defence of the Constitutions of Government of the United States of America*），這部書是當時對美國憲政主義最全面的分析，是美國啟蒙運動最耀眼的成果，也是討論混合式或平衡式政府這個主題最卷秩浩繁、秩序雜亂的一部政治評注總滙。

光憑他對革命運動和憲政主義的貢獻，亞當斯就足以名列最重要的開國元勳。更重要的是，他的政治理念和當時其他美國人都大不相同，所以他值得受到特別重視。但儘管他參與美國憲政如此之深，對自己和美國也有深刻的洞見，亞當斯卻從未真正理解美國政治思想在一七七六年之後的根本變化。他一生都是卓越的政治科學家，但正是因為他太專注於他的政治科學，他才會被誤導。

也許是因為他讀了太多書、知道太多東西，也許是因為他太誠實、太像科學家而不像政治人物。無論如何，在一七八〇年代的智識混亂時期，亞當斯更加緊抱他的啟蒙政治學不放。他認為政府和社會密切相連，除非兩者能和諧共處，否則沒有任何國家能長治久安。

亞當斯是一個從頭真誠到腳的人。他從不搞語言遊戲，從不違背良心去否認或掩飾美國政治本質上是寡頭政治。他正確地看出，沒有哪個社會能是真正平等的，包括美國在內。而他也試著接受社會和政治生活的現實，其他革命領袖都做不到他這種程度。但他也為真誠付出代價。在混合式或平衡式政府的理念即將過時之際，亞當斯為這個傳統理念做了最全面和最強力的辯護，於是他逐漸脫離美國智識發展的主流。

美德是共和國的基石

和其他人一樣，亞當斯在革命之初也是滿懷興奮和對未來的嚮往。他在一七六五年寫道：「美洲是上天設計給人類去實現真我的舞台，是科學、美德、自由、幸福和榮耀安然所在之處。」他在一七七六年又說：「革命將震驚全世界粗俗之輩，不管是這個世代還是今後的世代。」[8]沒有人比亞當斯更信仰啟蒙運動的希望和承諾。

但同時，也沒有其他革命領袖像他這麼質疑和擔憂一七七六年的信念。他在一七七六年時，對未來將遇到的困難並不抱幻想。前方將有「不幸」和「苦難」，他在獨立前夕曾預測說，美國人將歷經前所未有的「破壞」和「恐懼」。但磨難也有「好的影響，至少可以激發出我們所沒有的許多美德，可以導正許多干擾、敗壞和摧毀我們的錯誤、愚蠢與邪惡。」[9]亞當斯很清楚，共和制度要靠人民的品質。歷史已經昭示，「公共德行是共和國唯一的基礎」。他說，「除非對公共福祉和公共利益有積極的熱情……而這種熱情深植在人民心中……並超越所有私欲」，否則沒有任何共和國能存續。然而美國人能有這種斯巴達式的自我犧牲觀念嗎？「這世上真有哪個民族能有這種品格嗎？」

亞當斯說，美國人擁有不輸給現代世界任何民族的公共精神。然而，他一生見到過太多「自私和卑劣，即使是在新英格蘭」，而其原因不是缺乏力量或智慧，而是缺乏美德。革命釋放出許多種情緒，「希望、恐懼、喜悅、悲傷、情愛、憎恨、怨懟、羨慕、報復、嫉妒、野心、貪婪、不滿、感激」，各種情緒交織成橫掃整個大陸的亂流。他在一七七六年一月寫信給梅西．華倫②說：「到處都是惡行、唯利是圖和腐敗，都是貪婪和野心，各階層的人都在追求利潤和貿易」，共和制的實驗看來岌岌可危。亞當斯似乎是獨自在擔負革命的所有承諾和焦慮。10

在一七七六年的革命家中，亞當斯最把希望放在共和政府的新生作用上，期盼會出現新一代的政治人物來改造人民，消除人民的愚蠢和惡習，激發人民的美德和能力。他早在一七六五年就說過，美國人是全世界唯一學習到，如果「知識沒有普及到全民的話」，自由是無法維持的。在革命之初的興奮期，亞當斯也和大家一樣堅信，教育和共和制度能扼制人民的狂暴激情。他希望「能矯正人民的行為」，創造出「力量、耐性、活力、勇氣、堅毅和進取心」，並使大家都認同「公眾高於一切」的原則。如果「純粹美德」這個「自由憲法的唯一基礎，」他在一七七六年六月解釋說，「無法被普遍在人民心中激發出來，那麼就算他們可以更換統治者和政府的形式，他們也無法得到永久的自由，他們只能輪換不同的專制者和專制政治。」亞當斯對共和制的寄望也許根本是幻想，但他非常擔憂美國人的天性，他別無選擇。革命必須改造文化，否則不會成功。[11]

然而在獨立幾年之後，亞當斯已完全不敢奢望美國人的天性能夠變好。美國人和他自己一樣，難以改變。到了一七八〇年代，他一直害怕的事已明顯無法否認：美國人「根本無法有高尚的美德」，「期盼他們能變好」根本是愚蠢的。他說得很明白，如果新的美利堅共和國只能仰賴人民的美德，那它將註定像過去的共和國一樣，以失敗收場。當他在一七八七年撰寫《美利堅政府諸憲法之辯護》時，他已徹底相信他的同胞和世界上任何民族一樣腐敗。與傑佛遜在歐洲的經驗不同，亞當斯長久待在歐洲，只是驗證了他對美國人性格的擔憂。對傑佛遜來說，歐洲對照出美國人的單純和美德。但對亞當斯來說，美國已經變得和歐洲雷同。

很清楚的是，「美國人沒有什麼天佑，他們的天性和其他民族沒什麼不同。」亞當斯在一七七六年的希望完全破滅，他困難地告訴他的同胞，他們「和其他民族一樣，做

---

② 梅西·華倫（Mercy Warren）是美國獨立戰爭的政治作家和宣傳家。在美國獨立戰爭之前的幾年裡，華倫還出版了一些詩和戲劇，攻擊麻州的王室權威，並敦促殖民者抵制英國人對殖民權利和自由的侵犯。

的事沒什麼不同。」由於他根本否定當時正在興起的「美國例外主義」③神話，他和他的同胞也就分道揚鑣。[12]

亞當斯現在相信，美國人和歷史上任何民族一樣，都在追求財富和地位。野心、貪婪、嫉恨才是構成美國社會的原料，不是美德和慈善。那些認為美國人特別愛好平等的人，根本就昧於現實。亞當斯問道：「到底曾有哪個國家，或將來會有哪個國家，其人民在美德、天賦和財富等先天和後天的品質上，都是平等的呢？」他認為每一個國家都有「任何人類立法都無法消除」的不平等。不平等不一定是法律或人為的不平等，例如以頭銜或爵位來標識的世襲的不平等。不平等源於天性、財富、出生和能力。有些人因為勤奮或繼承而比別人富有。有些人出身比較好，從家族繼承了社會地位和聲望。有些人比較有智慧、比較大膽、比較有天賦，因為勇敢或有學問而受人尊敬。種種差異造成社會的不平等，而種種不平等，「對每個民族來說都是共通的，任何人都無法改變，因為它就植根在人性中。」[13]

社會的不平等產生階級

差異的必然性是亞當斯社會觀的核心。他相信，所有人都在追求差異，追求財富、權力和社會地位，人們也都希望把這些差異傳承給後代。「我們也許會說追求差異很孩子氣，很愚蠢，」亞當斯說，「但我們無法改變人的天性。」人類的欲望，尤其是亞當斯所稱的「貴族性欲望」，乃是無止境且強烈的。「得到的黃金愈多，愈想有更多黃金。」受人讚賞的欲望更是如此。有些人是如此在意別人的眼光，「以至於只要不聞鼻菸就渾身不自在」。④野心是最強大的貴族性欲望，強大到「會占據全部靈魂，讓人看不到別人和自己，眼裡只有要追求的目標。」[14]

只有少數人能在激烈競爭中爬到頂峰，不幸的是，這些少數人並不必然是有能有德之人。共和主義希望，只有真正有能力的人才能治理世界，但這是不切實際的。要如何安排，亞當斯問道：「才能讓人按其天賦、美德和服務而受人敬重……？要如何發現誰是有能之人？……由誰來評判？」共和主義光靠選舉根本做不到這一點。選民總是被花言巧語和欺詐所騙。追求尊重和地位的人，總是「遠遠多於只靠能力的人」。為了掩飾自己並無能力，於是就有人「展示品味與頭銜，展示財富與豪奢、展示古老的文件、圖

③ 美國例外主義（America's exceptionalism）認為，美利堅合眾國與美國人在世界上地位獨特，是世界上第一個、也是獨一無二以自由、個人主義、法律前人人平等、自由放任資本主義等思想為建國基礎的國家；人民特別富裕幸福，國家特別穩定強盛，並在世界上領導與保衛自由潮流，為全人類提供機會與希望。

④ 鼻菸在十七、十八世紀流行於西方上層社會，由於鼻菸盒的精美，非常適合當作皇室禮物，用來贈送外國大使、近臣等，所以被視為有地位的象徵。

畫與雕像、展示祖先的美德」，用這些陰謀詭計讓人相信他們天生就該統治。「在這一團混亂中，謙恭、溫和、卑微和貧窮的有德之士又有什麼機會呢？」[15]

爬到社會高位的人除了爬到高位之外，似乎沒什麼可令人讚賞的。而少數人一旦占據高位，就會壓制下面的人，來鞏固地位和擴大權力。而在社會底層的人則會受野心家驅使，試圖取代和摧毀他們所嫉恨的社會領袖。尤其是「那些在財富、家庭背景和能力上最接近最高位者的人，這些人特別想拉下最高位者，取而代之。」人對自己的地位總是不滿足的。人總是莫名想拉下高位者，「想無止境地改善地位、增加財富，這就是他們不變的欲望，是他們念茲在茲之事。」因此「凡是那些有權、有地位、有錢者所享有的」，他們都要分一杯羹。[16]

於是不可避免的，亞當斯結論說，在「富人與窮人、勤勞的人與懶惰的人、有知識的人和沒知識的人」之間，就會有社會分化，而由於人的非理性和欲望，這種分化又並不穩固。美國即便是個共和國，即便很單純，也逃脫不了這個宿命。「也許有人會說，」亞當斯說，「因為美國沒有階級，所以不會出現由階級導致的分化和衝突。」但這只是幻想，「我們最多只能說，在美國，法律上的地位、頭銜、權力和特權都不是世襲而來的。」但人們同樣在追求地位，因為這是人性。儘管美國的勞工、農民和紳士的地位有些許不同，但亞當斯問道：「但（美國）不是和歐洲任何國家一樣，都在汲汲追求頭銜、勳位與榮耀嗎？」[17]

事實上，他在托克維爾半個世紀之前就深刻觀察到，美國人比其他地方的人更熱中於追求地位。「自由的民族最愛好奢華」。美國人同樣喜歡高人一等，但由於共和制度不鼓勵地位高下有別，社會中就充滿深刻而激烈的嫉妒之情。民主社會「不容許地位有高低」。但若某人看到「和他一樣平等」的鄰人有更好的大衣、帽子、房子或馬匹，「他就會難以忍受，一定要和別人一樣才行。」在革命戰爭之後，亞當斯說，美國「比別人用一百年的速度更快走向奢華」。亞當斯的結論是，正因為美國人「比史上任何民族都要貪婪」，只有瘋子才會期待美國社會能免於奢華和追求地位。在一七七五年，許多人認為美洲殖民地的腐敗和黨爭都是英國王室造成的，其實大謬不然。每一個社會都有社會鬥爭和分化，美國也不例外。[18]

階級相互制衡的古典理論

這就是亞當斯看到的美國。美國人永不停歇地追求地位和聲望，這個社會沒有和平、滿足或幸福，每個人都「不甘屈居人下」，無法接受失敗。亞當斯描繪了一幅陰森黑暗的美國人形象。由於亞當斯對美國社會的看法過於悲觀，絕望似乎難免。有什麼可以阻止這個躁動不安的社會分崩離析呢？有什麼可以遏制人們被自己野蠻自私的欲望毀滅呢？大自然「把欲望編織進靈魂的肌理之中」，人類是不可能將其消除的。「管理它們而非消除它們，」亞當斯說，「這就是政策要做的工作。」但紛亂的欲望又要怎麼管理呢？

到了一七八〇年代，亞當斯已不再相信共和制有激勵和改善人心的作用。傑佛遜和班傑明．洛希等人依然相信教育能約束人心，但亞當斯已不信這套。人是不可能經由教育而去愛全體甚於私欲的。沒有任何國家能這樣教育人民。「經由教育而來的任何原則或感情，都不能阻止人們去踐踏法律。」亞當斯說，「光靠反對混亂頌揚秩序」，不可能平息美國社會「紛亂的感情、互相衝突的原則、不相容的利益和對立的欲望」。教育、宗教、迷信、誓言，都不能控制人類的欲求。「沒有任何東西，」他說，「唯有武力、權力和力量才能約制他們。」唯有「三個不同部門的人基於自身利益，互相監督守衛法律」，才能維持社會秩序。[19]

唯有古典的平衡式或混合式政府，才能遏制人們的怒火和欲望，讓社會不致分崩離析。亞當斯所提出的政治解方，實質上就是古代的混合政體和十八世紀的英國憲法，亞當斯稱其為「人類所發明的最巧妙的結構」。此一概念經瑞士的洛姆重新精煉。⑤「他的書，」亞當斯說，「是史上對三權平衡的最佳辯護。」[20]

然而，這裡所說的英國憲法，並不是十八世紀大多數英國人所知道的憲法。亞當斯在一七八〇年代所說的平衡，不是指君主和人民之間的平衡，亦即輝格黨史觀所說的，貴族階級在光榮革命中對抗君主侵犯人民自由，其後又時而站在人民這邊，時而又站在國王這邊，謀取兩者平衡。亞當斯和當時一些美國人重構了傳統輝格黨的平衡觀以適用新的社會環境，重新評價了美國社會的性質。

亞當斯要的不是把各種欲求混成一堆。對他來說，社會並不是麥迪遜在《聯邦黨人論文集》第十篇所說的各種利益和黨派的大雜燴。人的欲求儘管各式各樣，但亞當斯認為，社會中的各種利益可以化約為少數人與多數人的對立，以及已經有優勢的人與渴望取得優勢的人的對立。亞當斯不是唯一得出這個結論的人。在一七八〇年代，已有不少人把政治描述為，「只有些許財產，但被債務利息壓得透不過氣來的人」，以及「有大筆財產，主要以金錢形式擁有的人」之間的鬥爭。簡單來說，就是民主政治與貴族政治的鬥爭。[21]

尤其是一七八〇年代的麻州，其社會兩極分化的程度是各州最嚴重的。早在一七七

⑤ 讓・路易・德・洛姆（Jean Louis de Lolme）或德洛姆（Delolme）生於當時獨立的日內瓦共和國，是日內瓦的政治理論家和憲法作家。成年後，他移居英國，成為英國的臣民。他最著名的作品是《英格蘭憲法》，後來也以英文出版。

八年，西奧菲拉斯．帕森斯（Theophilus Parsons）就在「艾塞克斯決議」（Essex Result）中提議，要設立兩院制議會，分別代表該州的人民和財產。[22]這個區分後來被寫進一七八〇年的麻州憲法，主要起草者就是亞當斯。當時沒有別的州敢這麼大膽說出要設立兩院制的理由。到了一七八〇年代中，麻州的報紙都在探討富人與窮人以及貴族與平民的鬥爭。有些激進派甚至主張，要廢除代表富人的參議院。

在一七八四到八六年間，剛從哈佛畢業的前革命將領之子班傑明．林肯二世（Benjamin Lincoln Jr.），在《波士頓雜誌》和《獨立記事報》（*Independent Chronicle*）的系列文章中闡釋了麻州憲法的自然和歷史基礎。在這些文章中，他率先提出亞當斯在《美利堅政府諸憲法之辯護》的主要論點。雖然當林肯的文章刊出時，亞當斯人在國外，可能沒有直接受到影響，但他一定很熟悉當時智識和政治氛圍中的這些觀念。他的《美利堅政府諸憲法之辯護》源自麻州的文化環境，帕森斯和林肯的作品亦然。[23]

林肯在一七八五年寫道：「一個天平需要有三個東西，兩頭要有秤，中間要有一根秤杆。」就連亞當斯也無法比喻得更好。唯有「不同的人，互相監督和制衡」，才能維護憲法。立法權必須要有兩院，一院代表在上位者，一院代表社會底層，一院代表貴族，一院代表平民，然後由獨立的行政權加入立法過程來調和與平衡這兩個互相鬥爭的社會階層。完美的憲法，亞當斯也說，「乃是三方平衡與政治上的三位一體。立法權分為三，行政權則為一，這不是什麼政治神話。」24「富有、出身好、有能力」的貴族階層，因為特別貪婪有野心而特別危險，但亞當斯也認為他們代表了社會中最重榮譽和最有智慧的一群人。亞當斯問道：「立法者該如何利用這些人的影響力，為公眾的平等利益服務呢？而另一方面，又要如何防止他們危害公共福祉呢？」唯有把這些天生的貴族或其中最出眾的人物放在同一個議院，把他們和其他人分開來，「才能利用他們的智慧，而不用害怕他們的欲望。」25

同樣的，社會的多數群眾也必須放在另一個議院，便於制約。亞當斯既害怕貴族過分的欲求，因為他自己就有這種經驗，但他也害怕平民百姓的貪婪，因為他也曾是平民百姓的一分子。多數人和少數人一樣會危及自由和公益，「他們是用同樣的原料做出來的，他們的心理和身體是一樣的」，「人民無法忍受輕蔑的眼神或不尊重的語言」。事實上，貴族至少因為教育和教養而有智慧，但平民一般都是反覆無常和無知的。若不加以約制，則平民不但會對付貴族，毫不猶豫地劫掠和踐踏他們，還會互相搶奪。亞當斯說，所有歷史都證明了，一旦平民不受約制，「就會和任何手掌大權的國王或議會一樣，不公正、專制、粗暴、野蠻、凶殘。」然而，如果憲法中沒有平民的代表，政府也一定會壓迫平民。「自由政府是不可能的，」亞當斯寫道，「如果憲法中沒有屬於平民的議院的話。」歐洲政府中沒有平民的聲音，所以舊世界沒有自由。必須要有由平民組成的議院，才能既遏制平民的欲望，又牽制貴族的機詐和貪婪。代表平民的議院將成為保護多數人免受少數人侵害的堡壘。[26]

然而，這兩個社會階級的平衡尚不足夠，因為「事物的本性從來就不會平衡」，只會永遠在兩邊擺盪。亞當斯說，唯有一個獨立的行政權，也就是社會中的君權，才能在平民和貴族之間做調和與平衡的工作。行政必須對立法有否決權，如此才能對抗任一院非理性和壓迫性的舉措，尤其是要對抗貴族篡奪權力。他認為「如果歷史昭示了什麼確定的真理」，那就是「沒有強大的行政權，就無法保障人民的權利自由及憲法中的民主成分。」亞當斯所說的行政權和洛姆及林肯所說的一樣，乃是整個體制的支柱和不可或缺的平衡者，是「政府的根本」，讓社會力得以保持平衡狀態。亞當斯認為，非如此才能控制社會的各種欲望和黨派，不然就只會走上擁有常備軍的絕對君主制一途。[27]

亞當斯在一七七六年之後最大的思想轉變，乃是他對行政權的看法，以及什麼才是政治上的根本對立，而這兩者是互相結合的。在一七七六年的《對政府的思考》一書中，亞當斯和大多數輝格黨人一樣，認為政治基本上就是統治者或首席執政官與人民之間的鬥爭，而上議院的貴族則扮演調解者的角色。而在《美利堅政府諸憲法之辯護》中，亞當斯則認為人民和貴族的鬥爭才是最根本的鬥爭，而行政權是扮演平衡者的角色。早期的亞當斯和許多美國人一樣，把貴族視為最有能力和最有智慧的一群人，他們雖不同於人民，卻也不和人民的福祉對立。但他現在則認為，貴族的利益完全和人民針鋒相對，而在這兩個對立的社會階級之間，應該有一個獨立的社會實體，代表王權的利益來參與立法過程。

「在所有民族和所有共和國中，」亞當斯說，「我們都會看到有所謂首席執政官、領袖、元首，其名號不同，權力大小亦不一。」但不管名號或權力有何差別，這些單一最高領袖在本質上都是相同的，因為每一個社會都需要一個君主來領導，不論是世襲的還是由選舉產生的。美國各州州長雖然都由選舉產生，無法世襲，但在政治上的功能和英國國王是相同的。因此對亞當斯來說，大多數國家都不能簡單被分類為君主制或共和制。麻州可說是君主制，英國也可說是共和制。唯一有意義的政體分類標準是混合的程度，而一個好的政府必然是適度混合的政府，也就是君主式的共和國。

對亞當斯來說，啟蒙的意義就在於認識到，每個社會都必須在各種力量之間維持平衡，這是放諸四海皆準的政治科學原理。唯有「把社會幾大部門結合為一個體系」，唯有把「君主制、貴族制和民主制」這三種經典的政府類型，「平等、獨立地融合在一起」，國家才會有穩定和秩序。「這三大權力在自然中有無法動搖的基礎……如果在一個政府的結構中沒有它們，那這個政府必定不完善、不穩定，並將快速淪入奴役之境。」[28]

亞當斯與當代主流思想的扞格

亞當斯的憲政方案其實根本難以應付他想解決的社會沉痾。亞當斯認為，只要有了他的平衡式憲法（兩院制國會和獨立的行政權），就可以約束和控制狂暴激烈的社會亂象。他對美國社會的看法比其他開國元勳都要黑暗悲觀，而他的政治解方也和一七八七年美國政治思想的主流南轅北轍。亞當斯太受麻州輿論氛圍的影響，也在歐洲待得太久，和美國當時的思潮太過脫節，以致他從未搞清楚他的美國同胞在一七八七年時，對傳統政治理論和平衡式憲法的概念做了什麼樣的改造。

在《美利堅政府諸憲法之辯護》中，亞當斯旨在「讓公眾知道是什麼樣的想法和思維造就了美國憲法」，尤其是一七八〇年麻州憲法。對於麥迪遜和聯邦黨人要創設新中央政府取代《邦聯條例》，他起初興趣缺缺。直到一七八七年，他還認為各州才是美國的救星，「不論邦聯有多麼無可救藥」。雖然他也贊成要給邦聯議會多一點權力，但他在《美利堅政府諸憲法之辯護》一書中說，美國人民已決定「邦聯只要有一個議會來管理就完全足夠了，而理由也很充分，因為邦聯議會不是立法者的集會，也不是民意代表的集會，而是外交上的集會。」[29]

然而，當新的聯邦憲法草案在一七八七年出爐之後，亞當斯立刻就看出其內在結構和他的平衡方案很相似，熱烈加以支持。但由於他沒能理解在憲法批准的辯論過程中，美國人已對聯邦、分權、代表和主權在民等概念有了全新的看法，他以為新憲法所創設的是一個「全國」政府，而不是「聯邦」政府。他說，「聯邦」是「不適當的形容詞」。主權是「至高律令」，從歷史和經驗來說都是「不可分割的」。他認為主權是無法分割或分享的。他引用在一七六〇和七〇年代與英帝國辯論的經驗說：「所謂國中之國（imperium in imperio）根本是文法錯誤，是自我矛盾。」政府的最終立法權不是落在全國政府，就是落在州政府，不能兩者皆是。亦即，亞當斯說，同一個社群不能有兩個立法機關並存，一定有一個是最高的，而這正是英國官員在一七六〇和七〇年代所採取的立場。而正因為大英帝國這個主權原則被打破了，亞當斯說，這就使得美國新政府必然「不是由獨立共和國組成的邦聯」，而是「君主式的共和國」。[30]

最能凸顯亞當斯與美國主流思想脫節之處，乃是他根本不了解聯邦黨人這些新憲法擁護者的主權觀。聯邦黨人是把主權置於人民手中，而不是置於全國政府或州政府手中。當聯邦黨人聲稱一切主權歸於人民之時，他們的意思並不只是像過去許多理論家所說的，所有政府權力皆來自於人民。他們的意思是，主權作為最高不可分割的立法權，永遠是屬於人民的，而政府只是人民暫時而有限的代理者。也就是說，人民只是短期借貸給政府官員，隨時可以收回借款。國家和聯邦政府的任何部門，即使是號稱代表人民的眾議院，都無法完全代表人民，而所有經選舉產生的政府官員，像是參議員、州長和總統也都只能部分代理人民。有些人甚至主張，法官也是人民的代理者。

在這種新思想看來，由君主、貴族和人民互相制衡的混合式或平衡式政府的舊理論，根本是廢話連篇，而這正是亞當斯所信奉的理論。儘管美國的中央政府和州政府都有君主式的行政首長和貴族式的參議院，但大多數美國人都不認為它們是代表社會各階層的古典混合式或平衡式政府。多數美國人（亞當斯除外）都開始把政府稱為非混合式的民主或代議式民主（representative democracy）。而由於選舉已變成代表的唯一標準，多數美國人（亞當斯除外）也進而認為，所有民選政府官員，包括參議員和行政首長，都是人民的代理者。進而言之，如果法官也是人民的代理者，那甚至法官也該用選舉產生。

但亞當斯沒有跟上這些新思想。他當初寫《美利堅政府諸憲法之辯護》一書，是為了反駁法國人對於在一七七六和八〇年間，美國革命時期各州新憲法的批評。和亞當斯一樣，許多法國自由派很關注政府結構中的階級安排，他們認為大多數美國州憲法都採兩院制，這對貴族階級太過禮遇，犧牲了人民這個第三階級。如果人民是社會中最重要的階級，那政府就應該只代表人民，也就是說，應該像賓州憲法採用一院制，只有一個眾議院，沒有參議院，也沒有類似君主的州長。

在法國激進思潮的挑戰下，亞當斯更加堅持混合式或平衡式政府的古典英式理念，但也不完全違背政府應該與社會階級有所對應的法式觀點。和多數英國人一樣，亞當斯認為恰當的政府形式不只要代表人民，還要代表社會各個階級。正因如此，所以在英國，「國會中的國王」（king-in-Parliament）才能享有最高主權。

然而，亞當斯的美國同志們已經拋棄英國和法國的階級觀，以嶄新而現代的觀點來看待政府和社會的關係，亞當斯對此從未完全理解。

當亞當斯在寫書時，確實有感到自己的觀點很冷僻，與美國政治思想的主流脫節。他在一七八七年告訴富蘭克林說，《美利堅政府諸憲法之辯護》一書，「乃是我政治信念的告白，如果這是異端邪說，那大家就別和我聯絡。但這就是我作為一個共和派的信念。」他在一七八七年又對詹姆斯．華倫（James Warren）說：「我不需要受歡迎，我也從來不是個受歡迎的人。而這本書會讓我不受歡迎。」[31]

然而，這本書並沒有立刻讓他不受歡迎。亞當斯對兩院制國會及獨立行政權參與立法的構想，正好符合聯邦黨人對一七八〇年代憲政問題的解決方案，這就掩蓋了他思想中的過時之處。他那三卷本巨著引起的回響也令人混淆。由於他的構想和費城制憲大會提出的新憲法正好雷同，《美利堅政府諸憲法之辯護》一書受到普遍歡迎，如同羅德島一家報紙在一七八七年所稱，這本書證明了，「人民在一院制的政府中是無法保有自由的」。第一卷出版的時機正佳，雖然它實際上辯護的對象是美國各州的平衡式憲法，卻造成這本書和聯邦新憲法相輔相成的印象。[32]

然而，只要稍微研究亞當斯的思想，就可以看出他和一七八七年美國激進思潮的發展有諸多衝突之處。有些人甚至認為，如同北卡羅萊納的威廉·大維（William Davie）所言，這本書「與其說是在為美國制度辯護，不如說是在讚美英國憲法。」當時還有評論家認為，亞當斯不是在解釋美國憲法的原理，而是「暗中意圖顛覆我們的憲法，或至少埋下不滿的種子。」還有人說，也許亞當斯的「視力弱到戴不了歐洲宮廷的眼鏡」。《美利堅政府諸憲法之辯護》一書很快「被嘲諷得一無是處」，被稱為「一個天才所寫過最深文周納的政治詐騙之作」。[33]

到處都有人嘲笑亞當斯所說的，「有些人和其他人天生就有差距」。亞當斯說，「在三大平衡力量中，出身良好或祖上顯赫之輩乃是必要的」，可是，「在美國，要上哪兒去找這些出身良好的人呢？如果有的話，他們是一出生就頭戴王冠，還是身上有什麼胎記，證明他們比窮人了不起嗎？」賓州的塞繆爾·布萊恩（Samuel Bryan）說，在每一個社會，尤其是在美國，「人與人在天賦、智慧和勤奮程度都有極大的差異」，各自的觀念和利益都不同，不可能計算出一個『相稱的砝碼』，讓亞當斯的三個階級在政府中『享有各自該有的權力』。」布萊恩又說，即使在英國這種有「世襲貴族和真正的階級利益差異」的地方，亞當斯的平衡方案也是行不通的。[34]

批評亞當斯最全面者，當屬約翰・史蒂文斯（John Stevens）這位紐澤西的「農夫」。史蒂文斯非常討厭亞當斯對貴族階級的執迷。他認為美國是特別平等的地方。「我們沒有階級、階層或貴族。這些人在這裡沒有任何立足之地。」唯有財富大量集中在少數人手中，才會滋生出貴族。但由於美國的共和式律法禁止任何人享有壟斷和特權，在商業上和社會上又有高度流動性，「就不用擔心財富會集中在少數地方或少數人手上，一定會分散出去。」當然，史蒂文斯承認，亞當斯並不認為美國當下就有階級存在。但史蒂文斯正確看出，亞當斯的基本主張是，要承認美國剛要萌芽的權貴階級。

亞當斯的意思很明白：雖然美國並沒有世襲貴族，但美國和歐洲一樣都有權貴，而唯一能控制他們的辦法，就是把他們集中在國會兩院中的一院。儘管史蒂文斯的政治理論造詣比不上亞當斯，但他更能抓住美國當時的思潮，從直覺就看出，亞當斯老派的混合式或平衡式政府理念（依照社會階層來安排政府結構），根本不適用於美國。「這種過分被吹捧的政治方案，」史蒂文斯說，「在美國諸政府中根本找不到任何痕跡。」如果亞當斯的主張是對的，史蒂文斯說，那麼美國的共和制偉大實驗就毫無特別之處，「我們至今所追求的不過是幻影」。史蒂文斯相信亞當斯是錯的。美利堅各共和國是與眾不同的，不是在仿效英國憲法。史蒂文斯強調，它們都是「民主的政府形式」。[35]

史蒂文斯說，儘管各州政府都有權力平衡的一面，也有上議院和獨立的行政首長，但它們都是民主政府。史蒂文斯並不反對亞當斯所主張的政府結構，他只是反對亞當斯為兩院制議會和獨立行政首長做辯護的理由。對史蒂文斯來說，設立上議院只是為了功能性的目的，而不是為了社會性的目的。參議院並不是用來限制或代表貴族階級的，而是為了減輕一院制會產生的問題。為了防止這些問題，史蒂文斯說：「才會加上另一院，讓兩院互相制衡。」而為了進一步防止立法部門反覆無常和篡奪權力，史蒂文斯說，又需要行政和司法來制衡。

史蒂文斯說，亞當斯比喻政府有兩個秤和一個秤杆，但這不適用於美國。他認為更適合用來比喻的機器是：政府這部機器是一台吊重機，而人民則是重錘，「是啟動各部分的力量來源」。對史蒂文斯來說，人民根本不算是政府的一部分。他不認為人民是組成政府的一個階級，和貴族階級互相平衡。作為主權者的人民根本就在政府之外，只是把權力分配和交付給不同的代理者而已。「政府各部分權力的分配，」史蒂文斯說，「絕不能讓任何人或任何一部分人擁有超過管理政府所需的權力。」史蒂文斯認為，權力平衡不是為了代表和約束某個社會階級，而是為了分割、沖淡和制衡人民所授權但又不可信任的政府。對史蒂文斯來說，政府各部門和社會各階級並沒有對應關係。各部門都是人民的代理者。所以，雖然亞當斯和史蒂文斯所講的政府結構是相同的，背後的理由卻天差地遠。[36]

但很多美國人搞不懂亞當斯到底在說什麼。他們不懂，為什麼雖然他提出的政治結構（兩院制國會和獨立行政首長）和美國各政府的結構相當一致，但他的理由卻和一七九〇年代的美國主流思想如此脫節。雖然亞當斯也承認人民才是一切權力的來源，他卻堅持古典的平衡式政府理念，認為人民只能參與政府的一個部分。人民實際上只是構成主權的一個階級（如同英國人民經由下議院參與英國主權），唯有像賓州那種一院制議會才算行使全部的主權。

約翰．亞當斯對他的堂哥塞繆爾．亞當斯說：「每當我以讚許的意味談到共和這個詞，我指的是由人民全體或經由代表來分享主權的一種政府。」塞繆爾和一七九〇年代許多美國人一樣，完全贊同兩院制，但塞繆爾堅信全部主權都屬於人民，「我從未聽聞任何美國政治人物敢否認這個政治原則。」約翰搞不懂他的堂哥為什麼會說，人民只是分享了政府的最高主權。「難道全部的主權，我的朋友，不是都屬於人民嗎？」塞繆爾問道。只要人民喜歡，他們有權修改甚至全盤廢除政府的形式。塞繆爾說，人民經由選舉眾議員、參議員和總統，不斷在行使主權。「他們把政府行使的權力授予給某些人，而這些人在一段短時間後又要把權力交還給人民，然後人民又按自己的意願再度選出他們，或選出別人。」[37]

約翰．亞當斯和美國人講的好像是不同的語言。為什麼他的同胞不能理解他呢？他嘆息道：「要如何能夠讓整個國家都了解政府運作的原理和規則，理解彼此講話的真意呢？」例如，羅傑．薛曼就完全聽不懂亞當斯在說些什麼。他不懂亞當斯為何把共和制定義為，「主權不只在一個人手上的政府」。若是照這個奇怪的定義，英國也和美國一樣是共和制，「雖然是君主共和制，但同樣是共和制，因為作為主權的立法權……是平均分配給一人（the one）、少數人（the few）和多數人（the many），也就是說，是分配給人類社會的天然劃分：君主、貴族和人民。」對薛曼來說，共和制和君主制正好相反，是一個沒有國王的共同體，唯有人民才有權力，立法權由人民選舉產生，可以是一院制或兩院制，再搭配一位行政首長。一個國家屬於共和制的最大特徵，薛曼說：「就是依賴公眾或全體人民，而沒有任何世襲的權力。」38

但對亞當斯來說，這種定義只是「對共和國、共同體或人民國家的特殊定義」，這種定義指的是民主制或代議民主制。亞當斯無法理解，在一七八七年的美國，行政首長和參議院並不像在英國那樣是代表社會階級，而是和眾議院一樣都代表人民。所以對許多美國人來說，一個完全屬於人民的政府並不一定要像亞當斯所認為那樣，必須「只有一個議會，由人民定期選出並授予主權。」亞當斯是用古典詞彙在思考，他認為只要是有州長或參議院的政府，就一定不是民主制的政府。由於麻州州長是「有限的君主」，那麼「麻州憲法就是有限的君主制」。所以，亞當斯說，新的聯邦憲法也像英國一樣，是「有限的君主制」或「君主共和制」。

在一七八七年，許多美國人已拋棄平衡式憲法的古典理論，亞當斯卻花了十年的時間要將其恢復，大談洛姆在當時力主的英國式混合君主制理念。「我們總統的任期，」亞當斯告訴薛曼說，「不是永久也不是終身，而是只有四年，但他任期內的權力卻大於瑞士、古羅馬、義大利城邦和荷蘭的首席執政官。甚至大於波蘭國王和斯巴達國王。」由於美國是君主共和國，總統就是由選舉產生的國王，是社會中「一人」的化身。「在君主共和國中，最高行政者必須是立法權的一部分，對所有法律有否決權。」如果君主無法介入立法權，他告訴薛曼說，「一人、少數人和多數人」的平衡就無法維繫。[39]

到了一七九〇年，這樣詮釋行政首長的否決權，已經跟美國人的主流思維完全脫節。美國的否決權制度和王權根本沒有關係。薛曼說，美國行政首長有限的否決權，「只是為了修正」法律，防止倉促立法而已。薛曼愈思考這個問題，就愈覺得亞當斯的想法和新政府毫不相干。例如，新政府兩院制的設計就和社會階級並不相干。「一般人民都可以進入國會兩院，都沒有財產限制，都由同樣條件的成員組成。」事實上，政府的每個部門都是人民的代理人，「都只有一個目的，就是促進公共福祉。」[40]

當多數美國人把國家和聯邦政府及政府各部門視為行使不同功能的人民代理人，亞當斯卻完全無視這種新思想，愈發埋頭進故紙堆中，堅持混合政體的古典理論。朋友們的保留和反對只會招來他激烈的反駁。亞當斯猛烈批評班傑明．洛希關於傳統美國共和主義的言論，其激烈程度嚇到了洛希。洛希認為，美國人民和其他民族不同，比較沒有黨派之爭，特別適合實行歷史上未曾真正實行過的共和制。亞當斯斥之為胡說八道。波士頓、紐約和費城的墮落奢華不下於倫敦。「你怎麼能說，」他質問洛希，「美國的黨派很少呢？……我們的黨派不是和所有共和國的黨派同一個德性嗎？漢考克家族與鮑登家族的歷史，不是和麥迪奇家族與阿比齊家族的歷史如出一轍嗎？」⑥讓洛希更驚訝的是，亞當斯居然讚美世襲制度，不只「展現了偉大國家在某個社會階段中的智慧和美德」，甚至還是「後世子孫的希望」，美國人最終將靠世襲制度，「來躲避即將到來的失序、叛亂和內戰」。就連頭銜和稱號對美國也是必要和有益的。在一七八九年，亞當斯甚至提議要給總統加上君主式的稱號，這讓他飽受批評。

他和同胞的隔閡愈來愈大，這使他沮喪意外，但也使他更堅定宣揚自己的異端主張。他自視為普羅米修斯式的人物，因為知識而被冷落懲罰，而他的美國同胞還在「叫賣著他們不懂的共和主義」。41

「我一直活在敵人的國家」

晚年的亞當斯也不得安寧。當他七十九歲時，亞當斯還要面臨對他《美利堅政府諸憲法之辯護》最尖銳和最猛烈的攻擊。卡羅萊納州的約翰・泰勒（John Taylor）是傑佛遜式民主的知識分子代言人，對於亞當斯和美國革命主流思想的差異，他比誰都看得更清楚。在其《美國政府的原理與政策之探討》（*An Inquiry into the Pinciples and Policy of the Government of the United States*, 1814）一書中，泰勒指責亞當斯完全誤解了美國政府的特點。泰勒宣稱，美國革命終於把人類的心靈從對政治的「數字分析」，也就是把政府按照一人、少數人和多數人分類為君主制、貴族制和民主制，這種從古代就妨礙政治思想進步的束縛中解放出來。在革命剛開始時，美國人只是想改進英國的混合式憲法，但「隨著眼界擴大和需要，就發現了新的原則」，發現了看待政治的新觀點。泰勒宣稱，美國人在二十年間理解政治科學的速度，要比全世界在過去兩千年中還要快。[42]

然而亞當斯以乎無視這種政治思想上的突破。他的「所有語言」，對美國人都是「陌生的」。他似乎不了解美國各州的新基礎何在，他是用英國人的方式思考，認為美國社會也是由天生的階級組成的。他把人「分為一人、少數人和多數人」，把美國的政治制度套進三種階級劃分的模式，「把任期短暫、由選舉產生、對人民負責的州長當成君

⑥ 漢考克家族與波登家族是麻州兩大世家，都先後出過麻州總督，兩大家族的鬥爭類似佛羅倫斯的麥迪奇（Medici）家族與阿比齊（Albizi）家族。

主；把參議院當成貴族階級；把眾議院當成在執行政府的功能。」但美國政府和這種古老的政治分類方式根本無關。泰勒說，美國人並不認為社會是由各階級組成，而是「由個人組成」。社會獨立於政府之外。社會把主權的各部分分配到「許多人之手」，但不是全部的主權。

而跟美國不同，在英國，人民是把所有主權都交給了立法機關。在亞當斯喜好的英國混合式憲法中，「國家和政府是合而為一的……而在我們的憲法中，國家和政府是分開的。」階級政府自認為擁有主權，「因為組成政府的階級自以為也組成了社會」。在英國，亞當斯所贊成的那種理論，「把主權由人民手中奪走，給了政府。」在下次選舉到來之前，英國人民在政治上是不存在的。美國各州政府則不同。它們從來不是社會的完整體現。泰勒說，「我們所有政府都是有限的代理人」，只是代理人民，而選舉政府的過程並不會奪走人民的主權。泰勒的政治理論後來導致了複決、創制和罷免民選官員等制度，這也是美國民主的特點。[43]

在泰勒看來，亞當斯錯得無以復加，他整個想法都是落伍的。泰勒的結論是，因為亞當斯從來不了解美國政治的獨特之處，「極端錯誤地」把「我們的權力分立……混淆為他的階級平衡」，所以他的巨著完全不是在為美國諸憲法辯護，而是「拙劣的扭曲」。[44]

老人家能夠怎麼回答呢？亞當斯對他的政治主張已擁抱得太久、太緊，不管怎樣有力的批評，都無法讓他動搖。對亞當斯來說，「古典的分析」，依然是「永恆、不變的真理」。他寫了超過三十封信來回覆泰勒。但年歲已降低他的火氣。他告訴泰勒說，這些信，「只是為了讓你我自娛」。他還是重申他對社會必然不平等的深刻信念，似乎既沒讀過也沒理解過泰勒的著作。他和國人同胞的鴻溝愈來愈大，覺得深受誤解和指控，而且向來如此。「自一七六一年起，距今超過五十年了，」他在一八一二年對班傑明．洛希嘆道，「我一直活在敵人的國家。」[45]長久以來，他想坦白告訴美國同胞的真相是，美國的價值觀和美國的神話是無法長存的。

第七章　潘恩，美國第一位公共知識分子

他不是政治領袖，完全是一個對抗主流政治文化的作家。一八〇二年，潘恩說他「在文學世界已名聲鞏固」。我們今日對他最貼切的描述就是「公共知識分子」，是一個畢生以寫作來批判社會的人。

一八〇五年的亞當斯還是喜歡評人論事。他不斷回顧他所經歷的狂暴年代，不知道該怎麼給一個稱呼。也許，他說，可稱其為「愚蠢、邪惡、狂亂、殘酷、群魔亂舞、波拿巴式的時代……或是無盡燃燒的時代。」他說，「怎麼稱呼都行」，就是不能稱其為「理性的時代」。

不能稱其為理性的時代，因為那是被湯瑪斯・潘恩主導的時代。亞當斯說，他不知道「在過去三十年中，有誰比湯瑪斯・潘恩對人民或事件有更大的影響力。」但他的影響絕不是件好事。亞當斯又說：「他是那個年代最壞的薩提爾①，是由野豬和母狼交配所生，處於豬與狗之間的混種，他從來不顧世人的怯懦而任性胡為。故可稱其為潘恩的時代。」[1]

縱然亞當斯極盡挖苦之能事，但潘恩也許會喜歡這個稱號，因為不自負就不叫潘恩。那個時代怎不該以他為名呢？誰能比他更有資格？「儘管早年命運多舛，」潘恩曾寫道，「但我很驕傲地說，我以披荊斬棘的精神和令人敬重的無私，不僅幫忙在世上建立了一個新帝國，創建了新政府制度，我的政治文章更是後人難及，任何王公貴族都無法企及媲美。」[2]潘恩自認是美國開國元勳之一，可與富蘭克林、亞當斯或傑佛遜比肩。

誰能說他講得不對？傑佛遜不也曾在一八〇一年說過，潘恩對促進自由和美國革命的貢獻，「不輸給任何在世者」。[3]但許多美國人並不把潘恩看成開國元勳的一員。我們可以接受「傑佛遜的時代」，但即便有亞當斯那番古怪的評論，美國人還是很難把美國革命時代稱為「潘恩的時代」。多數美國人甚至不認為潘恩是美國革命的主要角色，更別說能代表那一整個時代。確實，我們的歷史有好長時間都把他忽略。我們任由他在一八〇九年孤苦伶仃地死去，又任由威廉·科伯特在十年後把他的遺骸帶回英國。②就連那些革命領袖都刻意忽視他。雖然他們都認識他，卻沒有人在他去世時給予公開弔念。大部分認識他的人都羞於承認，只想把他忘記。他的文章被四散毀棄，對他的記憶也日漸模糊。

至今為止，美國人也不曾認真想要出一套潘恩作品全集，而其他革命領袖的作品集早已卷帙浩繁。美國人早期寫的潘恩傳記都把他描寫成自大、頭腦不清的無神論者。儘管在十九世紀，有寥寥數人否認潘恩是這種形象，但直到康威（Moncure D. Conway）的兩卷本《湯瑪斯·潘恩的生平》（*The Life of Thomas Paine*, 1892）在十九世紀末出版後，才終於有一本權威著作對他表示肯定。此後，潘恩在美國革命殿堂的地位與日俱

① 古希臘神話中半人半羊的神。

② 一八〇九年六月八日，潘恩去世。由於忌憚他的宗教觀點，只有六個人出席了他的葬禮。他被葬於今天的新羅謝爾（New Rochelle），也就是後來的潘恩小舍。他的遺體被一位名叫威廉·科伯特（William Cobbett）的仰慕者掘出，帶回英國故里榮譽下葬，最後不知所終。

增。但直到一九七〇年代，才有歷史學家和文學家再度試圖為他作傳。

縱然經過過去幾十年的研究，潘恩這個人物還是難被定論。潘恩自視為「獨立新世界的締造者之一」，但多數美國人並不這麼認為。大家都覺得他和其他革命家不一樣，不像富蘭克林、華盛頓、亞當斯或傑佛遜。我們無法把他當成美國開國元勳。但考慮到他影響力之大，這種輕視著實令人驚訝。研究潘恩最翔實的英國傳記作家約翰・基恩（John Keane），在《湯姆・潘恩：政治生涯》（*Tom Paine: A Political Life*）一書中，稱潘恩為「那個世代最偉大的公眾人物」。基恩寫道：「潘恩在全世界激起的聲浪和注意，尤甚於當時知名的歐洲人士：亞當・史密斯、盧梭、伏爾泰、康德、斯戴爾夫人（Madame de Staël）、埃德蒙・伯克和皮特羅・維里（Pietro Verri）。」潘恩的名著，《常識》（*Common Sense*）、《論人權》（*The Rights of Human*）和《理性的時代》（*The Age of Reason*），「是十八世紀最多人閱讀的政治著作前三名」。他關於平民百姓如何能體面幸福地活在世上的願景，依舊「生動且具普遍重要性……且絕對比馬克思更加重要，儘管馬克思已被公認為十九和二十世紀，那種要讓世間悲苦之人重獲尊嚴和力量的政治計畫的同義詞。」事實上，基恩說：「潘恩對專制與不公不義的大膽否定，不只和他在十九世紀的繼承者同樣影響深遠，而他對現實的主張……實際上比馬克思還要激進，因為他既有令人驚嘆的遠見，也有對平民大眾的謙遜尊重，以及對人世複雜性的冷靜體察。」[4]

潘恩的早年

潘恩和其他開國元勳一樣出身寒微。他於一七三七年出生在英格蘭的泰德福特（Thetford），比華盛頓小五歲，比傑佛遜大六歲。他的父親是貴格派，母親是英國國教派，所以他的宗教立場比較模糊。儘管有些傳記作者相信，潘恩終生都自認是貴格派，但他也許既不想當貴格派也不想當英國國教派，而是同時借用兩者的道德信條。他在地方文法學校受了六年教育（但沒有學拉丁文），在十二或十三歲時跟著父親做製造女用緊身衣的生意。由於父親的生意走下坡，潘恩搬到倫敦去住了一段時間。一七五七年，他到海上跑了六個月的私掠船，後來又到多佛（Dover）和山德維奇（Sandwich）繼續製造女用緊身衣，然後結婚。一年後，也就是一七六〇年，他的妻子難產而死。一七六一年，這位年輕的鰥夫又回到泰德福特。數年後，他得到一份收稅員的工作，這在英國是最被人討厭的職業。他一年後被解聘，原因可能是行為不檢。他被迫去教書，甚至當過牧師，然後在一七六八年又在薩塞克斯的路易斯鎮（Lewes）當收稅員。他於一七七一年再婚，但這段婚姻並不圓滿，夫妻很快就分手了。事實上，自從他第一任妻子過世後，潘恩就再也難和女人相處，且終生如此。

在路易斯鎮，潘恩開始對政治和地方事務發生興趣，參加了類似富蘭克林年輕時在費城參加的那種討論俱樂部。一七七二年，他到倫敦參加為收稅員加薪的請願活動，遇到了牛頓學說的科普作家並正在努力保全大英帝國的富蘭克林。潘恩為收稅員請願的活動沒有成功，他在一七七四年再度被解聘，被迫宣布破產。三十七歲的他沒有任何成就，未來一切黑暗。

但富蘭克林一定是看出潘恩有某些天分。他在一七七四年九月寫信給他的女婿理查·巴赫（Richard Bache），請巴赫介紹這位兩度被解聘的收稅員到美洲，「當雇員、助理教師或助理勘測員」，富蘭克林認為他「非常適合」這些工作。[5]

潘恩在一七七四年十一月抵達新世界，隨即就開始為報章撰文，在英帝國危機中支持美洲。他人生前三十年寒微地在英國社會底層打滾的經驗，似乎讓他特別能用美洲人的角度來思考。他抵達美洲後的十四個月中，大部分時間都在幫忙編輯費城的雜誌，然後在一七七六年一月，他就突然以《常識》這本小冊子震撼世界。他的人生和世界也徹底改變。

因《常識》暴得大名

《常識》是美國革命最激進也最重要的一本小冊子，也是歷來用英語寫成的最佳作品。它再版了十幾次，賣出至少十五萬本，而當時大多數小冊子只能賣出幾百本或幾千本。雖然這本小冊子在一七七六年一月出版時，並沒有「造成」美國人去思考宣布獨立，但比起當時許多討論美洲是否要與英國王室切割的著作，都要大膽和精采。潘恩直斥國王是「皇家屠夫」，呼籲美洲要立刻獨立。「看在上帝的分上，讓我們終於分手吧……」他懇求道，「新世界的誕生就在今朝。」[6]

毫無疑問，就如他的朋友班傑明．洛希所言，「它對美洲人心靈的影響既突然又廣大」。[7]幾乎所有人都認為這是天才之作，潘恩也立刻成為美洲的名人。而這是他人生的最高點，此後他的名聲在美洲就只有走下坡。富蘭克林的女兒莎拉．富蘭克林．巴赫後來說，如果潘恩「在剛寫完《常識》就死去的話，那是最明智的，因為他再也無法帶著如此巨大的聲望離開人世。」[8]

在英格蘭混跡激進派圈圈時，潘恩從各種小冊子和演說中學習到英語世界最自由派的激進思想。雖然他不是具有原創性的思想家，但他有一種特殊能力，能把別人的思想化為通俗易懂的文字。在《常識》一書中，潘恩也許沒有什麼原創的觀點，但他以流暢的文體總結了十八世紀後半葉的英美啟蒙思想。和同為激進派的傑佛遜一樣，潘恩樂觀地相信，每個人都有天生的道德或社會情感，能夠關懷他人。他和傑佛遜都認為，人類天生的社會性可以取代政府的權威。潘恩等樂觀的共和派相信，如果人類天生就想去愛和關懷他人的道德傾向，能夠不被政府（尤其是君主制政府）阻礙，自由展現，社會就能自己存在和繁榮。

不同於二十一世紀的自由派，潘恩等十八世紀的自由派思想家都認為，社會是善的，而政府是惡的。社會頭銜、社會地位、公職特權、商業合約、法律特權和壟斷、過多的財產與各類型的財富，也就是各種社會不平等和剝削，都是因為有了政府才產生的，而說到底又是有了君主制政府才產生的。潘恩在《常識》一開頭就精采總結了這種自由派思想。「社會是由我們的需求而產生，而政府是由我們的惡行而產生。」社會是「結合我們的欲望來積極促進幸福」，而政府則是「遏制我們的邪惡來消極促進幸福」。社會「鼓勵來往」，政府則「製造隔閡」。傑佛遜那種最小政府就是最好政府的自由派觀點，正是基於這種對社會自然和諧的樂觀信仰。9

然而潘恩等自由派還有更激進的地方。在潘恩等革命分子所設想的美麗新世界中，就連戰爭也可以被消滅。美洲的啟蒙自由派不僅在國內政治中追求共和以終結專制，也想在國際政治中追求共和以促進國家間的和平。潘恩也有同樣的啟蒙國際觀。

我們已經說過，在整個十八世紀，自由派知識分子都在追求一個沒有腐敗的王室外交、祕密結盟、王朝對抗和權力平衡的共和新世界。既然君主制國家的窮兵黷武、龐大的官僚組織與常備軍都和發動戰爭有關，那麼只要消滅君主制國家，就可以消滅戰爭。潘恩說：「戰爭由於其獲利豐厚，並容易以其為藉口來徵稅和分官封爵，就成為舊政府制度的主要支柱；而要消滅戰爭，不論其對國家有多大的好處，就要把政府這個最有利可圖的部分給拿掉。」君主制國家之所以愛好戰爭，只是為了「維持這個制度的精神」。而共和制國家不會發動戰爭，是因為「其政府的性質不容許有獨立於國家的利益存在」。[10]由共和制國家組成的世界將只有愛好和平的外交，以自然和諧的國際貿易為基礎。如果各國人民都能自由交換商品，不被自私好戰的君主、不理性的王朝對抗和陰險的祕密外交所干擾，那麼國際政治就可望走向共和與和平。

「我們要的是貿易，」潘恩在《常識》一書中對美洲人說，「如果好好做貿易，就會得到全歐洲的和平和友誼，因為全歐洲都希望美洲能當個自由貿易港。」[11]美洲不需要和任何歐洲國家建立政治關係。傳統的軍事同盟是君主制國家的產物，只會導致戰爭。「美洲真正的利益，」潘恩說，「乃是不介入歐洲的爭端。只要人民有貿易往來，就足以讓各國共處。」[12]潘恩、傑佛遜與麥迪遜等啟蒙自由派都認為，各國人民的貿易往來有相當於國內貿易的功能。

以《常識》名聲鵲起後，潘恩結識了華盛頓、傑佛遜和富蘭克林等所有美洲政治領袖，並持續為美國寫作發聲。其中最重要的作品是對英戰爭時期的《美洲的危機》（*American Crisis*）系列，最有名的一篇是他在一七七六年十二月十九日的開篇之作，其經典名句是：「這是考驗人的靈魂的時代。在當前的危機中，精壯的戰士和樂天的愛國者會在為國家服務的責任面前畏縮不前，但今天能堅持戰鬥的人應當得到全體男女的愛戴和感激。」[13]在一七七六年聖誕節，就在第一次特倫頓（Trenton）大捷前夕，華盛頓對部隊朗誦了這篇文章。

在革命戰爭時期，法國哲學家雷納爾神父（Abbe Raynal）批評法國王室在美國沒有正當理由反叛英帝國的情況下，就和一個共和國結盟。潘恩對此強力回擊。在《關於北美事務致雷納爾神父的一封信》（*A Letter to the Abbe Raynal on the Affairs of North America*, 1782）中，潘恩駁斥美國革命不過是殖民地反叛事件的說法，而認為這是世界史的頭等大事，是世界公民和世界和平的先聲。當然也有其他美國人認為這場革命具有宏大意義，但無人能有潘恩的文筆。

沒有家也沒有國的人

如果這些作品尚不足以讓潘恩名列美國開國元勳，那他還有一本精采的《論人權》，這是西方政治思想史最重要的著作之一。雖然這本書寫於潘恩在一七八七年離開美國之後，其宗旨在反駁伯克的《對法國大革命的反思》（*The Reflection on the Revolution in France*, 1790）一書，但本書是他在美洲期間所學到的憲政主義和政治理論集大成之作。事實上，《論人權》是論述美國革命政治思想最重要和最提綱挈領之作。

潘恩闡釋了「美國人」對歐洲局勢的看法。在《論人權》一書中，他清楚闡明美國革命對政治和社會的設想：世襲君主制和貴族制已然結束；人民是公民而不是臣民，生而權利平等；人民創造成文憲法來界定和限制政府；政府不能修改成文憲法，只能由身為主權者的人民來修改；統治者自身沒有任何權力，只是人民的代理人，並且被人民用選舉來持續監督和重新任命；因為人類天生具有社會性，所以社會是獨立自主的；人民有獨立追求自己幸福的自由。事實上，假如傑佛遜也曾系統性地寫出他的政治信念，他寫的東西會跟《論人權》很像。

但即便有如此知識上的貢獻，潘恩卻明顯缺乏能進入美國開國元勳聖殿的特質。這也許是因為他沒有像一些開國元勳當上總統。不過，富蘭克林和漢彌爾頓也沒有，但他們作為開國元勳的地位都無可爭議。美國人忽視潘恩，不把他當成開國元勳，似乎是出於別的理由。

他之所以被忽略，也可能是因為他才剛移民美洲不久。潘恩三十七歲之前都在英國，一七七四年末才到美洲。但剛移民美洲不久的重要革命領袖也不乏其人。詹姆斯．威爾遜是在一七六五年危機開始時，才從蘇格蘭搬來美洲，漢彌爾頓是在一七七二年才從西印度群島來到紐約。正如潘恩在一七七八年所言，「在一個所有人都曾是探險家的國家，誰晚來幾年」，並不會讓誰比較不屬於美洲。[14]

潘恩的特殊案例也許是因為他並非生來就是紳士。但大部分開國元勳也不是生來就是紳士。他們通常是在哈佛、普林斯頓這些學校受了博雅教育，才能在十八世紀爬到高位。在革命領袖當中，富蘭克林的出身和潘恩最相似。兩人都出身寒微，都當過工匠學徒，都只受了幾年教育，沒有上過大學。但富蘭克林的發展途徑和潘恩非常不同。我們已經提過，富蘭克林發了大財，早在革命很久之前就已躋身紳士。富蘭克林那部偉大的自傳，讓我們誤以為他就是「可憐理查」那位辛苦工作的印刷工。但實際上，他在一七四八年以四十二歲之齡隆重退休後，就再沒有工作過。他完全成為有錢有閒的紳士，把時間精力都花在科學、慈善事業和公職。雖然他沒能進入英國政府高層，但他在英國和法國的最高層貴族圈中悠然自得，甚至和國王共進晚餐。在美國革命之前，富蘭克林玩的就是英美社會中的朝臣那一套，拉攏對的人來建立自己的事業。倫敦和費城有許多人看不起他那暴發戶的身分，所以他鮮少透露自己的出身。他是典型十八世紀的人物，戴著那時代該戴的面具。所以他總是對外表現得像個紳士。

在這方面，潘恩跟所有開國元勳都不同。潘恩既直接又草根。他從不遮掩他那激情四射的黑眼珠。他的外表隨意邋遢，頂著大大的酒糟紅鼻。他的衣著單調粗俗，假髮蓬鬆凌亂。有人在一七九二年觀察他說：「他像個週一到週三都在喝酒，只有週四才會去工作的裁縫師。」[15]潘恩永遠脫不去女用緊身衣工匠的微賤出身，和在英國底層社會貧寒度日的氣質。難怪很多人說他「見其面不如讀其書」。[16]潘恩從未像富蘭克林那樣躋身為紳士。他確實打進了貴族和紳士的圈子，尤其是在一七七六年名聲大噪之後。他的書讓他打入自由派紳士的社會，得以結識華盛頓、傑佛遜和拉法葉這些名流。但不管如何應酬來往，他從未完全被接受是一個紳士。

潘恩某些特質讓美洲的紳士很討厭，尤其是像費城的威廉·史密斯和紐約的古弗尼爾·莫里斯這些貴族式的人物。這些紳士對潘恩有很多酸言酸語，其中最普遍也最輕蔑的話，就是說他缺少關係。史密斯在一七七六年說，潘恩「既沒品格也缺乏關係」。莫里斯則在一七七九年說，潘恩「只是來自英格蘭的冒險者，沒有錢，沒有家世，沒有關係，連祖母是誰都不知道。」[17]

潘恩的畫像。（圖片來源：公共領域）

對今天的人來說，「沒有關係」根本算不上是汙辱，但對十八世紀那種由上下關係和恩庇主義主導的社會來說，卻是意義重大。潘恩在階層社會中是個無根的人，沒有背景，不是任何人的誰，沒有家庭，甚至沒有國家。面對這種嘲諷，潘恩一開始的反應是防衛性的。當他在一七七六年與威廉·史密斯在報紙上辯論時，他不得不去反駁他只是被沖上美洲的沙礫。重視關係的文化迫使他要去強調，當他在一七七四年從英格蘭來到美洲時，手上是拿著富蘭克林的介紹信來的。

在《常識》一書取得巨大成功後，潘恩在美洲已不再需要介紹信。他聲名大噪，無人不曉。但他還是需要各式各樣的協助。一七七七年，朋友們幫他弄到大陸議會外交委員會祕書的職務。這個職務讓他陷入一連串政治爭端，最後搞到他在一七七九年辭職。他逐漸和所有人反目，不斷抱怨他的貧困，抱怨美國人忽視他。雖然朋友們幫他在新羅謝爾弄到一塊三百英畝的農場，還有三千元的國會津貼，他還是抱怨貧困和不受重視。他覺得不被需要，沒有歸屬。然後他開始正面迎戰人家批評他「沒有關係」。一七七八年初，在《美洲的危機》的第七篇中，他宣稱他寫文章不是為了個人利益，甚至也不是為了美洲。「我的原則放諸四海皆準。我是為了全世界，不是為了哪個地方，而如果我說的是對的，不論對誰或對哪裡都是對的。」[18]

他開始宣揚他沒有關係的事實。他說，正是因為自己身無恆產，沒有房子，沒投過票，所以才能「不分黨派地看待事情，沒有利益，跟任何人都沒有關係，也沒有喜歡或討厭任何人，只為所有人服務。」他說自己是「世界公民」，「從來沒有也不會有私人的事務」。[19]他沒有自己的私利要追求。「如果說我和其他人有什麼不同，」他在一七八二年提到，「那就是沒有個人利害，熱心公益甚於為自己謀利。」[20]

當然，每一個十八世紀自由派都愛把這些話掛在嘴上。所有美國開國元勳都常自稱是無私的世界公民，每一個受啟蒙的紳士都應該無私地參與超越國界的「有識之士共和國」。然而潘恩特別強調這個傳統概念。其他革命領袖雖然都自認是世界公民，依然以美國為優先。但潘恩卻非如此。他在一七七九年挖苦地寫道，也許美國人並不知道，「我之所以不得不支持（美國），不是為了這個地方，也不是為了這裡的人，而是因為道理本身。如果其他國家也發生和這裡同樣的情況，我也一樣會這麼做。」他認為自己不過是個「難民，而且是一個來自曾經友好過的國家的特殊難民。」他變成一個沒有家也沒有國的人，一個真正的世界公民。[21]

為平民寫作的公共知識分子

所以他遲早要回到舊世界去。一七八七年，他回到歐洲推銷他設計的鐵橋。③他先

③ 就像啟蒙時代的其他優秀人物一樣，潘恩也有科學實驗的嗜好。因為他們都認為若要拯救人類擺脫愚昧，民主和科學缺一不可。潘恩曾發明、設計過一連串東西，從刨床、輕型起重機到車廂輪子、無煙蠟燭都有。潘恩也

到了法國，然後在英法之間來回穿梭。一七八九年法國大革命爆發，他自視是這場革命在知識上的催生者。「這兩場革命有共同的目的。」他在一七八九年十月興奮地寫信給華盛頓說。[22]當巴黎的情勢激化時，他離開英國到法國直接參與革命。他很樂觀，根本不知道自己參與了什麼。「關於法國革命，」他在一七九〇年寫信給班傑明．洛希，「請放心一切都沒問題。會出現些許風波，但這是摧毀和建設所必要的，而且遠比預期中輕微。」[23]和傑佛遜一樣，潘恩認為法國革命是舊世界崩解的開端，也是「歐洲其他革命的先聲」。[24]

他回到倫敦挑戰埃德蒙．伯克，寫出《論人權》的第一部分。他說此書的「思想和表現風格與英格蘭傳統完全不同」。[25]一七九二年八月，法國國民議會授予潘恩榮譽公民身分。一個月後，他當選國民大會議員，廢除法國王室成立共和國。他被任命為憲法委員會的九名代表之一，為法國設計新憲法。潘恩支持以叛國罪審判路易十六，但反對處決這位被罷黜的國王，惹怒了馬拉（Jean-Paul Marat）。當年底，他被逐出國民大會並被捕。他在一七九四年被關了十個月，在獄中繼續撰寫《理性的時代》。儘管在法國有這些痛苦的經驗，他也一直學不好法語，但他還是不願離開法國到美國去，儘管他在獄中已申請到了美國國籍。對他來說，美國不是他的家，只是一個符號。從一八〇二年回到美國，到一八〇七年過世這段時間，他一直很不快樂。

這就很清楚，為什麼潘恩的地位不同於其他開國元勳了。他不是政治領袖，完全是一個對抗主流政治文化的作家。一八〇二年，潘恩說他「在文學世界已名聲鞏固」。[26]我們今日對他最貼切的描述就是「公共知識分子」，是一個畢生以寫作來批判社會的人。

他不是為錢而寫作，如同一些受雇的文人那樣。雖然他有時也為了稿費寫作，但他可不是十八世紀格魯伯街那些被英國官員雇來做政治宣傳的文人。④但作為一名「公共知識分子」，他也不是追求傳統純文學的文人。潘恩不是小說家布朗（Charles Brockden Brown），也不是詩人特朗布爾心嚮往之的文學家。他是現代知識分子，是美國第一個現代知識分子，一個無根的社會批評家。他在一七七九年說，他知道「只有一種生活適合我，就是思考和寫作的生活。」[27]

這就是潘恩與其他革命名人根本不同之處。雖然傑佛遜、麥迪遜和亞當斯也會寫文章，但他們和潘恩這種現代批判型知識分子不同。他們是植根於社會的紳士，寫的東西和潘恩大異其趣。他們不是社會批評家，寫作乃是業餘活動，只是他們作為律師、農莊

發憤製作鐵橋，以取代不能經受冰凌衝擊的木橋，解決凌汛期間民間的舟楫之困。在美國革命和法國革命之間的短暫間隙裡，他設計了一座鐵橋模型，先在富蘭克林家的花園展出，後拿到巴黎、倫敦展覽。

④ 格魯伯街（Grub Street），又稱「寒士街」，是一條存在於十八世紀的倫敦街道，以其聚集了大量窮困的「寒士」、野心勃勃的詩人，以及低級出版商和銷售商而出名。

主人或政治領袖的副產品，只是他們身為紳士的諸般義務或事業之一。他們既是業餘作家，也是業餘政治家。儘管這些革命領袖為政治投注了偌大時間精力，但他們多數都不算是專業政治人物，不符合現代對專業政治人物的定義。他們的政治生涯，以及他們對擔任公職的觀念，與今日完全不同。他們是有了紳士的社會地位才去搞政治和寫作。潘恩的社會地位和他們完全不同。

他們寫作的對象不同，寫作的語氣和風格也不同。大多數革命領袖，像亞當斯、傑佛遜、約翰．迪金森等人，他們說話和寫作的對象都是像他們自己這種理性、開明、受過教育的一小群人。他們的演說和文章都是在說理或解釋。他們的文章很重修辭學，而且旁徵博引，充滿拉丁詞彙、典故，並大量引用西塞羅、撒路斯提烏斯（Sallust）、普魯塔克、孟德斯鳩、普芬道夫（Pufendorf）和盧梭等西方文化重要人物的著作。這些革命家喜歡掉書袋展現博學，他們的小冊子滿是大量的附注。[28]

潘恩的作品就非常不同。其令人驚豔之處，正在於他刻意拒絕傳統的說理形式，來觸及更多群眾和表達感情（不管是表達憤怒還是表達希望），而這是傳統寫作形式做不到的。潘恩希望讀者愈多愈好，尤其是在城市的酒館和工匠之中，所以他只要讀者能夠閱讀聖經和公禱書就夠了。他看不起那些「聽來好聽」的「陳腔濫調」，改用平民世界最簡單直接的意象（有些批評者認為是粗俗低級的意象），讓沒受過教育的人也看得懂。他在《常識》中寫道，大自然顯然不贊成君主制，「否則的話，大自然不會時常嘲弄國王，向人們揭露驢子披著獅皮的真相。」[29]他要為一般人寫作。「我刻意要讓不太識字的人都能看懂，」他說，「我要避免文學詞藻，讓語言就跟字母一樣直白。」[30]他刻意要打破精美的修辭形式，用簡單平民的風格擄獲人心。

潘恩最讓當局害怕的，不是他說了什麼，而是他說話的方式和對象。英國檢察總長在一七九〇年代曾警告潘恩，他的作品只能以昂貴的精裝版發表，「把讀者群限制於頭腦冷靜的人」。如果「以便宜的版本在群眾中散播」，這位皇家執法者說，「那我就有義務要起訴你。」[31]潘恩當然不加理會，於是在一七九二年，他因為《論人權》一書被英國政府以煽動罪起訴。在《論人權》中，他以前無古人的方式與人民談論政府和宗教議題。他認為他的使命，是讓一般人都能讀到他對政治和宗教的批判。但更重要的是，他表達出無人能及的憤怒，沒有一個美國開國元勳能做得到。潘恩說出了當時許多平民百姓深刻的怨憤，不論是工匠、小店主、攤販或小生意人，他們已經受夠了君主貴族社會對他們的貶抑和輕蔑。美國革命的紳士領袖都是在哈佛或普林斯頓受過博雅教育的人，他們無法代表平民百姓的不滿，只有潘恩可以。他代表一種更深刻的激進共和主義傳統，比多數開國元勳那種平和理性的古典共和主義更加激烈，更具有現代性。有些革命領袖對潘恩挑起平民百姓的怒火感到不安，但由於他們也自認是在為人民發聲，遂無從反對他激烈的言論。要等到一七九〇年代，馬修．萊昂（Matthew Lyon）和威廉．曼寧（William Manning）等工匠和小農開始發出對有閒貴族階層的憤怒後，許多開國元勳才恍然大悟，美國革命和潘恩的言論到底釋放出了什麼東西：這其實是革命領袖在一七七六年所料想不到，一場平民百姓的民主革命。

無神論者的標籤

對潘恩不幸的是，他終生為其喉舌的平民百姓，在民主革命與反對貴族的同時，也有基督教福音派的強烈宗教信仰，而這是他從不認同的。潘恩的宗教觀相當激進。在《理性的時代》一書中，他強烈批評基督教、聖經和正統派教義，其言論讓多數老百姓無法諒解。「在人類發明的所有宗教體系中，」他結論說，「沒有比基督教的全能上帝更墮落、更沒益處、更違反理性、更自相矛盾。」[32]雖然這種言論讓老羅斯福總統痛罵他是「低級的小無神論者」，但潘恩其實並不是無神論者。他在《理性的時代》所陳述的是一種自然神論，相信上帝創造世界並使世界和諧。但在法國大革命草木皆兵的時期，多數美國人只看到他在褻瀆神明，他再也洗不掉「無神論者」的標籤。

當然，我們很難說潘恩的理性宗教或自然神論，與富蘭克林或傑佛遜的宗教觀有什麼不同。事實上，在當時自由派紳士階層中，潘恩這種宗教觀是很普遍的。但傑佛遜等菁英會小心謹慎，只在共進晚餐時討論自然神論，潘恩卻是在大街上公開宣揚，這就有了天差地別。從一七九四到九六年，《理性的時代》在美國再版了十七次。很多人都怕潘恩的激進宗教觀會動搖整個社會的道德秩序。

潘恩在一八〇二年再回到美國，在各地報紙上被攻擊是「說謊成性、頭腦不清、野蠻的異教徒」。他過去的朋友和崇拜者，例如塞繆爾．亞當斯，也感嘆潘恩企圖「把人民大眾去基督教化」。[33]潘恩辯駁他並不是無神論者，但沒有用。他愈辯駁，事情愈糟。他靠筆為生，他也死在筆下。潘恩成為十八世紀末日益強大的媒體的最知名受害者。他向來和他的時代不合，死後也是如此。

第八章　艾隆·伯爾背叛了什麼啟蒙價值？

伯爾威脅到整個革命的追求和偉大的共和制實驗，也就是把無私的政治從菁英圈擴展到全美國的理念。正因為這樣的威脅，漢彌爾頓和傑佛遜才非把伯爾扳倒不可。對這兩人來說，伯爾對其階級的背叛遠甚於他對國家的背叛。這才是艾隆·伯爾真正的背叛。

艾隆．伯爾通常不被列為美國開國元勳之一。但他是很重要的革命人物，還當過美國第三任副總統（當時的副總統是個重要職務）。然而他總是和其他開國元勳站在對立面。正是因為他不同於華盛頓、富蘭克林、傑佛遜、漢彌爾頓、麥迪遜，才讓他的案例顯得格外有趣。從伯爾特殊的一生，我們可以更加理解幾位主要開國元勳的人格。他的行為挑戰到他們的基本思想，違反了共和主義實驗的根本價值。伯爾的行為已危害到革命的意義，所以這些主要開國元勳才不能讓他繼續走下去。

伯爾在一八〇七年以叛國罪被起訴。他最後獲判無罪，主要是因為里奇蒙聯邦巡迴法庭的首席法官約翰．馬歇爾（John Marshall），對叛國罪做了很狹隘的憲政詮釋，所以伯爾在西部的神祕冒險不成立背叛美國的罪名。但他真正的背叛行為並不在此。伯爾不是因為他在西部的陰謀行動才失去國家領導人的信任。早在一八〇六和一八〇七年的西部冒險之前，他就失去信任。伯爾背叛的不是國家，而是他所屬的階級。這才是伯爾真正的背叛。

難以評價的歷史人物

伯爾不是一般的歷史人物。他一生都不被信賴。他突然竄升為美國副總統，幾乎拿下總統寶座，還在決鬥中殺了反對黨領袖漢彌爾頓。他率領部隊到西部，不知是為了分裂美國，還是要裂解西班牙帝國。他的盟友是詹姆斯・威爾金森（James Wilkinson），此人既是美軍司令，又受雇於西班牙帝國。最後也是這個威爾金森將軍指控伯爾犯了煽動罪，被傑佛遜總統下令逮捕，抓回東部在傑佛遜的家鄉受審。伯爾雖然被傑佛遜的死敵首席法官馬歇爾宣判無罪，但已顏面盡失，只能遠走他鄉，多年後才回鄉卑微地過完一生。

此外，伯爾是思想狂放揮霍無度的貴族，永遠都在破產邊緣。他有令所有人著迷的山貓般的眼睛。他也是惡名昭彰的花花公子，在兩大洲有無數情人（和子女）。他在七十七歲時娶了五十八歲的茱茱夫人（Madame Jumel），當過妓女的她是美國最有錢的女人。紐約的菲利普・霍恩（Philip Hone）在一八三三年七月的日記中記下這場婚禮。他在婚禮兩天後寫道，「知名的茱茱女士」能「在老人晚年時收留他」，真是「義行善舉」。不幸的

伯爾的畫像。（圖片來源：公共領域）

是，這場婚姻沒有維持下去。一年後，茱茱夫人以伯爾不貞訴請與他離婚。他得到一萬三千美元的贍養費，很快就花得精光。[1]

有這樣不凡的一生，難怪伯爾成為美國文學中，最被浪漫化也最被汙名化的歷史人物。他成為無數詩歌、講道和半小說傳記的主題，以他為主人翁的戲劇有三十幾部，小說和劇本則有四十幾部，其中最有娛樂性的是維達爾（Gore Vidal）的《伯爾：一部小說》（*Burr: A Novel*, 1973）。[2]

除了對伯爾的眾多誇大和想像之外，沒有多少歷史學家寫過他。伯爾本人也對歷史學家不抱幻想，因為他們都忙著研究「偉大的政治家」。據說他在一八三六年臨死前說過，「歷史學家永遠是偏頗的，不是站在這一邊就是站在那一邊」，「他們的說法，除了日期或某些重大事件例如打過某場戰役之外，完全都不可信。」[3]歷史學家也不想觸碰這種被言情小說和羅曼史誇大的人物。在十九世紀，伯爾的政治盟友暨遺囑執行人馬修．戴維斯（Matthew L. Davis）出過幾本關於他的書，詹姆斯．帕頓也寫過一本同情他的傳記，此外就沒有了。[4]直到過去幾十年，才有當代學者開始認真研究伯爾，尤其是密爾頓．洛馬斯克（Milton Lomask）的兩卷本傳記，可信度和趣味性都很高。[5]

但讓歷史學家卻步的，不只是環繞著伯爾的浪漫與誇大。他生涯的文件檔案極不完整又散落各地，讓歷史學家難以著手研究。伯爾有些文件在他女兒西奧多莎（Theodosia

Burr）手上，隨著她在一八一三年船難而消失。（伯爾跟這個女兒的關係很不尋常，與傑佛遜跟他女兒的關係很不同。伯爾教導西奧多莎要像男人一樣思考。維達爾在小說中影射他和女兒有亂倫關係。）伯爾把其他文件交給了馬修・戴維斯，但戴維斯卻很不負責任。戴維斯在一八三六年出版了兩卷本的《艾隆・伯爾回憶錄》（*Memoirs of Aaron Burr*），兩年後又出版了伯爾一部分私人日記，兩者都有許多伯爾的信件。[6]但還有許多「有趣」、「好玩」的信件，戴維斯選擇不要出版，尤其是那些「和房地產投機相關」的「大量」信件。戴維斯最後把所有伯爾交付給他的文件都毀掉或丟棄。戴維斯說，在伯爾漫長人生中，有無數信件顯示他「與某些女性通信者有不道德關係」，而這些「都被我親手付之一炬」。[7]到了十九世紀末，伯爾的文件散落在世界各地。

直到過去幾十年，這些文件才被蒐集起來。最初是儲存在幾十卷微縮膠卷中，一九八三年由瑪麗—喬・克萊因（Mary-Jo Kline）等人編輯，以兩卷本刊行。[8]伯爾也許會感激這小小的恩惠，但他若知道，他那可憐的兩卷本和其他開國元勳浩繁的文件集相比，不過是滄海一粟，想必也只能苦笑。傑佛遜、富蘭克林、麥迪遜、華盛頓、漢彌爾頓、亞當斯家族的文件，動輒每一個出版計畫就是幾十卷，而除了亞當斯家族文件之外，幾乎能夠出版的都出版了。

相較之下，伯爾在一九八〇年代的編輯者，對他的文件是高度挑選過的，而且文件的重要性都不高。這些文件沒有揭露出什麼重要的東西。有關伯爾一生中最重要的幾個爭議性事件，例如他在西部的圖謀、他在一八〇一年總統投票中跟傑佛遜打成平手、他跟漢彌爾頓的決鬥、他在一八〇七年因叛國罪受審，這兩卷文件集都沒有告訴我們什麼新東西。伯爾的信件也都是記錄平淡的日常事件。留下的好幾百封信都在談伯爾的政治和生意經，這累積給人的印象是，伯爾並不是劇作家和小說家筆下的浪漫英雄或惡棍。他似乎和其他革命政治家完全不同。

伯爾的信件和華盛頓、傑佛遜、麥迪遜或漢彌爾頓截然不同。伯爾所寄所收的信，有很多是在談怎麼施人恩惠、怎麼發揮影響力、怎麼搞商業投機。他的朋友戴維斯說他把伯爾有關土地投機的信件都扔掉了，這讓人難以想像，因為剩下來還是有很多信在談各式各樣的投機計畫。

無論如何，在伯爾的文件中，沒有一件是在談政治哲學或政府，沒有什麼是認真構思過的東西。很多信件看起來，就是一個沒時間或懶得動筆的大忙人倉促寫就的。以下是一個典型範例。這封信寫於一七九五年，當時他是參議員，寫給他在紐約的生意夥伴提摩西．格林（Timothy Green）。

親愛的先生：

剛接到您在二十四日寫來的信，我會當您的保證人，已寫信告知給普雷弗斯特先生，接下來的工作就交給他。我原本期待舒茲先生今天會被任命，我該做的都做了，但有競爭者。

我星期天可以到紐約去和您會面。

艾隆・伯爾

備註：不要跟鮑爾先生談到舒茲的事。如果事成，我會親自跟他宣布，不想在尚未成事之前給他太高期望。[9]

伯爾大部分的信件都是這樣。伯爾並不在意後世會怎麼看他。漢彌爾頓對伯爾最嚴重的批評是，他這個人「從來不在意名聲」。[10]漢彌爾頓曾說，開國元勳對名聲的愛惜，乃是「最高貴心靈的最重要欲望」，但伯爾似乎完全沒有這種高貴的欲望。他完全不像傑佛遜和華盛頓那麼在意自己的信件。傑佛遜和華盛頓都細心整理自己的信件。華盛頓在一七八一年還特別指派一名上尉和幾名文書來抄寫和整理他的文件。他的要求很嚴格。「所有信件都要一致且有美感，」華盛頓告訴助理們說，「每行字要等距，每本書的頁邊要等長，索引要清楚易懂，利於查閱。」[11]

伯爾則是天差地別。伯爾的檔案一團混亂。他找不到以前的信件，也不確定有沒有回過信。他的信都是在當下寫給某人。他在一八〇一年對一位海軍代理部長說：「還好我的信都不是正式信件，不用麻煩海軍辦公室現在或以後的職員去收藏。」[12]傑佛遜知道自己的信件以後都會被公開，伯爾則根本沒想過這一點。例如，傑佛遜在一七九七年寫了一封內容豐富、精雕細琢的長信給伯爾，但伯爾只簡短回信說：「用短短一封信來回答你的詢問或表達我的想法，是無法讓你我滿意的，我會想辦法當面跟你說。」[13]

伯爾不是會把想法形諸文字的人。他曾警告他的法務人員說，「寫東西會留下證據」。[14]他一直擔心他的信會被「誤寄」，所以在信中都盡量不寫得太具體。他曾說，「能寫清楚就好了」，但在他那充滿陰謀的世界中，能寫清楚的機會也不多。他再三在信中加注說：「這些話絕不可對任何人說」，以及「別讓人懷疑你知道這些事」、「別讓人覺得這個推薦有受我影響」、「別讓人覺得我們有合作」。他的世界是充滿機密和疑心病。他曾寫給一名生意夥伴說，作為紐約州議員，他不能透露即將通過的法案會如何影響到這名生意人的公司，「只能私底下談」，意思就是要當面才能談。[15]

然而，除了倉促和保密之外，伯爾的信還有更奇怪的地方。伯爾從來不像其他革命政治家會去談憲法或政府政策，因為他實際上根本不關心這些東西。就算他真的對一七八七年的新憲法有什麼看法，我們也無從得知。他對聯邦黨人在一七九〇年代初的大財政計畫也沒什麼意見。他曾在一七九一年提到過漢彌爾頓設立國家銀行的計畫，但他承認並沒有讀過漢彌爾頓寫的理由書。他只記得休謨一些文章對銀行體系「有巧妙的看法」，「但我沒空再去翻看」。[16]

和其他革命領袖不同，伯爾沒有對同胞提出過什麼政治主張或願景。大家都說他「沒有理論」，只是個「實事求是的人」。[17]儘管對一般美國政治人物來說，這種務實主義應該是成功之母，但對伯爾來說，這卻是導致他失敗，並最終淪為背叛者的原因。

天生的貴族、投機的政客

在一開始看來，伯爾的政治生涯似乎極不可能以失敗收場。他似乎是天生的政治領袖。他擁有一切優勢：長相、魅力、能力、普林斯頓的學歷、傑出的革命資歷，最重要是他還有高貴的家世。亞當斯曾說，他「在任何國家都沒見過比伯爾上校的家世背景更顯赫的人」。伯爾的父親是普林斯頓的校長，祖父也是普林斯頓的校長，家世顯赫不下於十八世紀最著名的北美神學家喬納森·愛德華茲（Jonathan Edwards）。亞當斯說，伯爾「和新英格蘭許多高貴家族都有血緣關係」。[18]不同於傑佛遜、華盛頓、亞當斯、漢彌爾頓、麥迪遜、富蘭克林等革命領袖，伯爾完全是生於十八世紀美洲的貴族家庭。和其他革命領袖不同，伯爾從來沒想要爭取貴族的地位。他天生就是貴族血脈，他也無時或忘。[19]他永遠都高高在上。雖然他有時也會很有貴族風度的紆尊降貴，但他永遠覺得自己比別人更紳士。

他追求的也是十八世紀貴族紳士的生活。他一切都要最好的，包括房子、衣服、馬車、名酒。他的縱情聲色也完全符合歐洲貴族的傳統。由於真正的紳士不應該工作賺錢，所以他把他的律師工作，甚至把錢這種「沒價值的東西」都視如糞土。[20]他是個完美的儒雅紳士，總是溫文有禮，充滿魅力而矜持，從不表露內心的想法。他一生只有兩次公開表露過情緒，兩次爆發都是公眾矚目的事件。第一次是他在一八〇四年紐約州長敗選後，立刻怒火中燒地要找漢彌爾頓決鬥。他的好友查爾斯・畢鐸（Charles Biddle）說：「他決心要把那個寫文章誣蔑他的人叫出來。」第二次是在一八一五年，他在一封信中大罵詹姆斯・門羅，把一個紳士可以罵人的所有詞彙都用盡了。「這個人，」他說到門羅，「是最不成體統、沒有能力的（總統候選人）。他天生遲鈍愚蠢，肚子裡毫無墨水，沒有決斷力到讓不認識他的人覺得不可思議，既懦弱又偽善，對任何事情都沒有看法，永遠只能屈居人下。我聽說他假裝對軍事有點了解，但他連一排部隊都沒帶過，也根本不適合帶兵。」這封信是伯爾對「維吉尼亞王朝」（傑佛遜、麥迪遜、門羅等人）累積多年不滿的大爆發。[21]

伯爾和其他革命領袖最大的不同在於，他毫無他們所重視的對美德和公益的熱情。

伯爾似乎完全沒有輝格黨反對派的精神，也不在乎其他革命領袖所在乎的古典共和理念。有人說，他唯一的美德就是不宣稱自己有美德。伯爾從來不像其他革命家那樣，假裝自己很有公共精神。其他開國元勳都很強調美德與無私，但伯爾從來不會。他從不自高自大，也從不偽善。也許是因為他出身高貴，他在情感上根本沒必要像其他革命政治家一樣，必須不斷強調自己痛恨腐化、熱愛美德，來證明自己的紳士地位。

幾乎所有革命領袖都是第一代的紳士。也就是說，幾乎所有人都是家中第一位上大學、第一位接受博雅教育、第一位具有啟蒙紳士特質的人。和伯爾不同，大多數革命領袖都無法憑藉家世來躋身紳士，而且他們的革命意識形態本就不屑家世和血緣，主張要以美德和啟蒙價值作為共和貴族的唯一標準。[22]但像伯爾這種地位是由繼承而來的人，根本就不會去談要用美德來衡量一個紳士。

雖然伯爾在一七七五年十九歲時就因為熱情加入革命戰爭，但他加入革命卻是個人因素居多，而不是出於愛國。他和華盛頓爭吵為什麼有的屬下升得比他快，並數度威脅要辭職，最後在一七七九年辭去職務。他的理由是生病，但他顯然是因為受不了總司令不看重他。而在後革命時代的政治鬥爭中，他本有多條路線可以選擇，但因為一七九〇年代初的一系列意外和他自己的脾氣，他投向了共和黨陣營。但儘管他在一八〇〇年成為共和黨的副總統候選人，他卻從未忠於共和黨，而一直和聯邦黨暗通款曲。這就難怪當時有人指責他「政治上搖擺」，「立場不堅定，人格不一致」。[23]

伯爾在革命時本可以當個托利黨，他和妻家保王派的關係一直很緊密。他對政治的看法很傳統，是革命前舊政權的老派觀點，他認為政治就是「大人物」及其由利益和影響力結合在一起的扈從之間的競爭。他覺得像他這種出身和社會地位的人，本來就該位居高位，而公職只是用來維持其地位和影響力的工具。政治除了用來為朋友、家人和個人謀利之外，沒有什麼令他感動的東西。他曾說過。政治是「有趣、光榮和有利可圖的」。[24]

在共和國初期，當然也有政治人物和伯爾對政治抱持一樣的看法，尤其是在紐約。但伯爾是特殊的。我們很容易忘記，他其實是當時很重要的政治人物。他當過好幾屆美國參議員，當過副總統（在當時要當副總統可得是個大人物），也參選過總統。他不但曾在一八〇〇年的總統選舉中跟傑佛遜打成平手，在一七九六年的選舉中也得到三十張選舉人票，位居第四。在他前面的亞當斯是七十一票，傑佛遜是六十八票，平克尼（Thomas Pinckney）是五十九票，而這些人都對國家貢獻卓著。平克尼在一七九五年與西班牙談判簽約，簽定了佛羅里達邊界線，打開了美國對密西西比的貿易。剩下的四十八票分散給九個候選人，其中只有一個人拿到十五票。伯爾在一七九〇年代是很傑出、很有希望的人物。但在那個時代，沒有哪個像他這種地位的政治人物，會花這麼多時間精力，這麼大膽地謀圖個人利益。也沒有哪個人像伯爾這樣，完全無視革命的意識形態與價值。

伯爾完全不忌諱對人施恩加惠，而傑佛遜這種革命意識形態家則認為這是腐敗行為。正直的傑佛遜在一八〇一年當選後，不願把聯邦黨人的職位全部換成共和黨人，這對伯爾來說是難以理解的。伯爾可以毫無忌憚地推薦任何人到任何職位，而且還推薦過自己。傑佛遜說，他是在一七九〇年代初首次見到當時是紐約州參議員的伯爾，而他立刻就不信任這個人。他記得，在一七九〇年代，華盛頓和亞當斯政府要做重大軍事和外交任命時，伯爾總會立刻在首都「現身」，讓政府知道「他是可用的，如果他們要用他。」[25]正是伯爾太愛搞施恩加惠這套，傑佛遜才認定他不是傑佛遜式的共和黨人。[26]一八〇七年，傑佛遜終於有機會逮捕伯爾。他竭盡所能解釋憲法，就是要定伯爾的叛國罪。

伯爾在國會毫不顧忌地幫朋友升官，或給予好處，因為對他來說，政治和社會就是這樣運作的，交朋友、培養人際關係和忠誠度，這些都是天經地義。貴族是恩庇主，本來就要有一群扈從。所以伯爾就要盡可能施惠給更多人。他出名的慷慨大方就是源自於此。他和當時每個「大人物」一樣，會贊助年輕的藝術家，例如他就把約翰·范德林（John Vanderlyn）送到歐洲遊歷。事實上，在喧鬧的共和時代，任何一個可以培養關係和創造利益的機會都不能放過。一八〇二年，伯爾得知有一位法國代理商正在紐約為法軍採買在西印度群島的軍需物資，他立刻寫信給這位法國代理商推薦說：「搞屠宰的溫希普（Winship）很有能力又很準時，任何肉品他都能提供。」而這位「搞屠宰的溫希普」，正是伯爾的政治樁腳。[27]

作為十八世紀的貴族，伯爾最大的弱點是他錢不夠。他說，金錢是「可鄙的」，但他需要錢。[28]他雖然是紐約價碼最高的律師，但他奢華的生活和貴族式的慷慨大方讓他始終負債累累，經常處在破產邊緣。他不斷東挪西借，債務關係複雜，經常軋不過來。財務危機加上野心太大，導致他那投機取巧為己牟利的政治作風。

於是從伯爾少數留下來的文件中，我們看到一個膽大妄為、用各種方式利用公職來賺錢的貴族。他在一七九六年競選副總統失敗後，對參議員一職再也不感興趣，他不再去參議院開會，把全部精力放在投機賺錢。然後他又進入紐約州議會，圖的是幫生意夥伴和自己賺錢。他推動賦稅減免、道路橋梁特許、土地津貼、外國人可以擁有土地等，任何能讓他和他朋友獲利的法案。在一七九八和九九年，他利用州政府特許的紐約市供水計畫，以曼哈頓公司為幌子來設立銀行，這是他最出名的圖利自己的把戲。[29]他在一八〇一年當上副總統後，甚至還試圖兼差律師業務。他問朋友說，他能不能「到法院出售其分量和影響力？」但他朋友說，副總統進法院不成體統，會嚇到法官，伯爾這才打消念頭。[30]他愈想利用各種方案來讓自己財務自主，他就愈違背其同志所認定的，一個紳士領袖在美國革命後應該扮演的角色。[31]

伯爾一直沒有成為有閒貴族，也就是專靠出租地產為生的鄉間紳士。亞當·史密斯曾說，十八世紀英國土地貴族的收入都是不勞而獲，「不用勞力也不用勞心，而是不請自來，不用他們去做任何規畫。」由於不涉入商業活動，英國的土地仕紳才能不偏頗和無私，所以亞當·史密斯認為他們是最好的政治領袖。[32]在古典共和思想中，只有這種紳士才能不為市場煩心、不屬於任何行業（當時除了紳士以外的任何男性都屬於一個行業）。唯有這樣的紳士才能夠無私，才有能力領導社會，促進公益。但在美洲，擁有被動收入的紳士並不多。許多人認為，這種獨立的鄉間紳士只存在於南方，都是像傑佛遜這種坐擁數百名奴隸、有閒又有美酒的紳士型農民。

漢彌爾頓認為，專業人士（主要是指律師）也可以像土地仕紳那樣，在社會利益衝突時扮演裁判的角色。他在《聯邦黨人論文集》第三十五篇寫道，工匠、商人和農人都太涉入市場，要追求自己的利益，所以無法在政治上扮演無私的仲裁者。但漢彌爾頓說，專業人士就不同。他們是最好的政治領袖。他們「在不同產業的對立中可以保持中立」，最能夠在社會各種利益和行業之間，當個「公正的仲裁者」。漢彌爾頓這種觀念一直流傳到現在：律師和其他專業人士比較不涉入市場，比較沒有自己的利益，比生意人更能擔當無私的政治領袖。[33]

但伯爾雖然是很好的律師和紳士，他卻根本不理會這些。他的所作所為完全不像個理想中無私的共和領袖，這讓漢彌爾頓相當震驚。伯爾甚至不想假裝是超然於社會利益的仲裁者，他根本就鎮日浸淫在各種黨派利益之爭中。

漢彌爾頓也和伯爾一樣需要錢，他也知道有很多公職人物跟伯爾一樣，利用政治關係來發財。但他不想同流合汙。一七九五年，漢彌爾頓一度財務窘迫，又沒有職務，他的好友羅伯特・特洛甫（Robert Troup）懇求他至少要做點生意，尤其是土地買賣。特洛甫說，每個人都在做，「你為什麼不用一些不會被指責的方式賺點小錢呢？你不是想要財務獨立嗎？」他甚至取笑漢彌爾頓，賺這些錢，「不過是為了讓你有錢當個紳士而已。在當今這種世道，沒錢過舒服的日子是不會被當成紳士的。」[34]

漢彌爾頓拒絕了。他對特洛甫說，「道德崇高之人」也許能謀利而不為人所知，但他知道他會被傑佛遜共和黨人這些敵人譴責為「投機」和「盜用公款」。他非拒絕不可，他語帶自嘲地說：「因為一定要有傻瓜肯為公益犧牲私利，雖然明知不會被感激，還會受指責。我的虛榮心告訴我應該當個傻瓜，應該維持這個狀況為民服務。」[35]（一七九七年，漢彌爾頓被指控貪腐，在當財政部長時利用職務圖利私人。為了解釋他為什麼要在一七九一年拿錢給雷諾茲先生，他不得不公開他和雷諾茲夫人有染，被雷諾茲先生勒索。漢彌爾頓犧牲了私德上的名聲，深深傷害了他的妻子，但他不願讓他的公德被汙名化。他認為當個姦夫總比當個腐敗的官員好。）

正因為漢彌爾頓和美國革命之後的所有人一樣，對領袖人物的古典理念非常堅持，這就難怪他要特別針對伯爾。因為像伯爾這麼有能力又有前途的人，竟然完全違背了這個理念。

伯爾「們」代表的威脅

伯爾的行為在美國開國初期的政界並不罕見。但正因為在各州議會甚至國會中有太多這種自私的政客，伯爾的行徑才會讓同志們這麼警惕。麥迪遜已預見到，議會政治將是黨派私利競逐的政治。在一七八〇年代，他深感各州政界都被頭腦混亂、能力平凡、眼光狹隘的地方政客主導，這些人除了自己的地盤之外目光如豆，永遠只為自己選區的私利服務。但麥迪遜等開國元勳還是希望，像伯爾這種有世界觀、有教育、有能力的人，能夠超越地方主義和個人利益，無私地為公益服務。麥迪遜在一七八七年設計的新憲法草案，就是刻意要把這種有世界觀、受過博雅教育的紳士選進中央政府。提高政府地位，擴大政治領域，減少國會議員人數，這樣一來，就只有「最有能力、最廣博的人物」才能被選進高位。36

伯爾的行為直接挑戰到啟蒙紳士領袖應該扮演各種利益的無私仲裁者的革命理念。政界已充斥太多稱不上紳士的商人、股票投機客、眼光狹小的工匠和生意人在追求私利，這已經夠糟糕了。但漢彌爾頓說，像伯爾這麼出色、受過博雅教育的紳士，本該「站在高處……冷眼看待各種卑汙的謀利行為」，但居然就連他也在汲汲營營，和一般人沒有兩樣，那就沒有人能調解這些私利，追求社會整體公益了。

這就難怪伯爾的行為讓許多「大人物」感到震驚。漢彌爾頓和傑佛遜雖在政治光譜上分居兩端，卻都很害怕伯爾的所作所為，且早在伯爾的西部冒險之前就如此。在一八〇〇年的總統選舉中，傑佛遜和伯爾得到的選舉人票數相同，都是七十三票，然後由眾議院進行第二階段選舉，各州眾議員一人一票。聯邦黨人本來想把票都灌給伯爾。許多聯邦黨人都想這麼做，包括剛當上美國首席大法官的約翰．馬歇爾。他不認識伯爾，但對傑佛遜恨之入骨。聯邦黨人害怕傑佛遜會全盤推翻中央政府的權威、貿易銀行體系和美國的外交政策。他們認為傑佛遜是個教條民主派，要把國家帶回到《邦聯條例》的時代。此外傑佛遜還是法國人的棋子，可能對英國開戰。而伯爾沒有這種威脅性。

麻州的西奧多．賽奇維克（Theodore Sedgwick）總結了聯邦黨人當時的想法。他說，伯爾不是民主派，不是哪一國的附庸，也不是狂熱的理論主義者。他只是一般的自私政客，只要對他有利能夠連任就好。賽奇維克說，伯爾的「自私」恰好是他的優點。

他不會破壞聯邦黨人建立的政經體制。賽奇維克又說，伯爾自己從這個體制得到太多好處，他才不會去把它推翻。所以他比傑佛遜安全多了。[37]

但漢彌爾頓強烈反對。對他來說，伯爾「自私」的名聲才是問題所在。大多數美國政治人物也許最終都會變成伯爾這種務實、好相處的人，但在漢彌爾頓和傑佛遜眼中，伯爾違背了美國革命所代表的一切。在漢彌爾頓心中，傑佛遜「毫無疑問」要優於伯爾，「不管從美德還是從理性來思考」。這是人格的問題，他說：伯爾毫無人格，而傑佛遜至少「假裝有」。[38]

在眾議院進行總統投票之前，漢彌爾頓傾全力說服聯邦黨同志把票投給傑佛遜，而非伯爾。在一八〇〇年十二月到一八〇一年一月間，他寫了一封又一封的信，被一位歷史學家稱為「歇斯底里式」地要阻止伯爾當上總統。「看在老天的分上，」漢彌爾頓拜託賽奇維克說，「絕不能讓聯邦黨助此人上位。」他不斷告訴通信對象，「伯爾只愛自己……他樂觀到什麼都想要，膽大到什麼事都敢幹，邪惡到什麼都不怕。」[39]漢彌爾頓、傑佛遜兩人是畢生的死敵，但他還是支持傑佛遜。事實上漢彌爾頓曾說過：「如果這個世界上有我應該恨的人，那就是傑佛遜。」而他也知道他完全應該愛伯爾才對。漢彌爾頓跟伯爾一向關係很好，但他說，個人關係不該列入考慮。這是國家生死的大事，「公益應該大於任何私誼」。[40]最終漢彌爾頓說服了聯邦黨同志不投給伯爾。眾議院經過三十五輪投票之後，傑佛遜終於當選總統。

「這在美國歷史上前所未見，」亨利．亞當斯（Henry Adams）在他關於傑佛遜政府的名著中寫道，「一堆敵對政治人物結合成強大的聯盟，就只為了扳倒伯爾這個人。」亨利．亞當斯說，伯爾不只面對傑佛遜、麥迪遜和整個維吉尼亞軍團的反對，還加入了漢彌爾頓這個「最奇怪的同志」，「跟他的死敵聯手將伯爾擊倒」。[41]在亨利．亞當斯的《美利堅合眾國史》（*History of the United States of America*）中，亞當斯很奇怪這些死敵為什麼會聯手反對伯爾，但他其實不用奇怪。在這些人心中，伯爾對美國革命造成的威脅比任何人都大。伯爾威脅到整個革命的追求和偉大的共和制實驗，也就是把無私的政治從菁英圈擴展到全美國的理念。正因為這樣的威脅，漢彌爾頓和傑佛遜才非把伯爾扳倒不可。對這兩人來說，伯爾對其階級的背叛遠甚於他對國家的背叛。這才是艾隆．伯爾真正的背叛。

後記　開國元勳與現代民意的創造

在這樣一個進步、有神恩庇佑、有無數互相孤立但彼此平等的個體的民主世界中，就不再需要革命世代那種在政治和知識上的領導者。這些平凡無名的個體，就如同華盛頓所稱的「掃把」，取代了傑出的政治領袖。

開國元勳那一代人，他們在智識上的創造力是無庸置疑的。塞繆爾・艾略特・莫里森（Samuel Eliot Morison）和哈羅德・拉斯基（Harold Laski）都認為，在現代史上，除了十七世紀英國內戰那幾十年之外，沒有哪個時期能在這麼短的時間內湧現如此豐富的政治理念，對西方政治理論貢獻如此之大。[1]美國人為了要解釋他們在新世界的經驗，論證革命和新政府的正當性，不得不運用十八世紀的各種工具，像是報紙、小冊子、國家公文書、詩歌、戲劇、諷刺文和信件，極富原創性地深入討論政治。他們特別仰賴通信來溝通思想，使得革命時代成為美國史上最偉大的通信時代。（如果沒有傑佛遜的信，誰能知道他在想什麼？）這些革命家留下這些了不起的政治文獻，更了不起的是，這些政治理論的作者正是那些要把理論付諸實踐的人。

然而，儘管這些革命領袖在智識上的創造力和生產力無與倫比，他們卻顯然不是專業作家。他們不是格魯伯街那些只會搞政治宣傳的作家。他們也不只是文人，不是十八世紀法國哲學家，也不是英國奧古斯都時期（Augustan England），托利黨諷刺作家那種專靠寫政治評論來博取金錢地位的「知識分子」。當然也有一些美國作家專以文學作為職業，例如約翰・特朗布爾和菲利普・莫林・弗雷諾（Philip Morin Freneau），但這只是少數。美國革命的知識領袖大多是業餘作家，各以牧師、商人、農莊主人和律師為業。唯有潘恩是個重大例外。

寫文章對開國元勳來說是很重要的。事實上，他們通常都是因為寫文章才初享大名。亞當斯和傑佛遜是因為在印花稅法案危機時期和一七七四年寫的文章才受到關注。就連華盛頓，也是因為他在一七五四年出版了他在西部與法國人和印第安人的冒險，才被人注意。但他們依然不是專業作家。寫作只是他們職業生涯的副產品，是紳士該有的諸多作為之一。因為他們是紳士，他們從不為錢寫作，也經常不用自己的名字發表作品。他們的作品即便是純文學之作，也都只是工具，是為了搞政治辯論，或證明自己的博學和紳士地位。

但詹姆斯・奧蒂斯（James Otis）、理查・布蘭德（Richard Bland）、傑佛遜、亞當斯這些人，他們不但是業餘作家，更重要的是，他們也是業餘政治家。儘管這些革命領袖花了這麼多時間精力在政治上，但他們大多數都不能被稱為專業政治人物，至少不符合這個詞在當代的意義。我們已經說過，他們與公職的關係以及他們對服公職的看法，和我們現在完全不同。他們是已經有了社會地位才搞政治，不是搞了政治才得到社會地位。他們在政治上和智識上的領導地位，是他們社會地位的結果，而不是原因。他們有些人（最出名的是華盛頓）甚至拒領公家薪水，認為紳士服公職領薪水根本不成體統。

作為紳士，他們自認有義務要領導社會，在政府服務，建立共識。富蘭克林就深感這種義務重大。「不要讓你對哲學趣味的愛好太耽擱你。」他在一七五〇年提醒朋友紐約官員卡韋萊德．科爾登說。服公職遠比科學重要。事實上，富蘭克林說，就連牛頓「最偉大的發現」，都不該讓牛頓疏於服務國家的義務，如果公眾需要他的話。[2]

由於服公職被視為義務，開國元勳經常把服公職說成是苦差事，是因為他們的社會地位而不得不負起的重擔。這種說法不盡然全對，但他們這麼說是認真的。傑佛遜在一七八二年寫信給門羅抱怨，要他出來服公職的社會壓力很大，服公職是苦差，而他很想休息。這些信既發人深省又充滿真情。[3]在今天，我們若聽到政治人物抱怨服公職是苦差，一定會發笑，但這些十八世紀的政治領袖都不是專業政治人物，他們不想服公職和經常性的辭去政治職務，其背後的意義是我們今日很難理解的。

紳士與他們的菁英世界

革命領袖都是有特權和責任的紳士，他們透過個人和社會的權威與民眾產生連繫，所以他們不認為他們所言所寫的東西是要直接影響民眾，而是只要影響了那些理性開明的同儕，民眾就會出於尊敬服從而跟隨。在十八世紀的美國，有政治概念的群眾人數也許比今天的英國還多，但當時大多數政治文章的讀者都不多，和宗教文章無法相比。[4]革命領袖寫文章，多數是在和自己這種有理性、有學養的人對話。他們知道，一旦把文章發表出來，一般老百姓也會讀得到，所以他們經常會用假名。但在美國革命之前，他們很少考慮到一般大眾。他們都知道「公眾輿論」（或民意）（public opinion）這個詞，該詞在一七〇〇年代初出現在英語世界，但他們心中的公眾僅限於很小的範圍。[5]

對許多紳士來說，這個小範圍的世界就是紳士博取榮譽的場域。榮譽是個貴族式的概念。它基本上是指名聲，但名聲唯有在其他紳士眼中才有意義。流言蜚語到處皆是，每個紳士都怕被其他紳士詆毀。而一旦榮譽受到詆毀，就必須反擊，有時候還要訴諸決鬥。儀式性的決鬥在十八世紀末相當普遍，但就像漢彌爾頓參與過的十一次決鬥，很少有真正互相開火的。[6]

革命領袖說話和寫作的對象就是這些紳士型的公眾，這些公眾幾乎就等於他們的社交圈。「當我談到公眾時，」約翰．蘭道夫在一七七四年寫道，「我指的只是那些有理性的人。無知的群眾不適合做評斷，正如他們不適合管理政府。」[7]這麼公開直述是很罕見的，在革命爆發後更少。但雖然革命家中很少有人像蘭道夫這麼蔑視一般老百姓（因為多數人都還不需要懼怕或批評老百姓），但他們都假定，唯一值得顧慮的公眾輿論，就是他們那些有教養的同儕。[8]

在十八世紀，這些紳士文章的讀者群可能比我們想像的更小。這一點光用識字率是很難衡量的。當時的報紙和小冊子都很貴。雖然一本小冊子不過一兩先令，但大多數人都買不起，例如直到一七八九年，賓州參議員威廉．麥克萊（William Maclay）都覺得他買不起一本《聯邦黨人論文集》，希望有人能借他一讀。[9]於是，當時流行在「自由之子」等小團體或鎮民大會上，請人朗讀一些小冊子。但這並不表示這些小冊子閱讀率很高，反而表示流傳有限。就連在菁英圈，也是把小冊子像信件一樣傳閱。[10]

但在革命前半個世紀，知識氛圍的確有所改變。在一七二〇年代，整個殖民地只有五、六份報紙，訂閱數不多。到了一七六四年，報紙已多達六十三份，每份訂閱數都是原來的兩倍或三倍。在一七四一到七六年間，出現超過十種以上的雜誌，雖然每種雜誌都活不過幾年，但前景可期。每種雜誌都把重點放在政治事務，政治意識有所提高，印刷商也成為重要的公眾人物。政治小冊子大量湧現，在革命前幾年的一些都會區選戰中特別有效。事實上，從一六三九到一八〇〇年這段期間，在美洲所有出版品中，有三分之二是出現在十八世紀的最後三十年。[11]這些發展已為美洲有政治意識的閱聽大眾帶來質與量的改變。[12]

不管美洲讀者的規模有多大，重點在於，這些革命領袖都認為自己是為一群具有世界觀和教養的公眾在寫作。他們把聽眾和讀者限縮在他們自己這個貴族階層，這從他們寫作的風格和內容一望可知。他們認為自己和讀者是同一個知識社群的成員，同屬一個「文化人的共和國」（republic of letters）。他們相信讀者都是具有同質性和知識水準的一群人，而這就決定了他們寫作的特質。[13]

他們的作品除了旁徵博引之外，其報紙文章和小冊子還經常改寫自他們在議事廳的演講稿。這是紳士在還沒有新聞報導議會辯論的時代，告訴其他紳士他在議會中說了什麼或想要說什麼的工具。史蒂芬・霍金斯（Stephen Hokins）的《殖民地權利考察》（*The Rights of Colonies Examined*）一書，就是先以演講稿形式在羅德島議會發表，然後經投票決定以小冊子另外發表。[14]這種對讀者的菁英式概念，尤其表現在他們非常仰賴以信件形式來傳播理念。這些革命家的私人通信和公開發表的文章幾乎沒什麼兩樣，而公開發表的文章有時也以信件的形式呈現，例如亞當斯的小冊子《對政府的思考》（*Thought on Government*），就是彙整自他寫給同僚和朋友的信件。[15]

除了從文章的旁徵博引和以信件形式呈現，可以看出他們的讀者群限於少數菁英，連從罵人和論戰的形式都能看出，這些作者心目中的讀者只有少數人。很多論戰都是高度個人性質的、互相認識的紳士以一系列信件交鋒，外人幾乎看不懂在講什麼，然後經常淪為互相詆毀。這種詆毀通常是為了破壞對手的紳士名聲，罵的話會很粗野，不是說人愛喝酒、愛賭博，就是說人無能和通姦。[16]梅西・華倫的諷刺劇之所以會有力道，主要是因為作者假定觀眾或讀者都認識被嘲弄的劇中人物。如果觀眾不熟悉這些人物，那許多個中趣味，例如假托的人物、隱晦的比喻、私密的笑話、無數的含沙射影，都會沒有了。[17]

革命時期之所以充斥諷刺文學，正表示讀者們都是菁英。作為一種文學類別，諷刺文學端賴有一群有理解能力、同質性高、有共同對錯和理性標準的讀者。諷刺作家只能嘲笑已經受到讀者譴責的東西，作家必須和讀者很熟悉，才能和讀者分享其品味和觀點。如果這種熟悉不存在，如果諷刺作家的讀者變得異質化，如果曾經共有的價值觀變得混亂疑惑，如果諷刺作家還要解釋自己到底在諷刺什麼，那麼諷刺就不成其諷刺。[18] 而大多數革命時期的作品，至少在初期，都假定讀者有共同的對錯標準和一致的反應，都假定讀者是或應該是有品味和判斷力的少數人。

革命領袖的所有作品，無論就其呈現的形式、旁徵博引、論戰風格及大量運用諷刺手法，在在都顯示那是一個和我們今日大不相同的知性世界。這個世界是由既是業餘作家又是業餘政治人物的紳士所主導，雖然他們有時也會關心一下更廣大的讀者群，但他們主要是在娛樂自己，或者教導別人要向他們學習，像他們一樣思考。更具決定性的差別是，這些革命領袖的作品都高度注重修辭。事實上，這些革命家對修辭和如何以修辭來打動聽眾的執迷，最終標識了美國知識生活的改變。

在今天，修辭的意義大不同於十八世紀。對我們來說，修辭說好聽是一種演說術，說難聽則是一種不誠懇的辯論技巧，用詞浮誇，而沒有我們今日所重視的誠意和真實性。而對革命世代來說，修辭簡單說就是一種說服的藝術，是十八世紀博雅教育的核心。它是紳士的註冊商標，也是政治家不可或缺的技能，尤其是對共和國的政治家來說。[19]語言，不論用說的或寫的，必須精心巧妙布局才能達成效果，而這種效果又仰賴有什麼樣的聽眾。聽眾的變化會大大影響語言在風格和內容上的變化。

不斷擴大的公眾社會

現在回顧起來，我們可以知道，就在這個哲學家結合政治家的十八世紀新古典世界燦爛生輝之際，它其實正在消亡。當這些革命紳士正在忙著用博學的論證說服理性的聽眾去反抗或協助政府時，社會的發展卻正在摧毀其政治和知識基礎。一個民主的新社會正在茁壯，它既是革命的原因，也是革命的結果。儘管美洲社會在一七七六年之前相當平等，有好幾個十八世紀殖民地的普選程度也相當高，但在獨立宣言之後所出現的共和主義社會及文化，和革命之前已經是兩回事。十八世紀那個階層化和同質化的社會，那個由個人影響力和上下從屬關係所主導、紳士與平民涇渭分明的恩庇侍從主義世界，已經受到革命釋放出來的力量圍剿而弱化，且從未像在英國經過重新調整。在接下來幾十年中，新的社會關係、理念和態度取而代之，根本抹去了紳士與社會上其他人的差別。新時代的平民百姓被承諾說，他們在美國革命之後會得到機會與財富，會在新政府和新經濟中有一席之地。「人民」被不斷教導要參與政治。為了讓人民無時或忘，又出現了成千上萬的論壇和不具傳統紳士特質的人士在提醒人民、哄騙人民，甚至威脅人民，叫人民要有政治和社會意識。在這種壓力下，十八世紀的舊世界在獨立後一個世代左右就被徹底改變。隨著政治家、作家和演說家的聽眾人數急速膨脹，紳士逐漸失去在政治和知識上的壟斷權，除了美國南方之外。

雖然這些變化在革命前就發生了，但在革命時期才變得明顯起來。在革命之前，美洲只有少數人（大部分是王室官員及其親友）會擔心美洲的政治社會正在擴大。但在與大英帝國的爭端後，所有人都意識到人民的力量正在崛起。為了與王權鬥爭，政治領袖爭相證明誰才最能和人民站在一起，而這個過程擴大和激化了他們的聽眾。[20]輝格黨本來就有稱頌人民對抗王權的傳統，大多數美洲領導人也都有這個傾向。一七六六年，麻州眾議院設立了聽眾席來旁聽議會辯論，賓州議會在一七七〇年也不甘不願地跟進。由於許多輝格黨領袖想爭取人民支持來對抗英國，其他州議會也跟進開放群眾旁聽。[21]

然而舊習慣總愛留戀不走，議事過程是紳士私人事務這種老觀念很難被拋去。議會投票依然不留紀錄，外界也很難看到議會辯論的報導。當革命家們一七七六年集會討論新憲法的形式時，他們根本沒有想為會議留下紀錄，甚至還要與會者發誓，不得把會議中所言向外界洩露。於是乎，我們對發表獨立宣言那幾個月內在密室發生的事所知甚少。很明顯，這些領袖認為只有參加會議的人，才有資格聽到那些內容。

但十年之後，也就是一七八七年，情況變得大不相同。在很多州，尤其是賓州和麻州，愈來愈多報紙開始報導議會辯論（包括日報）。政治領袖也意識到，在議事廳之外，尚有廣大政治社會存在。政治不再是紳士專屬的事務。紳士在公開發言時，也不得不向革命的人民平等主義意識形態妥協。只要膽敢表露任何一點貴族習氣，就會被新崛起的平民代言人攻擊，他們對任何菁英領袖都虎視眈眈。正是在這種情況下，一七八七年費城制憲會議的代表認為一定要對會議的進行格外保密：不准留紀錄，不准對外界洩露隻字片語，門口還放了哨兵以防有人闖入。這全都是為了提防外面的公眾，而這種公眾在十年前還不存在。

在一七八〇年代末，這些與會的紳士認為，公眾（有位代表稱其為「好騙又沒頭腦的流動性人群」）不但對會議室內發生的事有興趣，如果他們能從「不謹慎的出版者」所公布的東西得知會議內容，代表們就不敢暢所欲言。[22]有鑑於後來發生的事，這樣小心保密似乎不是沒有道理。費城制憲會議的代表在講到諸如貴族制和人民力量之恐怖等敏感議題時，都很大膽直接，但在幾個月後各州的憲法批准會議上，他們卻完全不是如此。由於批准會議是對外開放的，報紙也會大幅報導，不同的發言語氣就可以看出廣大公眾對美國政治的影響有多大。據說麥迪遜後來曾說：「如果會議公開的話，沒有任何憲法會通過。」[23]確實，新憲法的擁護者都很清楚，「當草案被提出時，一定會被民粹領導者攻擊。貴族這個詞將是敵人掛在嘴上的口頭禪。」[24]於是在接下來的公開辯論中，新憲法的擁護者不得不一再強調，新的聯邦政府不但屬於人民，而且是「完全共和的」。這些人在幾個月前還對人民統治表示深刻憂慮，現在卻要比對手更擁抱人民。「先生，我們是民主的膜拜者」，他們這樣回應新憲法的批評者。[25]

這些新憲法擁護者公開稱頌憲法的民主性質，私底下卻恐懼人民的力量及多數統治，讓人看來很偽善，但他們只是在實踐博雅教育修辭學的訓示：講話要符合聽眾的性質和需求。不過，光是修辭的需求也不該讓政治和知識領袖如此表裡不一，尤其當聽眾是人民的時候。憲法辯論時這種公開與私下的兩面性，只是以新的形式突出了一個十八世紀尤其是革命時期美國公眾論述中的核心問題。

在整個十八世紀甚至更早，啟蒙人士很重視所謂「馬基維利式虛偽」的問題，也就是有人會在公開面貌下隱藏真實的想法或企圖，並以修辭來強化這種虛偽。他們害怕會有不誠實的人投聽眾或公眾之所好。最惡劣的人，就是像伊阿高①那種用陰謀偽裝來達到目的的人。在十八世紀的啟蒙觀念中，最邪惡的莫過於這種騙徒。[26]

這種想法對十八世紀的美洲政治很重要，最後也成為一七七六年決定要起義的關鍵因素。殖民地王室政權的反對派不斷譴責一些弄臣的虛偽逢迎，這些人嘴巴講要服務人民，實際上只想迎合上面的長官。他們指責這些人虛偽欺詐，質疑所有有權力的人。反對派宣稱，一定要以他們這種真正的愛國者來取代這些弄臣，因為他們只依賴人民，無須欺上瞞下。正如傳統混合式政府理論所說，人民也許缺乏精力和智慧，但人民可以用真誠來彌補。於是作家和批評家們（這些人本身也是紳士）就很喜歡假托單純的農民，攻擊其他紳士那種貴族式的虛偽矯飾，指控這些人有優越感，擁有不該擁有的特權和權力。他們也喜歡引用理察遜（Samuel Richardson）和盧梭等十八紀作家，鼓吹真誠的美德，嚴格要求人要表裡如一。

例如，在一七六〇年代，年輕的亞當斯就以「耕田者韓福瑞」（Humphrey Ploughjogger）為名鼓吹平等，為「上帝所塑的偉大泥人」，也就是所有平民老百姓奮戰。他質疑，「誰能說誰比誰高貴？」他的結論是：「除了能力差異之外，人與人都是平等的。」他所指的是副總督湯瑪斯·哈欽森和他的紳士朋友，這些人「貌似智慧優越」，「鼻孔朝天一臉輕蔑」，但根本沒有比別人了不起。讓人民去評斷誰比較高貴吧，亞當斯以年輕天真的共和主義熱情說，他們才是最好的裁判。[27]

在革命剛開始時，美洲的輝格黨紳士並未意識到，當他們把自身所屬階級的貴族式虛矯和人民的真誠做對比時，他們正在釋放出他們所無法控制的力量。在一七七六年

---

① 伊阿高（Iago）是莎士比亞的《奧賽羅》中的虛構人物。

時，包括亞當斯和傑佛遜等許多人，都欣然樂見傲慢的顯貴被「穿著沒那麼體面、教育程度沒那麼高、出身沒那麼好」的新人取代。以傑佛遜的話來說，這種「政治質變」沒什麼好害怕的，因為這些新人是「人民的人（而人民永遠是正確的）。他們率真，不虛偽，不花稍，比較真誠。」[28]

由於這種價值觀的轉變，再加上大西洋兩岸的社會變遷，菁英領導人開始謳歌平民老百姓，提倡自然率真的演說形式。在十八世紀中，修辭學家已開始重視能鼓動聽眾情緒的語言，主張要以更自然、不那麼矯飾和形式化的演說方式，來真實表達演說者的內心情感。[29]

在潘恩的作品中，可以看到這種修辭風格的轉變。派屈克．亨利的演說也是如此，他和潘恩一樣想觸及更廣泛的社會階層，要讓他的紳士同儕驚恐畏懼。亨利當農莊主人和店主很失敗，但他在二十三歲時自學法律，很快就在維吉尼亞州議會成為中下階層農民和西南維吉尼亞宗教異議分子的紳士代言人。亨利少年時常聽福音派牧師講道，他的演說方式就是大多數老百姓熟知的口語文化。

如同潘恩，亨利刻意不採用古典的說理形式，而用傳統菁英的演說和寫作所不允許的方式，來訴諸平民百姓的情感，不論是憎惡還是希望。他和潘恩都缺乏正規學院教育，都被指責使用不合文法的語言和粗俗的俚語。但亨利才不管別人批評他的發音和演說風格，正如他的同儕埃德蒙．蘭道夫所指出，他發現到，不正規和樸素的語言，「雖然在交誼廳中令人不悅，卻能在群眾場合直指人心。」[30]他也像潘恩一樣，要打破修辭的雕琢和形式主義，刻意要如蘭道夫所說「能讓人感受到就夠了」。[31]

對潘恩和亨利來說，詞藻華麗和旁徵博引都比不上真誠自然的情感流露。在這種氛圍下，紳士專用的希臘文和拉丁文修辭受到貶抑，而從洛克對文字意象的質疑出發，人們也愈來愈重視文字所傳達的內容，而不是咬文嚼字。[32]由於文字總是和教養及貴族分不開，所以在傑佛遜等人眼中，平民百姓、未受教育的農民、甚至印第安人的自然口語，才是最寶貴的東西。

到了十八世紀末，一些美國紳士已察覺到這些變化將帶來何種後果。創建新聯邦政府正是出於對人民力量的擔憂，聯邦黨在一七九〇年代興起也是出於對民主的恐懼。大多數聯邦黨領袖，至少那些在革命時期已經在政治上活躍的人，都沒有料想到，他們有一天居然要害怕人民。他們和善良的輝格黨人一樣，本來都相信只要能擺脫英國的影響，人民就會以遠勝對英國王室的方式來尊崇真正的美國愛國者。但在革命後的幾十年，人民愈來愈受到雨後春筍般出現的煽動家（這些人才是人民的弄臣）所煽惑和諂媚，聯邦黨人對此既困惑又痛心。

於是，一七九〇年代的聯邦黨作家和演說家，就用十八世紀紳士的方式來回應：

他們用傳統菁英式的諷刺和誹謗，把當時的政治氣氛搞成美國史上最烏煙瘴氣的一段時期。但這些對民主、煽動家及俗民的謾罵和嘲諷式語言，都屬於在美國已經過氣的文化。聯邦黨人的謾罵和嘲諷都是刻意在誇大不實，不是在表現真實的情感，只是反映出紳士階級對當時環境的憤慨不平。[33]這種語言必須要有一群可以立刻產生共鳴、有共同對錯觀念的理性聽眾才會有效果。然而，美國社會文化在經過這些年的民主化之後，公眾的範圍已經擴大和多樣化，削弱了諷刺作品之所以能有力道的共同對錯標準，聯邦黨的作家無法再用修辭與真實世界保持距離。於是在接下來約十年間，聯邦黨人不得不去探索既能說服聽眾，又不致讓人覺得距離太遠的修辭方式。

多數革命紳士已察覺到，不能再隨便批評美國人民，不能再像以前那樣，把人民稱作「羊群」。在一七八八年六月的維吉尼亞憲法批准會議上，埃德蒙．蘭道夫用這個詞來稱呼人民，立刻就被派屈克．亨利攻擊。亨利指控說，蘭道夫把人民視為「羊群」，就是「將其貶低到最低層」，把人民「從受尊重而獨立的公民，貶為卑下、依附性的臣民或奴隸。」蘭道夫不得不立即起身辯護說：「他用這個詞完全沒有不敬的意思，只是在指稱一個多數人的概念。」[34]他以後當然不會再用這個詞了。

這場交鋒標識著美國文化的重大轉變。聯邦黨人發現，他們愈來愈難公開說實話而不受到攻擊，於是他們又開始以匿名發表文章。但這時已不是因為紳士的文章只該讓紳士得見，讓俗民看到不成體統，而是因為，如果被有投票權的俗民抓到文章中有什麼不受歡迎的東西，這對紳士的公職是有害的。[35]「在民主社會，」聯邦黨人結論說，「是作家害怕人民而不是人民害怕作家。」就連革命領袖在政治科學上的創見，也「不好流傳得太廣」，美國對政治學的貢獻從此戛然而止。[36]

聯邦黨與共和黨之間的對立

在被公眾孤立之下，有些聯邦黨人仍然堅持到底，把人民目前的噓聲當成榮耀的徽章，寄望後代人會證明他們才是對的。[37]但也有些聯邦黨人無法忘懷紳士領袖的地位，努力要尋回影響力，有些人甚至認為他們也該討好人民，「不跟著一起花言巧語」，就無法達到目標。以漢彌爾頓的話來說，他們意識到，「在我們這種政府中，頭等大事莫過於掌握民意。」但誠如費雪．艾姆斯（Fisher Ames）所說，在與共和黨對手的競爭中，聯邦黨人宛如「以平靜對抗激情，以枯葉對抗旋風，以火藥的重量來對抗火藥爆炸的力量。」[38]他們無法立刻捨棄十八世紀的傳統修辭方式及菁英主義作風。他們還是仰賴他們自己那一小群理性的紳士，唯有這些人才懂得他們對民主和俗民的嘲諷。他們還是偏好與「某位紳士」魚雁往返，而不是在新興媒體上（尤其是報紙）和民眾溝通。[39]

到了一七九〇年代，不論聯邦黨人或傑佛遜的共和黨人，都意識到大眾媒體將在美國政治扮演何等角色。[40]書籍、小冊子、傳單、期刊、海報等各種印刷品呈倍數成長，經由新通路到了過去不曾看過這些東西的人手上。光是在紐約市，書店的數量就從一七八六年的五家，增長到一八〇〇年的三十家。[41]最重要的傳播媒體是報紙，所有人都認為它是決定美國政治最重要的力量。報紙的種類從一七九〇年的一百種，增長到一八〇〇年的兩百三十種。到了一八一〇年，美國人每年要買三百七十六種共兩千兩百萬份報紙，報紙流通量位居當時世界第一。[42]報紙讀者的增加也改變了報紙的風格和內容。聯邦黨人旗下的報紙還是維持十八世紀的風格，其他報紙則開始回應更廣大的群眾。報紙價格下降，新的印刷字體和漫畫出現，政治新聞在頭版上取代了廣告，政治演說、辯論和謠言都刊在報紙上。這時也出現社論，古典的筆名被「人民的朋友」或「一個人民」取代。所有文章都變得口語化和平民化。作家們都仿效潘恩去適應讀者大眾，愈來愈少人使用注釋、引經據典和掉書袋。[43]

當然，在一七九〇年代，並不是每個紳士都是聯邦黨人，也不是每個紳士都對世局憂心忡忡。傑佛遜和共和黨的紳士們，都還保持輝格黨對於人民，以及傑佛遜稱之為老百姓的「真誠之心」的信念。傑佛遜及其南方共和黨同志對民主的信心之所以維持不墜，部分原因是他們尚未受到民主侵害。多數南方莊園主都未經歷過嚴重改變北方社會、把人民對「高貴的人」的敬重摧毀殆盡的那種選舉政治，而這種敬重被南方紳士視為理所當然。[44]除此之外，由於北方的民主發展，例如群眾文學、公眾範圍擴大、投票權擴大、新移民、新人投入政治，在在都符合共和黨的主張，共和黨的紳士不但不覺得有什麼好緊張，反而認為這更證明他們對人民和革命理想的信念是正確的。

然而在剛開始，共和黨的政治知識領袖並不比聯邦黨人更懂得面對愈來愈擴大的美國公眾。堅守啟蒙理念的傑佛遜向來主張理念要交流，他也是開國元勳中唯一不贊成費城制憲會議「要出席成員閉嘴」的人，他說這種決定反映出「他們對公共討論的無知」。此外，在一七九〇年代初，麥迪遜也主張為了對自由和共和政府有所助益，應該發展「有助於普遍交流」的設施，例如道路、貿易、經常性的選舉，「尤其是要讓報紙在全民流通」。[45]縱然如此，在美國文化迅速走向大眾化的一七九〇年代，傑佛遜依舊堅信政治小冊子是寫給「國家中有思考能力的人」看的，正是這些人「為人民樹立對錯標準」。傑佛遜主要還是靠信件來宣揚他的觀點。[46]而麥迪遜還是在寫《赫爾維迪烏斯》（*Helvidius*）這種學術性很高的文章，對象是少數有教養的紳士。

但除了他們之外，有許多平凡、寒微、沒有出身背景、沒有學歷、沒有聲望（簡單說就是不具紳士地位）的作家和演說家，正在「無所顧忌地負擔起啟蒙群眾的工作」。一八〇〇年，塞繆爾・米勒牧師（Samuel Miller）在《十八世紀簡要回顧》（*A Brief Retrospect of the Eighteenth Century*）這本總結啟蒙時代的書中寫道，近年來，許多美國政治和知識領袖都是「既無紳士之文雅，亦無學者之知識，更無道德原則之徒。」[47]他們是像潔達迪亞．佩克（Jedediah Peck）這種人，「不學無術但狡猾過人」，其「語言低俗，講話拖著鼻音，公開演說時幾乎沒人聽得懂。」又或者是像馬修．萊昂這種人，他在一七六四年以合約工身分自愛爾蘭來到美國，後來成為佛蒙特富有的生意人和編輯。[48]

聯邦黨人是靠不斷寫信，串聯其他有影響力的紳士，來得到公職的，而這些天生屬於傑佛遜共和黨的平民政治人物則是公開競選公職。他們用報紙來接觸群眾，挑戰聯邦黨人那種唯有富裕、有教養的紳士才有資格掌權的觀念。[49]

這些新人都和佩克一樣，把自己定位成「農民、技工和小販」，在報紙上以「人民的朋友」或「一名耕田者」為名發表文章。他們用不著漢彌爾頓和麥迪遜那種典雅的筆名。他們在議會和報紙上攻擊「律師、有教養和有錢的人，那些很會說話、很會掩蓋是非的人。」[50]由於老百姓都很討厭律師，律師成為首當其衝的攻擊對象。他們說，律師「只會引用一大堆我們看不懂的規定，逼我們非聘請他們不可。而如果我們真的去找他們，他們沒有五塊錢是一句話都不會透露的。」[51]

面對美國北方這些粗野的暴發戶，聯邦黨的紳士很是驚惶，而正是這些人，在北方為傑佛遜的共和黨提供了許多領袖人才和支援。但聯邦黨人並不是害怕階級流動，出身卑微的人在美國向上爬到紳士地位本就是常事。事實上，許多聯邦黨人自己就是階級流動的產物，其中又以漢彌爾頓和亞當斯為最。但傳統上，那些向上爬的人都要擺脫卑微的出身才能被接受為紳士，不是經由上大學，就是要刻苦自學才能取得紳士資格。

聯邦黨人憎恨一七九〇年代的共和黨新貴，這不是什麼新鮮事。我們已經說過，許多革命世代當年同樣憎恨王室政府的托利黨貴族。亞當斯就曾化名為耕田者，表達他對哈欽森等一干人的憤慨。但他解決問題的方法不是去頌揚自己較低下的出身，而是要用哈欽森的遊戲規則來贏過他們。雖然亞當斯以鄉下農民的名義開始寫作，但他無意永遠當個升斗小民。他立志要比只靠家世的哈欽森之流更有學問、更文雅、更有美德、更為民服務。[52]

美國革命後的許多共和黨新貴則完全不同。他們毫不在意自己正是富蘭克林在一七三〇年代所嘲弄的「混種紳士」（Molatto Gentlemen），也就是一心想成為紳士，但實際上毫無紳士資格的平民百姓、技工和小商販。這些野心勃勃的新世代平民，他們的世界和一七三〇年代的富蘭克林完全不同。他們的優勢是後革命共和時代頌揚平等的氛圍，這是富蘭克林之前的世代完全不能理解的。此外，雖然還是有不少中等階級的人苦讀禮儀書，試圖學習溫文爾雅，但許多共和黨新領袖根本就公開蔑視紳士階級的傳統特質，不想當富蘭克林所說的「混種紳士」。

這些新貴受夠了有大學學歷的領袖們對他們的輕蔑，說他們不學無術或沒有讀過孟德斯鳩，於是乾脆就用自己的缺點來反制批評他們的人（這些人在一七九〇年代通常就是聯邦黨人）。這些共和黨新貴開始在文章和演說中嘲笑學問、紳士風範和貴族式的傲慢。而讓聯邦黨紳士驚訝的是，他們居然因此大受歡迎。他們不想當半個紳士，反而誇耀其卑微的出身和平民的品味，這種激進的態度嚇壞了傳統聯邦黨人。

對聯邦黨人來說，一七九〇年代這些作者和聽眾的暴發戶性質，正是他們要激烈反擊的。被自己階級中人誣蔑攻擊算不得大事，畢竟一個多世紀以來，這已是英美政治文化的一部分。但被階級比自己低、非紳士、「沒教養的印刷商、店員和沒水準的學校老師」攻擊，在社會最底層被人流言蜚語，則是另一回事。[53]

革命領袖所致力的啟蒙紳士標準受到攻擊和批評，這嚴重影響到政治權威。到了一七九〇年代中，凡是和紳士特質沾上邊的東西（即使是華盛頓本人）都要受到報紙的殘酷批判。在簽定傑伊條約之後，華盛頓被指控是獨裁者，用「馬基維利的手法」，陰謀把美國變成君主制國家。他被罵成是「我們國家的禍害和災難」，他的名字只會「造就政治罪孽，合法化腐敗。」有人甚至說，他在革命時期就是英國的祕密間諜。對首任美國總統的誹謗在一七九六年六月達到最高峰，偉大的革命小冊子作者潘恩公開致函給華盛頓，指控他在革命時期「毫無軍事作為」。「你在戰場上呼呼大睡，直到國家財政耗盡，你對最終的勝利幾乎無所貢獻。」他還指責華盛頓忘恩負義、沽名釣譽、像國王般驕傲自大，誠信有問題，政治是騙局，人格「如同變色龍」。華盛頓並沒有公開不顧道德，潘恩說，只是他「很謹慎地隱瞞」。[54]

對許多美國人，尤其是對一七九〇年代的聯邦黨人來說，連華盛頓這麼偉大知名的人士都被批評到體無完膚，這個世界真的已經毫無是非。紳士政治家的什麼體面、學問、人格，統統都被攻擊。

如果只侷限在紳士階級，對政治領袖的人身攻擊其實無傷大雅。但一七九〇年代的共和黨刊物把攻擊擴大化到下層階級，這就非常嚴重了。如果共和黨對政府的汙名化只有紳士菁英看得到，聯邦黨人還可以忍受。但共和黨對官員的攻擊已觸及到新的閱聽大眾，這就讓人忍無可忍。也就是說，說了什麼並不重要，對誰說才重要。凡是破壞人民對領袖的信賴，都是在搞煽動。[55]

誹謗沒有政府公職的個人是一回事，誹謗政府官員又是另一回事。這種誹謗非常嚴重，在普通法就足以構成煽動罪，因為這種行為有損官員的統治威信。就連共和黨籍的賓州最高法院大法官湯瑪斯·麥肯（Thomas McKean）也同意這一點。麥肯說，誹謗政府官員「就是直接鼓勵人民去討厭統治者，要人民結黨成派、犯上作亂。」[56]

由於當時的政治和個人是分不開的，政治領袖的榮譽和名聲對穩定社會秩序非常重要。在那個現代世界剛萌芽的時期，任何人要成為政治領袖，都必須先在社會上和道德上有所成就。在今天，政治人物的名聲和社會地位是由其政治職務而來，但在十八世紀剛好相反：有了社會地位和名聲，才有資格當公職。也就是說，重要的政府職務應該由已經在社會和道德上有成就的人來擔任。他們至少必須是「紳士」，最好是既有能力、又有學養和人格的紳士。

為什麼必須如此？這對當時許多美國領導人來說（不分聯邦黨和共和黨）是理所當然的。早期的政府沒有現代國家的強制力（當時的警力不過就是幾個警官和警長而已），政府官員必須靠自己的社會地位和人格聲望，才能讓老百姓聽話，才能維持公共秩序。所以政府官員對於有人批評他們的人格非常敏感。根據十八世紀的傳統，「凡是會讓人民對國家高位者有輕蔑之意，凡是會讓人民相信服從是不必要的，不是政府的根本要件，都是在直接破壞政府。」[57]

在聯邦黨人看來，一七九〇年代的共和黨報刊就是在煽動輕蔑政府，在社會上破壞服從。亞當斯總統對批評特別敏感。華盛頓因為太受人愛戴，享有任何榮典似乎都很合適自然。但亞當斯不同。他沒有華盛頓的聲望和地位，很難扮演共和君主的角色，而用精緻華麗的儀典來強化他的權威又顯得滑稽，只會惹來共和黨人訕笑。[58]亞當斯被批評是「瞎眼、禿頭、沒牙齒、壞脾氣」的「冒牌國王」，是「人人皆應詛咒的惡棍」。他相信他是有史以來受到「最惡意、最低級、最下流、最齷齪、最刻薄、最明顯的漫天大謊」所攻擊的政治人物。[59]

至高無上的民意，自我解消的國父

正是因為擔心統治者和被統治者之間的溝通管道被一大堆知識分子毒害，害怕整個政治秩序的穩定會被摧毀，聯邦黨人才會祭出《一七九八年煽動法案》（*Sedition Law of 1798*）這種強制手段，而此事傷害了他們的歷史名聲。聯邦黨人欲動用國家力量，來阻止共和黨報刊誹謗中傷，此舉看似孤注一擲，但後來對煽動法的辯論也顯示此舉並非沒有道理。這場辯論不只關係到新聞自由，而且關係到美國知性世界的性質與結構。

關於煽動法的辯論是美國知性世界民主化的轉捩點。它從根本上改變了美國人對於知識領導階層和公眾事實的看法。這場辯論一直延伸到十九世紀，理清和闡明了美國自革命以來的知識經驗，也從根本上動搖了開國元勳的十八世紀菁英世界。

美國人信仰新聞自由，也把新聞自由寫進《權利法案》。但他們的信仰和英國人差不多。英國人從十七世紀開始就頌揚新聞自由，但和法國人不同，英國人的新聞自由是指在報刊出版前不受限制和審查的自由。在英國法律中，出版者在出版後還是要負責任的。如果某人的出版物對官員中傷誣蔑到一個程度，那麼根據普通法，就可以起訴出版者煽動誹謗罪。出版物的內容就算屬實也沒有用，因為內容屬實反而傷害更大。除此之外，在普通法中，判決出版物是否構成煽動的人是法官，而不是陪審團。雖然一七三五年紐約州曾格案②的判決曾挑戰普通法這種煽動誹謗的觀念，但這種觀念在美國各州法院中從未完全消失。

在聯邦黨人看來，《一七九八年煽動法案》其實是很寬大的，只是把普通法的煽動誹謗觀念做了一些調整，並把曾格案的判決要旨寫入法律。他們不只讓陪審團來判決什麼是煽動，還把內容是否屬實當成要件，只有「錯誤、造謠和惡意」的內容才會受到處罰。但共和黨人不接受這種寬大。在這場煽動法案的辯論中，共和黨的自由放任理論家不但不接受普通法對新聞自由的限制，也不接受聯邦黨人在煽動法案中加入內容是否屬實的新判準。聯邦黨人堅持十八世紀的觀念，認為「真實」是永恆而普遍的，受啟蒙有理性的人可以發現真實。而共和黨人則主張，對於政府和統治者的意見五花八門，其真實與否是無法由個別法官和陪審團來決定，不管這些人有多麼理性。所以他們認為所有政治意見（只有語言文字，不包括行為），就連「錯誤、造謠和惡意」的意見，都應該如傑佛遜所說：「如同碑石聳立不受侵擾，意見的錯誤應受容忍，理性應該放它一馬。」60

聯邦黨人不接受這種看法。他們問道：「說假話的自由怎能算是人權？」「做錯事怎會是對的？」61這些不是容易回答的問題，直至今日亦然。共和黨人也覺得無法全盤否認政治主張中確有真偽之別，於是退而求其次，改採傑佛遜在第一次就職演說中對「原則」和「意見」的區分。原則是固定不變的，意見則是變動不居的，所以傑佛遜說：「意見的不同不等於原則的不同。」其言下之意就是，如同班傑明．洛希所說，個人的意見不像過去所認為的那麼重要，所以個人的意見可以被允許最大程度的自由。[62]

這種說法的根本要旨是，共和黨人認為，提出政治意見不再是受過教育的少數貴族的專利。不管是真實或虛假的意見，都要平等地被容忍，社會上每一個人也都要能平等表示意見。共和黨人主張說，真心誠意才是最終極的政治真實，而不是用博學和華麗的文字來欺瞞掩飾。真實是由各種人的各種聲音所構成的，沒有哪一種聲音比較重要，每一種聲音都對真實有所貢獻。個別人的意見也許不太重要，但集合起來就有與過去不同的重要意義。各種聲音集合起來，就成為「民意」。但民意已不是革命領袖心目中那種小眾的東西，而是龐大、超脫於個人存在、現代而民主的東西，每個人的意見都包括在其中。對公眾輿論這種嶄新擴大的觀念，很快就主導了美國的知性世界。[63]

② 一七三三年，印刷商人曾格（John Peter Zenger）因刊登文章抨擊執政英國殖民當局，被控煽動誹謗罪入獄。曾格的辯護律師安德魯．漢彌爾頓在一七三五年的庭審中為曾格辯護，最終曾格獲判無罪釋放。該案成為殖民時期具有代表意義的新聞自由訴訟案。

有鑑於民意對今日政治的重要性，讓人很奇怪它居然沒有被寫進憲法中。我們經常使用這個名詞，試圖測量它、影響它，還擔心有誰在影響它。每個國家都有民意，但在我們的民主制度中，它的力量特別強大。美國革命改變了民意，賦予其現代意義。到了十九世紀初，美國人已認為民意，「是我們光榮的無形守護者，是監看人類行為的鷹眼，是人類行為的無情法官，是眼淚無法博取同情、機巧無法哄騙的裁判，一旦判定就無法上訴。」它也是承載美國政府、社會及文化的「關鍵原理」。[64]民意不僅能決定政治上的真偽，還能決定從各種宗教派別到藝術品味的一切真偽。沒有什麼比民意這個新概念更能闡釋美國文化的民主化。它最終在十九世紀取代了革命世代那些菁英在知識上的領導權。

雖然在西方文化中，人民的意志或人民的聲音是個老觀念，但在十八世紀下半葉，這個觀點隨著西方社會的民主化而大大強化。在革命時期，許多美國領導者都呼應休謨和其他啟蒙思想家，認為任何自由政府都應該以民意為「真正的主權者」。但當麥迪遜在一七九一年提到民意這個詞的時候，他心中想到的還是紳士統治者小圈圈的產物。所以他害怕美國國土過於廣闊，會讓孤立的個人失去重要性，讓少數人容易造謠中傷。[65]然而其他人則從國土廣闊和孤立個人不具重要性這個事實中，找到民意這個值得信賴的救星。

由於美國社會已不再是有「知識統一性」的有機階層社會，於是有人認為，美國的民意不能再由少數有學問的紳士來主導。民意乃是「個人情感的集合體」，是眾人個別思考並以各種方式交流後的集合性產物。各種意見會互相碰撞融合和自我調整，最終達致「真理的終極勝利」。民意之所以值得信賴，是因為它來源眾多，各種聲音和意見互相交流，沒有任何個人或團體能夠操控或主導。[66]許多人以美國有許多宗教派別來說明，為什麼要對民意有信心。只要允許各種意見百花齊放，以傑佛遜的話來說，它們對社會和相互之間就會起到「審查」的作用，扮演古羅馬和英國奧古斯都時期所期待於英雄和諷刺詩人的角色。[67]

美國人相信，經由個人情感的集合與各種意見互動融合，最終會達致真理，但這其實和信仰上帝的神恩沒有什麼不同。相信把許多未經深思熟慮的聲音集合起來，就可以得出具有神效的民意，這種信仰其實是當時一股更大思潮的一部分。這是一種由西方知識分子發展出來，對社會和歷史發展過程的新觀點，尤其是出於十八世紀末傑出的蘇格蘭社會科學家之手。正如市場上無數競爭者、買家和賣家，都被看不見的手引導到原非意圖的結果，無數的個別思考者、觀念的創造者和使用者也可以導致原非意圖的結果，也就是民意。

在這樣一個進步、有神恩庇佑、有無數互相孤立但彼此平等的個體的民主世界中，就不再需要革命世代那種在政治和知識上的領導者。這些平凡無名的個體，就如同華盛頓所稱的「掃把」，取代了傑出的政治領袖。美國人現在不斷告訴自己說，「民意要比投機利益人士的理性思考更接近真理」，甚至在藝術品味上，「民意都要勝過評論家和鑑賞家」。儘管聯邦黨人警告說，民意「最侵害個人獨立，最排斥偉人應有的品格」，但在這個把一切齊頭化和民主化的力量之前，紳士再也無法用開國元勳們的方式演說和寫作。[68]

在十九世紀初的新平等主義社會中，每個人的意見都和別人一樣好。而「聰明才智之士」，若不是缺乏「在一個人人皆可致富的年輕國家中隨波逐流的能力」，而成為「化外之民」，就是從知識領袖淪落為「害怕被群眾批評，浪費精力和放棄自尊到令人作嘔地討好群眾。」[69]這樣一個世界，並不是開國元勳們所追求或預想得到的世界，那些能活到十九世紀的人都對自己畢生奮鬥的目標深感幻滅。然而他們每個人都有份創造出這個屬於人民的世界，因為它根源於他們每個人（包括聯邦黨人）都無法否定的根本原則：人民。美國革命最具顛覆性的結果，就是這場革命在知識和政治上的領袖，這樣一批傑出的人，居然親手消滅了自己。

注釋

以下為本書注腳中各作品集的縮寫。

縮寫	完整名稱
Adams, ed., *Works*	Charles F. Adams, ed., *The Works of John Adams*, 10 vols. (Boston: Little, Brown, 1850–56).
Papers of Adams	Robert J. Taylor et al., eds. *The Papers of John Adams* (Cambridge, MA: Harvard University Press, 1977—).
BF, Autobiography	Leonard Labaree et al., eds. *The Autobiography of Benjamin Franklin* (New Haven: Yale University Press, 1964).
Papers of Franklin	Leonard W. Labaree et al., eds., *The Papers of Benjamin Franklin* (New Haven: Yale University Press, 1959—).
Franklin: Writings	J. A. Leo Lemay, ed., *Benjamin Franklin: Writings* (New York: Library of America, 1987).
Papers of Hamilton	Harold C. Syrett et al., eds., *The Papers of Alexander Hamilton*, 27 vols. (New York: Columbia University Press, 1962—).
Hamilton: Writings	Joanne B. Freeman, ed., *Alexander Hamilton: Writings* (New York: Library of America, 2001).

Papers of Jefferson	Julian P. Boyd et al., eds., *The Papers of Thomas Jefferson* (Princeton: Princeton University Press, 1950—).
Ford, ed., *Writings of Jefferson*	Paul L. Ford, ed., *The Writings of Thomas Jefferson,* 10 vols. (New York: G. P. Putnam's Sons, 1892–99).
L and B, ed., *Writings of Jefferson*	A. A. Lipscomb and Albert Ellery Bergh, eds., *The Writings of Thomas Jefferson,* 20 vols. (Washington, D.C.: Jefferson Memorial Association, 1903).
Jefferson: Writings	Merrill D. Peterson, ed., *Thomas Jefferson: Writings* (New York: Library of America, 1984).
Papers of Madison	William T. Hutchinson et al., eds., *The Papers of James Madison*, vols. 1–10 (Chicago: University of Chicago Press, 19—); vol. 11— (Charlottesville, VA: University Press of Virginia, 1977—).
Madison: Writings	Jack N. Rakove, ed., *James Madison: Writings* (New York: Library of America, 1999).
Papers of Washington: Presidential Ser.	W. W. Abbot et al., eds., *The Papers of George Washington: Presidential Series* (Charlottesville, VA: University Press of Virginia, 1987—).
Papers of Washington: Retirement Ser.	W. W. Abbot et al., eds., *The Papers of George Washington: Retirement Series,* 4 vols. (Charlottesville, VA: University Press of Virginia, 1998–99).
Fitzpatrick, ed., *Writings of Washington*	John C. Fitzpatrick, ed., *The Writings of George Washington*, 39 vols. (Washington, D.C.: U.S. Government, 1931–44).
Washington: Writings	John Rhodhamel, ed., *George Washington: Writings* (New York: Library of America, 1997).

JA	John Adams
AB	Aaron Burr
BF	Benjamin Franklin
AH	Alexander Hamilton
TJ	Thomas Jefferson
JM	James Madison
TP	Thoms Paine
GW	George Washington
WMQ	*William and Mary Quarterly*

前言

1. TJ To William Stephens Smith, Oct 22, 1786, *Papers of Jefferson*, 479. Gaye Wilson, "Fashioning the American Diplomat: American Revolutionaries in European Courts"。未出版的手稿，經作者允許引用。

導論

1. Abraham Lincoln, "The Perpetuation of Our Political Institutions: AddressBefore the Young Men's Lyceum of Springfield, Illinois, January 27, 1838," in Roy P. Basler, ed., *Abraham Lincoln: His Speeches and Writings* (Cleveland: World Publishing Co., 1948), 84.
2. John Bach McMaster, *The Political Depravity of the Founding Fathers*

(originally published as *With the Fathers* [1896], New York: Noonday Press, 1964), 71.

3. Wesley Frank Craven, *The Legend of the Founding Fathers* (Ithaca: Cornell University Press, 1956), 195.
4. Charles A. Beard, *An Economic Interpretation of the Constitution of the United States* (originally published in 1913; 1935 ed.; New York: Macmillan, 1986), xlvi, xliv.
5. Joseph J. Ellis, *Founding Brothers: The Revolutionary Generation* (New York: Knopf, 2000), 12.
6. Charles A. Beard, *The Supreme Court and the Constitution* (originally published in 1912; Englewood Cliffs, NJ: Prentice-Hall, 1962), 91.
7. David Eggers, *A Heartbreaking Work of Staggering Genius* (New York: Simon & Shuster, 2000), 265.
8. Peter C. Mancall, *Valley of Opportunity: Economic Culture Along the Upper Susquehanna* (Ithaca: Cornell University Press, 1991), 232.
9. Charles S. Sydnor, *Gentlemen Freeholders: Political Practices in Washington's Virginia* (Chapel Hill: University of North Carolina Press, 1952), 120–34.
10. Adam Smith, *An Inquiry into the Nature and Cases of the Wealth of Nations*, R. H. Campbell and A. S. Skinner, eds. (Oxford: Oxford University Press, 1976, 2), 688。關於四階段發展論，最詳盡的描述是Ronald L. Meek, *Social Science and the Ignoble Savage* (Cambridge, England: Cambridge University Press, 1976)。關於十八世紀美國人如何把四階段論運用在美國社會，參見Drew R. McCoy, *The Elusive Republic: Political Economy in Jeffersonian America* (Chapel Hill: University of North Carolina Press, 1980), 13–47。

11. John Locke, *Two Treatises of Government*, Peter Laslett, ed. (Cambridge: Cambridge University Press, 2d ed., 1967), 301.
12. Henry Dwight Sedgwick, *In Praise of Gentlemen* (Boston: Little Brown, 1935), 130n.
13. Sheldon Rothblatt, *Tradition and Change in English Liberal Education: An Essay in History and Culture* (London: Faber and Faber, 1976), 23–31.
14. Noah Webster, "On the Education of Youth in America" (1790), in Frederick Rudolph, ed., *Essays on Education in the Early Republic* (Cambridge, MA: Harvard University Press, 1965), 56.
15. JA, *Defence of the Constitutions of the United States* (1787–88), Adams, ed., *Works*, 6: 185.
16. Aristotle, *Politics*, VII, ix, 1328b33, T. A. S inclair, trans., rev. by Trevor J. Saunders (New York: Oxford University Press, 1981), 415.
17. Smith, *Wealth of Nations*, Campbell and Skinner, eds., II, 781–83.
18. Francis Hutcheson, *A System of Moral Philosophy in Three Books...* (London: A. Millar, 1755), 2: 113.
19. TJ to Richard Henry Lee, June 17, 1779, in *Papers of Jefferson*, 2: 298.
20. Jack N. Rakove, *The Beginnings of National Politics: An Interpretative History of the Continental Congress* (New York: Knopf, 1979), 216–39, quotation by William Fleming to TJ, May 10, 1779, at 237; George Athan Billias, *Elbridge Gerry: Founding Father and Republican Statesman* (New York: McGraw Hill, 1976), 138–39.
21. TJ, *Notes on the State of Virginia* William Peden, ed. (Chapel Hill: University of North Carolina Press), 165.
22. See William R. Taylor, *Cavalier and Yankee: The Old South and American Character* (New York: G. Braziller, 1961).

23. James Wilson, "On the History of Property," in Robert Green McCloskey, ed., *The Works of James Wilson* (Cambridge, MA: Harvard University Press, 1967), 2: 716; John Dickinson, "Letters of a Farmer in Pennsylvania" (1768), in Paul Leicester Ford, ed., *The Writings of John Dickinson, Vol. I, Political Writings, 1764–1774* (Pennsylvania Historical Society, *Memoirs*, XIV [Philadelphia, 1895]), 307.
24. Charles Chauncy to Richard Price, 1774, in Thomas and Bernard Peach, eds., *The Correspondence of Richard Price* (Durham, NC: Duke University Press, 1983), 170.
25. David Duncan Wallace, *The Life of Henry Laurens* (New York: G. P. Putnam and Sons, 1915), 69–70, 335.
26. David S. Shields, *Civil Tongues and Polite Letters* (Chapel Hill: University of North Carolina Press, 1997), 130.
27. Charles Royster, *A Revolutionary People at War: The Continental Army and American Character, 1775–1783* (Chapel Hill: University of North Carolina Press, 1979), 86–87.
28. William Livingston et al., *Independent Reflector*...Milton M. Klein, ed. (Cambridge, MA: Harvard University Press, 1963), 219.
29. Franco Venturi, *Utopia and Reform in the Enlightenment* (Cambridge, England: Cambridge University Press, 1971), 133.
30. *Boswell's London Journal, 1762–1763*, Frederick A. Pottle, ed. (New York: McGraw Hill, 1950), 47.
31. Steven J. Novak, *The Rights of Youth: American Colleges and Student Revolt, 1798–1815* (Cambridge, MA: Harvard University Press, 1977), 58.
32. Bernard Bailyn, *The Ideological Origins of the American Revolution* (Cambridge, MA: Harvard University Press, 1967), 89–92.

33. 正如Stephen Conway所指出，哈利法克斯的觀點過於極端。雖然格倫維爾本人似乎也認為殖民地人民不同於英國人，但支持印花稅法案的人一定要假設美國人也是國會統治下的英國人的一分子，不然就無法解釋為什麼殖民地人民要繳稅給英國本土。Conway, "From Fellow-Nationals to Foreigners: British Perceptions of the Americans, circa 1739–1783," *WMQ*, 59 (2002), 83–84。
34. 關於身處邊陲如何刺激出創意和想像，參見Bernard Bailyn, *To Begin the World Anew: The Genius and Ambiguities of the American Founders* (New York: Knopf, 2003), 3–36。
35. John Clive and Bernard Bailyn, "England's Cultural Provinces: Scotland andAmerica," *WMQ*, 3d Ser., 11 (1954), 200–213; N. T. Phillipson, "Culture and Society in the 18th Century Province: The Case of Edinburgh and the Scottish Enlightenment," in Lawrence Stone, ed., *The University in Society: Europe, Scotland, and the United States from the 16th to the 20th Century* (Princeton: Princeton University Press, 1974), 2: 425; Stephan A. Conrad, "Polite Foundation: Citizenship and Common Sense in James Wilson's Republican Theory," *Supreme Court Review—1984*, Philip B. Kurland et al., eds. (Chicago: Chicago University Press, 1985), 362.
36. Livingston et al., *Independent Reflector*, Klein, ed., 220.
37. Robert F. Sayre, *The Examined Self: Benjamin Franklin, Henry Adams, Henry James* (Princeton: Princeton University Press, 1964), 12–43.
38. Joseph Addison, *The Spectator*, No. 10 (March 12, 1710–11), Alexander Chalmers, ed. (New York: D. Appleton, 1861), 129–30.
39. John Adams to Benjamin Rush, September 30, 1805, John A. Schutz and Douglass Adair, eds., *The Spur of Fame: Dialogues of John Adams and*

Benjamin Rush, 1805–1813 (San Marino, CA: Huntington Library, 1966), 42–43.

40. Benjamin Rush, "To———: Information to Europeans Who Are Disposed to Migrate to the United States," April 16, 1790, in Lyman H. Butterfield, ed., *The Letters of Benjamin Rush* (Princeton: Princeton University Press, 1951), 2: 554.
41. Duncan J. MacLeod, *Slavery, Race, and the American Revolution* (Cambridge, England: Cambridge University Press, 1974), 29.
42. Ellsworth, quoted in J. J. Spengler, "Malthusianism in Late Eighteenth-Century America," *American Economic Review*, 25 (1935), 705.

第一章

本章是作者在*Virginia Quarterly Review*, 68 (1992), 189–207的改寫和加長版，經該刊同意使用。

1. Hawthorne, Emerson, and Ward, quoted in James Morton Smith, ed., *George Washington: A Profile* (New York: Hill and Wang, 1969), xii.
2. Pauline Maier, *The Old Revolutionaries: Political Lives in the Age of Samuel Adams* (New York: Knopf, 1980), 47.
3. JA to Benjamin Rush, March 19, 1812, in Barry Schwartz, *George Washington: The Making of an American Symbol* (New York: Free Press, 1987), 5; TJ to Dr. Walter Jones, January 2, 1814, *Jefferson: Writing*, 1319.
4. Chateaubriand, in Gilbert Chinard, ed., *George Washington as the French Knew Him* (Princeton: Princeton University Press, 1940), 96.
5. GW to Lafayette, August 15, 1787, to Henry Knox, February 20, 1784, Fitzpatrick, ed., *Writings of Washington* 29: 259; 27: 341. See Paul Boller,

Jr., *George Washington and Religion* (Dallas: Southern Methodist University Press, 1963), 94; Jay Fliegelman, *Prodigals and Pilgrims: The American Revolution Against Patriarchal Authority, 1750–1800* (Cambridge, England: Cambridge University Press, 1982), 212.

6. TJ, A Bill for Establishing Religious Freedom, 1779, *Jefferson: Writings*, 346.
7. GW to Reverend Jonathan Boucher, July 9, 1771, Fitzpatrick, ed., *Writings of Washington*, 3: 50.
8. Charles Moore, ed., *George Washington's Rules of Civility and Decent Behaviour in Company and Conversation* (Boston, 1926), 9, 5.
9. Frederic M. Litto, "Addison's *Cato* in the Colonies," *WMQ*, 3d Ser. (1966), 431–449.
10. GW to George Steptoe Washington, March 23, 1789, in *Papers of Washington: Presidential Ser.*, 1: 438.
11. Bernard Knollenberg, as noted by James Thomas Flexner, *George Washington: The Forge of Experience (1732–1775)* (Boston: Little, Brown, 1965), 254.
12. W. W. Abbot et al., eds., *The Papers of Washington: Colonial Series*, 10 vols. (Charlottesville: University Press of Virginia), 1: xvii.
13. Rush to JA, September 21, 1805, in John A. Schutz and Douglass Adair, eds., *The Spur of Fame: Dialogues of John Adams and Benjamin Rush, 1805–1813* (San Marino, CA: Huntington Library, 1980), 37.
14. GW to David Humphreys, July 25, 1785, Fitzpatrick, ed., *Writings of Washington*, 28: 203.
15. David S. Shields, *Civil Tongues and Polite Letters* (Chapel Hill: University of North Carolina Press, 1997), 116.

16. Brissot de Warville, in Chinard, ed., *Washington as the French Knew Him*, 87; JA to Rush, November 11, 1807, in Schutz and Adair, eds., *Spur of Fame*, 98.
17. GW to John Francis Mercer, September 9, 1786, *Washington: Writings*, 607.
18. GW to Tobias Lear, May 6, 1794, Fitzpatrick, ed., *Writings of Washington*, 33: 358.
19. GW's Last Will and Testament, July 9, 1799, *Papers of Washington: Retirement Ser.*, 4: 480。關於華盛頓對奴隸制的態度，參見Robert F. Dazell and Lee Baldwin Dalzell, *George Washington's Mount Vernon: At Home in Revolutionary America* (New York: Oxford University Press, 1998), and Henry Wiencek, *An Imperfect God: George Washington, His Slaves and the Creation of America* (New York: Farrar, Straus and Giroux, 2003)。
20. Garry Wills, *Cincinnatus: George Washington and the Enlightenment* (New York, 1984), 3–16.
21. GW, Circular Letter to the States, June 8, 1783, in Fitzpatrick, ed., *Writings of Washington*, 26: 486; Wills, *Cincinnatus*, 13.
22. TJ to GW, April 16, 1784, *Washington: Writings*, 791.
23. James Thomas Flexner, *George Washington and the New Nation (1783–1793)* (Boston: Little, Brown, 1965), 3: 419.
24. See AH, *The Federalist*, No. 72, Jacob E. Cooke, ed. (Middletown, CT: Wesleyan University Press, 1961), 488.
25. TJ to Dr. Walter Jones, January 2, 1814, *Jefferson: Writings*, 1319.
26. GW to Benjamin Harrison, January 22, 1785, to William Grayson, January 22, 1785, to George William Fairfax, February 27, 1785, Fitzpatrick, ed., *Writings of Washington*, 28: 36, 85.

27. GW to Benjamin Harrison, January 22, 1785, to William Grayson, January 22, 1785, to Lafayette, February 15, 1785, to George William Fairfax, February 27, 1785, to Governor Patrick Henry, February 27, 1785, to Henry Knox, February 28, 1785, June 18, 1785, to Nathanael Greene, May 20, 1785, Fitzpatrick, ed., *Writings of Washington*, 28: 36, 37, 72, 80–81, 85, 89–91, 92–93, 167, 146.
28. GW to Henry Knox, March 8, 1787, to David Humphreys, March 8, 1787, Fitzpatrick, ed., *Writings of Washington*, 29: 172.
29. GW to Humphreys, December 26, 1786, Fitzpatrick, ed., *Writings of Washington*, 29, 128; Flexner, *Washington and the New Nation*, 3: 108.
30. Monroe to TJ, July 12, 1788, *Papers of Jefferson*, 13: 352.
31. GW to Henry Lee, September 22, 1788, in Fitzpatrick, ed., *Writings of Washington*, 30: 97, 98.
32. AH to GW, September 1788, *Papers of Hamilton*, 5: 221–222; GW to Lincoln, October 26, 1788, *Papers of Washington: Presidential Ser.*, 1: 71.
33. Douglas Southall Freeman, *George Washington: A Biography* (New York: Scribner's, 1954), 6: 86.
34. Abigail Adams, quoted in Flexner, *Washington and the New Nation*, 220; Garry Wills, *Cincinnatus: George Washington and the Enlightenment* (Garden City, NY: Doubleday, 1984), 23.
35. Rush, "To———: Information to Europeans Who Are Disposed to Migrate to the United States," April 16, 1790, Lyman H. Butterfield, ed., *Letters of Benjamin Rush* (Princeton: Princeton University Press, 1951), 2: 556.
36. JM, "Vices of the Political System of the United States," in *Papers of Madison*, 9: 352, 357.

37. 華盛頓宣稱「奧古斯都時代以智性上的精進和典雅出名」，但他從未提到奧古斯都時代在政治上是反對共和制的。GW to Lafayette, May 28, 1788, *Washington: Writings*, 681。關於聯邦黨人和奧古斯都時代，參見Linda Kerber, *Federalists in Dissent: Imagery and Ideology in Jeffersonian America* (Ithaca, NY: Cornell University Press, 1970)。
38. Max Farrand, *The Records of the Federal Convention of 1787* (New Haven: Yale University Press, 1937), 1: 65, 119; 2: 513.
39. TJ to David Humphreys, March 18, 1789, in *Papers of Jefferson*, 14: 679.
40. Louise B. Dunbar, *A Study of "Monarchical"Tendencies in the United States from 1776 to 1801*, in *Illinois Studies in the Social Sciences*, 10 (1922), 99–100.
41. James McHenry to GW, March 29, 1789, in *Papers of Washington: Presidential Ser.*, 1: 461.
42. Winifred E. A. Bernard, *Fisher Ames: Federalist and Statesman, 1758–1808* (Chapel Hill: University Press of North Carolina, 1965), 92.
43. David W. Robson, *Educating Republicans: The College in the Era of the American Revolution, 1758–1800* (Westport, CT., 1985), 149; Thomas E. V. Smith, *The City of New York in the Year of Washington's Inauguration, 1789* (New York, 1889, reprint ed., Riverside, CT: Chatham Press, 1972), 217–19.
44. GW, undelivered first inaugural address, January 1789, *Papers of Washington: Presidential Ser.*, 2: 162.
45. AH to GW, May 5, 1789, in *Papers of Hamilton*, 5: 335–37; JA to GW, May 17, 1789, *Papers of Washington*: Presidential Ser., 2: 314.
46. Flexner, *Washington and the New Nation*, 195.
47. Leonard D. White, *The Federalists: A Study in Administrative History*

(New York: Macmillan, 1948), 108; S. W. Jackman, "A Young Englishman Reports on the New Nation: Edward Thornton to James Bland Burges, 1791–1793," *WMQ*, 18 (1961), 111.

48. David Waldstreicher, *In the Midst of Perpetual Fetes: The Making of American Nationalism, 1776–1820* (Chapel H ill: University of North Carolina Press, 1997), 120–22.
49. GW to JM, March 30, 1789, in *Papers of Washington: Presidential Ser.*, 1: 484; Don Higginbotham, *George Washington: Uniting a Nation* (Lanham, MD: Rowman and Littlefield, 2002), 10; JA to Benjamin Rush, Schutz and Adair, eds., *Spur of Fame*, 181.
50. Kenneth R. Bowling and Helen E. Veit, eds., *The Diary of William Maclay and Other Notes on Senate Debates: Documentary History of the First Federal Congress of the United States of America, 4 March 1789–3 March 1791* (Baltimore: Johns Hopkins University Press, 1988), 9: 21; Schwartz, *Washington*, 62.
51. Bowling and Veit, eds., *Diary of Maclay*, 21.
52. Page Smith, *John Adams* (New York: Doubleday, 1962), 2: 755.
53. TJ to JM, July 29, 1789, in *Papers of Jefferson*, 15: 316.
54. White, *Federalists*, 108.
55. Abraham Baldwin, November 30, 1806, in James H. Hutson, ed., *Supplement to Max Farrand's the Records of the Federal Convention of 1787* (New Haven: Yale University Press, 1987), 305.
56. S. W Jackman, "A Young Englishman Reports on the New Nation: Edward Thornton to James Bland Burges, 1791–1793," *WMQ*, 18 (1961), 104.
57. GW to John Augustine Washington, June 15, 1783, *Washington: Writings*, 527.

58. Bowling and Veit, eds., *Diary of Maclay*, 130; Glenn A. Phelps, *George Washington and American Constitutionalism* (Lawrence, KS: University Press of Kansas, 1993), 170.
59. GW to Philip Schuyler, December 24, 1775, in *Papers of Washington: Revolution Ser.*, 2: 599–600.
60. GW to the House of Representatives, March 30, 1796, in *Washington: Writings*, 931.
61. GW to JM, December 3, 1784, *Papers of Madison*, 12: 478; GW to John Hancock, September 24, 1776, in Fitzpatrick, ed., *Writings of Washington*, 6: 107–108.
62. Higginbotham, *Washington*, 53, 59–60, 55.
63. GW, Circular Letter to State Governments, June 8, 1783, *Washington: Writings*, 518.
64. TJ, notes of a conversation with Edmund Randolph [after 1795], *Papers of Jefferson*, 28: 568.
65. Higginbotham, *Washington*, 62, drawing on the work of David Shields and Fredrika Teute.
66. JM's conversations with GW, May 5–25, 1792, AH to GW, July 30–August 3, 1792, *Papers of Washington: Presidential Ser.*, 10: 351, 594; Elizabeth Willing Powel to GW, November 17, 1792, ibid., 11: 396.
67. TJ to JM, June 9, 1793, James Morton Smith, ed., *The Republic of Letters: The Correspondence Between Thomas Jefferson and James Madison 1776–1826* (New York: Norton, 1995), 781.
68. GW to Timothy Pickering, February 6, 1798, to Charles Carroll of Carrollton, August 2, 1798, *Papers of Washington: Retirement Ser.*, 2: 76; 483.

69. GW to the Marquis de Lafayette, December 25, 1798, *Papers of Washington: Retirement Ser.*, 3: 284.
70. GW to J ames McHenry, July 4, 1798, to JA, July 4, 1798, *Papers of Washington: Retirement Ser.*, 2: 378; 369.
71. GW to John Quincy Adams, January 20, 1799, *Papers of Washington: Retirement Ser.*, 3: 321.
72. Jonathan Trumbull, Jr., to GW, June 22, 1799, GW to Trumbull, July 21, 1799, *Papers of Washington: Retirement Ser.*, 4: 143–44, 202.

第二章

本章是我的書 *The Americanization of Benjamin Franklin* (New York: Penguin, 2004)的節錄版。

1. *New York Times*, September 19, 1856, quoted in Nian-Sheng Huang, *Benjamin Franklin in American Thought and Culture, 1790–1990* (Philadelphia: American Philosophical Society, 1994), 31.
2. Richard D. Miles, "The American Image of Benjamin Franklin," *American Quarterly*, 9 (1957), 136.
3. See Douglass Adair, "Fame and the Founding Fathers," in Trevor Colbourn, ed., *Fame and the Founding Fathers: Essays by Douglass Adair* (New York: Norton, 1974), 3–26.
4. 關於富蘭克林的謙虛策略，參見Paul W. Conner, *Poor Richard's Politicks: Benjamin Franklin and His New American Order* (New York: Oxford University Press, 1965), 149–69。
5. J. Philip Gleason, "A Scurrilous Colonial Election and Franklin's Reputation,"*WMQ*, 3d Ser., 18 (1961), 76.

6. Jennifer T. Kennedy, "Death Effects: Revisiting the Conceit of Franklin's Memoir," *Early American Literature*, 36 (2001), 204.
7. BF, *Autobiography*, 75–76.
8. J. A. Leo Lemay, "The Theme of Vanity in Franklin's Autobiography," in Lemay, ed., *Reappraising Benjamin Franklin: A Bicentennial Perspective* (Newark, DE: 1993), 372–87.
9. Stanley Brodwin, "Strategies of Humor: The Case of Benjamin Franklin," *Prospects*, 4 (1779), 121–67.
10. Verner W. Crane, ed., *Benjamin Franklin's Letters to the Press, 1758–1775* (Chapel Hill: University of North Carolina Press, 1950), xxx.
11. J. A. Leo Lemay, *The Canon of Benjamin Franklin: New Attributions and Reconsiderations* (Newark, DE: University of Delaware Press, 1986), 135; Bruce Ingham Granger, *Benjamin Franklin: An American Man of Letters* (Ithaca, 1964).
12. BF, on censure and backbiting, 1732, *Franklin: Writings*, 192–95.
13. BF, on simplicity, 1732, *Franklin: Writings*, 183; BF, Poor Richard, 1743, *Papers of Franklin*, 2: 370.
14. Lionel Trilling, *Sincerity and Authenticity* (Cambridge, MA: Harvard University Press, 1972), 17–18.
15. BF, Poor Richard, 1735, *Papers of Franklin*, 2: 8.
16. AH to Edward Stevens, November 11, 1769, *Papers of Hamilton*, 1: 4.
17. BF, *Autobiography*, 80.
18. BF, Ibid., 113. 19. BF, Ibid., 121.
20. J. P. Brissot de Warville, *New Travels in the United States of America, 1788*, Mara Socianu Vamos and Durand Echeverria, trs. (Cambridge, MA: Harvard University Press, 1964), 188n; Carl Bridenbaugh, *The Colonial*

Craftsman (Chicago: University of Chicago Press, 1950), 61–62.

21. 富蘭克林在一七七五年告訴朋友，「我大部分的財產都是在沿海城鎮的房子」，可能會被英國人放火燒掉。BF to John Sargent, June 27, 1775, BF to Jonathan Shipley, July 7, 1775, *Papers of Franklin*, 22: 72, 95。
22. Ronald W. Clark, *Benjamin Franklin: A Biography* (New York: Random House, 1983), 45.
23. BF, *Autobiography*, 196; BF to Cadwallader Colden, September 29, 1748, *Papers of Franklin*, 3: 318.
24. BF, *Autobiography*, 196.
25. BF to Whitefield, July 2, 1756, *Papers of Franklin*, 6: 468.
26. BF, *Proposals Relating to the Education of Youth in Pensilvania* (Philadelphia, 1749), *Papers of Franklin*, 3: 400.
27. BF to Peter Collinson, December 29, 1754, *Papers of Franklin*, 5: 454.
28. BF to William Parsons, February 22, 1757, *Papers of Franklin*, 7: 136.
29. BF to Mary Stevenson, March 25, 1763, *Papers of Franklin*, 10: 232.
30. BF to Richard Jackson, March 8, 1763, *Papers of Franklin*, 10: 210.
31. BF to Jared Ingersoll, December 11, 1762, *Papers of Franklin*, 10: 174–76.
32. BF, *Poor Richard Improved*, 1765, *Papers of Franklin*, 12: 64.
33. BF to John Hughes, August 9, 1765, *Papers of Franklin*, 12: 234–35.
34. BF to William Franklin, July 2, 1768, *Papers of Franklin*, 15: 161, 162, 164.
35. William Strahan to William Franklin, April 3, 1771, *Papers of Franklin*, 18: 65.
36. BF to David Hartley, October 3, 1775, *Papers of Franklin*, 22: 217.
37. *European Magazine* (London, March 3, 1783), quoted in P. M. Zall, ed.,

Ben Franklin Laughing: Anecdotes from Original Sources by and About Benjamin Franklin (Berkeley, 1980), 77.

38. BF to William Strahan, July 5, 1775, *Papers of Franklin*, 22: 85.
39. BF to William Franklin, August 19–22, 1772, *Papers of Franklin*, 19: 259.
40. BF to Sarah Bache, June 3, 1779, *Papers of Franklin*, 29: 613.
41. Alfred Owen Aldridge, *Franklin and His French Contemporaries* (New York: New York University Press, 1957), 50.
42. Vergennes to Layfayette, August 7, 1780, Stanley J. Idzerda et al., eds., *Lafayette in the Age of the American Revolution: Selected Letters and Papers, 1776–1790* (Ithaca, NY: Cornell University Press, 1977), 3: 130.
43. M. L. Weems, *The Life of Benjamin Franklin; with Many Choice Anecdotes and Admirable Sayings of This Great Man, Never Before Published by Any of His Biographers* (Philadelphia, 1829), 23.

第三章

本章是我收錄在Peter S. Onuf, ed., *Jeffersonian Legacies* (Charlottesville, VA: University Press of Virginia, 1993)一書中的同名文章，經同意後使用。

1. Lincoln to H. L. Pierce and others, April 6, 1859, in Roy P. Basler, ed., *Abraham Lincoln: His Speeches and Writings* (Cleveland: World Publishing Co., 1946), 489.
2. Merrill Peterson, *The Jeffersonian Image in the American Mind* (New York: Oxford University Press, 1960), 234.
3. Ibid., vii, 9.
4. Leonard W. Levy, *Jefferson and Civil Liberties: The Darker Side*

(Cambridge, MA: Harvard University Press, 1963).

5. Bernard Bailyn, *Faces of Revolution: Personalities and Themes in the Struggle for American Independence* (New York: Knopf, 1990), 27.
6. R. R. Palmer, "The Dubious Democrat: Thomas Jefferson in Bourbon France," *Political Science Quarterly*, 72 (1957), 388–404.
7. TJ to Francis Hopkinson, March 13, 1789, *Papers of Jefferson*, 14: 650–51.
8. Robert McColley, *Slavery and Jeffersonian Virginia* (Urbana, IL: University of Illinois Press, 1964); William Cohen, "Thomas Jefferson and the Problem of Slavery," *Journal of American History*, 56 (1969), 503–26。要對這些批評做一些史學上的平衡，很重要的一點是要記住在美國革命時，奴隸制已在維吉尼亞和美洲存在了超過一個世紀，並沒有受到什麼批評和道德譴責。所以當傑佛遜和許多革命黨人起身批判奴隸制時，他們是在對抗一個他們從小生長的奴隸社會。美國革命在這一點的成就是不能被忽視的。
9. William W. Freehling, *The Road to Disunion: Secessionists at Bay, 1776–1854*, (New York: Oxford University Press, 1990), 1: 123, 127–28.
10. Jefferson, *Notes on the State of Virginia*, William Peden, ed. (Chapel Hill: University of North Carolina Press, 1954), 138–43.
11. See Jan Ellen Lewis and Peter S. Onuf, eds., *Sally Hemings and Thomas Jefferson: History, Memory, and Civic Culture* (Charlottesville, VA: University of Virginia Press, 1999).
12. Freehling, *Road to Disunion*, 1: 128–29.
13. Gary C. Bryner, "Constitutionalism and the Politics of Rights," in Gary C. Bryner and Noel B. Reynolds, eds., *Constitutionalism and Rights* (Provo, UT: Brigham Young University Press, 1987), 7–29.
14. Linda K. Kerber, *Federalists in Dissent: Imagery and Ideology in*

Jeffersonian America (Ithaca: Cornell University Press, 1970), 20.

15. J. G. A. Pocock, "Virtue and Commerce in the Eighteenth Century," *Journal of Interdisciplinary History*, 3 (1972), 130–31, 134; Pocock, *The Machiavellian Moment: Florentine Political Thought and the Atlantic Republican Tradition* (Princeton: Princeton University Press, 1975), 532–33.
16. Garry Wills, *Inventing America: Jefferson's Declaration of Independence* (Garden City, NY: Doubleday, 1978); Ronald Hamowy, "Jefferson and the Scottish Enlightenment: A Critique of Garry Wills's *Inventing America: Jefferson's Declaration of Independence*," *WMQ*, 36 (1979), 503–523.
17. Kenneth S. Lynn, "Falsifying Jefferson," *Commentary*, 66 (October 1978), 66.
18. Joyce Appleby, *Liberalism and Republicanism in the Historical Imagination* (Cambridge, MA: Harvard University Press, 1992), 258, 300–1, 318.
19. Richard K. Matthews, *The Radical Politics of Thomas Jefferson* (Lawrence, KS: University of Kansas Press, 1984), 16.
20. Freehling, *Road to Disunion*, 1: 123.
21. TJ to Henry Lee, May 8, 1825, in *Jefferson: Writings*, 1501.
22. TJ, *Autobiography*, 1743–1790, *Jefferson: Writings*, 32, 3.
23. TJ to JA, October 28, 1813, Lester J. Cappon, ed., *The Adams-Jefferson Letters: The Complete Correspondence Between Thomas Jefferson and John Adams* (Chapel Hill: University of North Carolina Press, 1959), 2: 388.
24. Dumas Malone, *Jefferson the Virginian: Jefferson and His Time* (Boston:

Little, Brown, 1948), 1: 8; TJ to John Page, May 25, 1766, *Papers of Jefferson*, 1: 19–20; Merrill D. Peterson, *Thomas Jefferson and the New Nation: A Biography* (New York: Oxford University Press, 1970), 14, 15; Eleanor D. Berman, *Thomas Jefferson Among the Arts: An Essay in Early American Esthetics* (New York: Philosophical Library, 1947), 1.

25. Seymour Howard, "Thomas Jefferson's Art Gallery for Monticello," *The Art Bulletin*, 59 (1977), 583–600; Marquis de Chastellux, *Travels in North America in the Years 1780, 1781 and 1782,* Howard C. Rice, ed. (Chapel Hill: University of North Carolina Press, 1963), 2: 391.
26. TJ to Giovanni Fabbroni, June 8, 1778, *Papers of Jefferson*, 2: 196.
27. TJ to Benjamin Harrison, January 12, 1785, *Papers of Jefferson*, 7: 600; GW to TJ, August 1, 1786, Fitzpatrick, ed., *Writings of Washington*, 28: 504; TJ to Nathaniel Macon, January 22, 1816, L&B, eds., *Writings of Jefferson*, 14: 408.
28. Berman, *Jefferson Among the Arts*, 84; TJ, *Notes on Virginia*, Peden, ed., 153; TJ to JM, September 20, 1785, *Papers of Jefferson*, 8: 535.
29. Stanley Grean, *Shaftesbury's Philosophy of Religion and Ethics: A Study in Enthusiasm* (Columbus, OH: Ohio University Press, 1967), 250; Lawrence Klein, "The Third Earl of Shaftesbury and the Progress of Politeness," *Eighteenth Century Studies*, 18 (1984–85), 186–214.
30. *New York Magazine*, II (1792), 406.
31. Conrad, "Polite Foundation," Philip Kurland, et al., eds., *Supreme Court Review–1984*, (Chicago: University of Chicago Press, 1985), 361, 363, 365.
32. Berman, *Jefferson Among the Arts*, 18.
33. TJ to Peter Carr, August 10, 1787, *Papers of Jefferson*, 12: 15; TJ to T. Law, June 13, 1814, L&B, eds., *Writings of Jefferson*, 14: 141–142.

34. 關於熱烈推崇儀節為天然的社會黏著劑，可詳見Gordon S. Wood, *The Radicalism of the American Revolution* (New York: Knopf, 1992), 215–25。亦可參見Richard L. Bushman, *The Refinement of America: Persons, Houses, Cities* (New York: Knopf, 1992)。
35. Drew R. McCoy, *The Last of the Fathers: James Madison and the Republican Legacy* (Cambridge, England: Cambridge University Press, 1989), 115.
36. TJ, Second Inaugural Address (1805), TJ to Dr. Joseph Priestley, January 29, 1804, *Jefferson: Writings*, 519, 1142.
37. Drew R. McCoy, *The Elusive Republic: Political Economy in Jeffersonian America*, (Chapel Hill: University of North Carolina Press, 1980).
38. 對於傑佛遜外交政策的批判，參見Robert W. *Tucker and David C. Hendrickson, Empire of Liberty: The Statecraft of Thomas Jefferson* (New York: Oxford University Press, 1990)。
39. McCoy, *Last of the Fathers*, 144; TJ to Abigail Adams, February 22, 1787, Cappon, ed., *Adams-Jefferson Letters*, I, 173; TJ to William Stephens Smith, November 13, 1787; TJ to William Short, January 3, 1793, *Papers of Jefferson*, 12: 356; 25: 14.
40. TJ to Roger C. Weightman, June 24, 1826, *Jefferson: Writings*, 1517.
41. McCoy, *Last of the Fathers*, 29.
42. Wood, *Radicalism of the Revolution*, 318.
43. Dumas Malone, *The Sage of Monticello: Jefferson and His Time* (Boston: Little Brown, 1981), 331, 148–50.
44. TJ to John Holmes, April 22, 1820, *Jefferson: Writings*, 1434; Malone, *Sage of Monticello*, 336–37.

45. TJ to Albert Gallatin, December 26, 1820, *Ford*, ed., *The Writings of Jefferson*, 10: 177.
46. Malone, *Sage of Monticello*, 356.
47. TJ to JA, August 1, 1816, Cappon, ed., *Adams-Jefferson Letters*, 2: 485.
48. TJ to Edward Coles, August 25, 1814, *Jefferson: Writings*, 1348.
49. Malone, *Sage of Monticello*, 123.
50. TJ to Dr. Thomas Humphreys, February 8, 1817, Ford, ed., *Writings of Jefferson*, X: 77.
51. Robert E. Shalhope, "Thomas Jefferson's Republicanism and AntebellumSouthern Thought," *Journal of Southern History*, 42 (1976), 542.
52. TJ to JM, February 17, 1826, *Jefferson: Writings*, 1514.
53. Malone, *Sage of Monticello*, 477.
54. TJ to Francis Adrian Van De Kamp, January 11, 1825, Ford, ed., *Writings of Jefferson*, X: 337.

第四章

本章大部分內容來自我在*The New Republic*, October 15, 2001的書評，經同意後使用。

1. John Morse, quoted in Stephen F. Knott, *Alexander Hamilton and the Persistence of Myth* (Lawrence, KS: University Press of Kansas, 2002), 71.
2. Herbert Croly, *The Promise of American Lif*e (New York: Macmillan), 29, 38.
3. Robert I. Warshow, *Alexander Hamilton: First American Business Man* (New York: Greenberg, 1931), ix, x.

4. AH to Theodore Sedgwick, July 10, 1804, to Gouverneur Morris, February 29, 1802, in *Hamilton: Writings*, 1022, 986.
5. Robert Middlekauff, *The Glorious Cause: The American Revolution, 1763–1789* (New York: Oxford University Press, 1982), 568.
6. AH to James Duane, September 3, 1780, *Papers of Hamilton*, 2: 404.
7. Max Farrand, ed., *The Records of the Federal Convention of 1787* (New Haven: Yale University Press, 1937), 1: 282–93.
8. Robert Hendrickson, *Hamilton I (1757–1789)* (New York: Mason/Charter, 1976), 246.
9. Leonard D. White, *The Federalists: A Study in Administrative History* (New York: Macmillan, 1948), 117; Jacob E. Cooke, *Alexander Hamilton* (New York: Scribner's, 1982), 73.
10. Freeman W. Meyer, "A Note on the Origins of the 'Hamiltonian' System," *WMQ*, 3d. Ser., 21 (1964), 579–88.
11. TJ, The Anas, 1791–1806, *Jefferson: Writings*, 671.
12. David Hume, "Of the Independency of Parliament," *Essays and Treatises on Several Subjects* (London, 1793), 1: 51–52.
13. AH to Robert Troup, April 13, 1795, *Papers of Hamilton*, 18: 329; Sir James Steuart (1767), quoted in Stephen Copley, *Literature and the Social Order in Eighteenth-Century England* (London: Croom Helm, 1984), 120; AH, "The Defence of the Funding System," July 1795, *Papers of Hamilton*, 13: 349.
14. AH, "The Continentalist No. VI," July 4, 1782, *Papers of Hamiltion*, 3: 105–6.
15. White, *Federalists*, 117; Cooke, *Hamilton*, 73.
16. Gouveneur Morris, quoted in *Hamilton Papers*, 26: 324n.

17. John Brewer, *The Sinews of Power: War, Money and the English State, 1688–1783* (New York: Knopf, 1989).
18. AH, "Opinion on the Constitutionality of a National Bank, February 23, 1791, *Hamilton: Writings*, 613–46.
19. Bray Hammond, *Banks and Politics in America from the Revolution to the Civil War* (Princeton: Princeton University Press, 1957), 66.
20. TJ to Colonel Charles Yancey, January 6, 1816, Ford, ed., *Writings of Jefferson*, 10: 2; Hammond, *Banks and Politics*, 196.
21. AH, "Views on the French Revolution (1794)," *Papers of Hamilton*, 26: 739–40.
22. AH, "The Continentalist No. V," April 18, 1782, *Papers of Hamilton*, 3: 76.
23. Joanne B. Freeman, *Affairs of Honor: National Politics in the New Republic*, (New Haven: Yale University Press, 2001).
24. Ibid., xiv.
25. Adams, ed., *Works*, 9: 305–6.
26. AH to Theodore Sedgwick, February 2, 1799, *Hamilton: Writings*, 914.
27. AH to James McHenry, March 18, 1799, *Hamilton: Writings*, 915.
28. AH to Theodore Sedgwick, February 2, 1799, *Hamilton: Writings*, 914.
29. AH to Rufus King, August 22, 1798, *Papers of Hamilton*, 22: 154–55.

第五章

本章改寫自收錄在David Womersley, ed., *Liberty and the American Experience in the Eighteenth Century* (Indianapolis: Liberty Fund, 2006)的同名文章，經同意後用。

1. For an excellent discussion of the differences between the two men see

Drew R. McCoy, *The Last of the Fathers: James Madison and the Republican Legacy* (Cambridge, England: Cambridge University Press, 1989), 45–64.

2. TJ to Abigail Adams, February 22, 1787, Lester J. Cappon, ed., *The AdamsJefferson Letters: The Complete Correspondence Between Thomas Jefferson and Abigail and John Adams* (Chapel Hill: University of North Carolina Press, 1959), 1: 173.
3. Jefferson quoted in Ralph Ketcham, *James Madison: A Biography* (New York: Macmillan, 1971), 162; Drew McCoy, "The Virginia Port Bill of 1784," *Virginia Magazine of History and Biography*, 83 (1975), 294; JM to Edmund Pendleton, January 9, 1787, to GW, December 24, 1786, in *Papers of Madison*, 9: 244, 225; A. G. Roeber, *Faithful Magistrates and Republican Lawyers: Creators of Virginia Legal Culture, 1680–1810* (Chapel Hill: University of North Carolina Press, 1981), 192–202.
4. McCoy, "Virginia Port Bill," *VMHB*, 83 (1975), 292; JM to GW, December 7, 1786, to Pendleton, January 9, 1787, to GW December 24, 1786, to TJ, December 4, 1786, *Papers of Madison*, 9: 200, 244, 225, 191; Ketcham, *Madison*, 172.
5. "Vices of the Political System of the United States" (April 1787), in *Papers of Madison*, 9: 354, 355–56.
6. GW to Henry Lee, April 5, 1786, Fitzpatrick, ed., *Writings of Washington*, 28: 402; Jerry Grundfest, *George Clymer: Philadelphia Revolutionary, 1739–1813* (New York: Arno Press, 1982), 165, 164; E. Wayne Carp, *To Starve the Army at Pleasure: Continental Army Administration and American Political Culture, 1775–1783* (Chapel Hill: University of North Carolina Press, 1984), 209; Knox, quoted in William

Winslow Crosskey and William Jeffrey, Jr., *Politics and the Constitution in the History of the United States* (Chicago: University of Chicago Press, 1980), 3: 420, 421.

7. TJ to JM, December 16, 1786, *Papers of Jefferson*, 10: 603.
8. Adam Smith, *The Theory of Moral Sentiments*, D. D. Raphael and A. L. Macfie, eds. (Oxford: Oxford University Press, 1776), 20–25.
9. Gordon S. Wood, *The Creation of the American Republic, 1776–1787* (Chapel Hill: University of North Carolina Press, 1969), 473.
10. JM to GW, April 16, 1787, *Madison: Writings*, 81.
11. Stuart Leibiger, *Founding Friendship: George Washington, James Madison, and the Creation of the American Republic* (Charlottesville: University Press of Virginia, 1999), 123.
12. 水手遇到鯨魚時經常會丟水盆到海裡以轉移鯨魚的注意力。參見 Kenneth R. Bowling, " 'A Tub to t e Whale': The Founding Fathers and Adoption of the Federal Bill of Rights," *Journal of the Early Republic*, 8 (1988), 223–51。
13. AH to Edward Carrington, May 26, 1792, *Papers of Hamilton*, 11: 432.
14. Stanley Elkins and Eric McKitrick, *The Age of Federalism* (New York: Oxford University Press, 1993), 234; JM to TJ, May 1, 1791, in James Morton Smith, ed., *The Republic of Letters: The Correspondence Between Thomas Jefferson and James Madison, 1776–1826* (New York: Norton, 1995), 2: 685.
15. Smith, ed., *Republic of Letters*, 2: 881.
16. AH to Edward Carrington, May 26, 1792, *Papers of Hamilton*, 11: 429.
17. Smith, ed., *Republic of Letters*, 2: 747.
18. E. James Ferguson, *The Power of the Purse: A History of American*

Public Finance, 1776–1790 (Chapel Hill: University of North Carolina Press, 1961), 298.

19. Elkins and McKitrick, *Age of Federalism*, 136–45.
20. JM to TJ, October 5, 1794, in Smith, ed., *Republic of Letters*, 2: 857.
21. Marvin Myers, ed., *The Mind of the Founder: Sources of the Political Thought of James Madison* (Indianapolis: Bobbs-Merrill, 1973), xlv.
22. 在一篇寫於半世紀前的短文中，Neal Reimer強調過麥迪遜長期的一致性。然而他只著重在麥迪遜畢生都堅持共和主義，而這一點是很少有人懷疑的。但他也認為在一七九〇年代「麥迪遜確實對其早年的民族主義有所退卻」。Reimer, "The Republicanism of James Madison," *Political Science Quarterly*, 69 (1954), 45–64, quotation at 56。但Lance Banning在其*The Sacred Fire of Liberty: James Madison and the Founding of the Federal Republic* (Ithaca: Cornell University Press, 1995)一書中主張麥迪遜在一七八年〇年代也不是個狂熱的民族主義者。Banning說：「他只是在某些時候對某些議題是民族主義者，而且是在其革命理念允許的範圍之內。」也就是說，Banning認為當代學者都把麥迪遜在一七八〇年代的立場搞錯了。「普遍都誤解了制憲會議的希望和恐懼的是什麼」，「也誤解了隨著會議進行所發生的心態轉變」，「所以就對他的發言和他在《聯邦黨人論文集》中所寫的東西理解得不夠全面」。Banning的結論是，麥迪遜在一七九〇年代作為一個傑佛遜主義者反對派，「和大家心目中作為憲法之父的他其實並沒有重大衝突」。*Sacred Fire of Liberty*, 42, 9。
23. See JM to C. E. Haynes, February 25, 1831, in Gaillard Hunt, ed., *The Writings of James Madison* (New York: G. P. Putnam's Sons, 1910), 9: 442; and N. P. Trist, "Memoranda," September 27, 1834, in Max Farrand, ed., *The Records of the Federal Convention of 1787* (New Haven: Yale

University Press, 1911, 1937), 3: 534.

24. Robert Dahl, *A Preface to Democratic Theory* (Chicago: University of Chicago Press, 1956); Richard K. Matthews, *If Men Were Angels: James Madison and the Heartless Empire of Reason* (Lawrence, Kansas: University Press of Kansas, 1995); Gary Rosen, *American Compact and the Problem of Founding* (Lawrence, KS: University Press of Kansas, 1999)。關於政治理論家最新引述麥迪遜之作，可見John Samples, ed., *James Madison and the Future of Limited Government* (Washington, DC: Cato Institute, 2002)。
25. JM to William Cogswell, March 10, 1834, in Farrand, *Records of the Federal Convention*, 3: 533.
26. JM, "Vices of the Political System of the United States" (April 1787), *Madison: Writings*, 69–75.
27. JM to GW, April 16, 1787, *Madison: Writings*, 81.
28. Jack N. Rakove, *Original Meanings: Politics and Ideas in the Making of the Constitution* (New York: Knopf, 1996), 51.
29. JM to GW, April 16, 1787, *Madison: Writings*, 81. For Madison's downplaying of the executive in the state governments, see JM to Caleb Wallace, August 23 1785, *Madison: Writings*, 41–42.
30. Farrand, ed., *Records of the Federal Convention*, 1: 21, 140; 2: 28.
31. JM to TJ, September 6, 1787, in Smith, ed., *Republic of Letters*, 1: 491.
32. Farrand, ed., *Records of the Federal Convention*, 2: 73–75. On the role of the British Privy council in influencing Madison, see Mary Sarah Bilder, *The Transatlantic Constitution: Colonial Legal Culture and the Empire* (Cambridge, MA: Harvard University Press, 2004), 191–92.
33. JM, *The Federalist*, No. 10, *Madison: Writings*, 160–67.

34. 關於殖民地議會的法院職能，參見Wood, *Creation of the American Republic*, 154–55。
35. 例如詹森博士一七七二年以司法來比喻人類初離開自然界進入社會的情況。詹森寫道，在自然狀態下，每個人是自己權利有沒有被侵害的法官。但進入社會後，「他同意由公正的法官來裁判他和鄰人的事務」。Samuel Adams, "The Rights of the Colonists," 1772, in Harry Alonzo Cushing, ed., *The Writings of Samuel Adams* (New York: G. P. Putnam's Sons, 1904–08), 2: 353。
36. JM to GW, April 16, 1787, in *Madison: Writings*, 81.
37. 傳統上認為政府應該是國民之間無私的法官，而世上大多數政府都是君主制。國王被認為要比社會上所有人都不偏私，因為國王自身的利益和國家的公共利益是一致的。這是傳統上對君主制最好的辯護。
38. McCoy, *The Last of the Fathers*, 70–71, 102。誠如Oscar and Mary Handlin在*Commonwealth: A Study in the Role of Government in American Economy: Massachusetts, 1774–1861*, rev. ed. (Cambridge, MA: Harvard University Press, 1969)一書中所指出，當麻州和其他州政府在十九世紀以頒發特許狀把許多主權授予私人之後，這些政府就大體上只扮演社會諸般相互競爭的利益之間的無私仲裁者。雖然這些十九世紀的自由派州政府並不積極推動麥迪遜和許多革命黨人所希望的公益，但它們至少與麥迪遜認為美國所該有的法官式的政府差距不遠。
39. JM, *Federalist,* No. 10*, Madison: Writings*, 160–67.
40. JM, "Vices of the Political System," *Madison: Writings*, 79.
41. JM, *Federalist,* No. 10*, Madison: Writings*, 166.
42. JM to TJ, March 29, 1789, Smith, ed., *Republic of Letters*, 1: 606.

43. 關於現代歐洲君主制國國家的建構已有大量著作，特別要看Charles Tilly, ed., *The Formation of National States in Western Europe* (Princeton: Princeton University Press, 1975); John Brewer, *The Sinews of Power: War, Money, and the English State, 1688–1783* (New York: Knopf, 1989); Brian M. Downing, *The Military Revolution and Political Change: Origins of Democracy and Autocracy in Early Modern Europe* (Princeton: Princeton University Press, 1992); Lawrence S. Stone, ed., *An Imperial State at War: Britain from 1689 to 1815* (London: Routledge, 1994); Thomas Ertman, *Birth of the Leviathan: Building States and Regimes in Medieval and Early Modern Europe* (Cambridge, England: Cambridge University Press, 1997)。「財政—軍事國家」這個概念源自John Brewer，我深受其*Sinews of Power*一書的影響。但刺激我重新看待麥迪遜的是Max M. Edling, *A Revolution in Favor of Government: Origins of the U.S. Constitution and the Making of the American State* (New York: Oxford University Press, 2003)一書，這本書讓我獲益良多。
44. 關於早期現代國家如何汲取臣民的財富又不致讓臣民破產的能力上的差異，參見James Macdonald, *A Free Nation Deep in Debt: The Financial Roots of Democracy* (New York: Farrar, Straus and Giroux, 2002)。
45. 關於對現代國家建構的抵抗，參見Bernard Bailyn, *The Ideological Origins of the American Revolution* (Cambridge, MA: Harvard University Press, 1967)。
46. JM, "Political Observations," April 20, 1795, *Papers of Madison*, 15: 518.
47. 這是一個被忽略的題目。唯一談到美國的重要著作只有Felix Gilbert的一本小書*To the Farewell Address: Ideas of Early American Foreign*

Policy (Princeton: Princeton University Press, 1961)，而歷史學家都太不重視這本書。美國在一七七六年的Model Treaty體現了自由主義關於戰爭和貿易的理念，但並沒有什麼重要著作加以研究。

48. JM, "Universal Peace," February 2, 1792, *Madison: Writings*, 505.
49. Ibid., 507. Janus, the ancient Roman god, was noted not only for twofacedness. To commemorate Janus the Romans always left the temple of Janus open in time of war so that the god could come to their aid. The door was closed only when Rome was at peace.
50. JM, "Political Observations," *Papers of Madison*, 15: 518–19.
51. TJ to JM, March 24, 1793, to Tench Coxe, May 1, 1794, to Thomas Pinckney, May 29, 1797, to Robert R. Livingston, September 9, 1801, and Jefferson, Eighth Annual Message, November 8, 1808, *Jefferson: Writings*, 1006, 1014, 1045–46, 1093, 544.
52. J. C. A. Stagg, *Mr. Madison's War: Politics, Diplomacy, and Warfare in the Early American Republic 1783–1830* (Princeton: Princeton University Press, 1983), 22, 36.
53. Dumas Malone, *Jefferson the President: Second Term, 1805–1809* (Boston: Little, Brown: 1974), 76.
54. Albert Gallatin to TJ, March 10, 1812, in Henry Adams, *The Life of Henry Gallatin* (New York: J. B. Lippincott, 1879), 455–56.
55. Ralph Ketcham, *James Madison: A Biography*, (New York: Macmillan, 1971), 586, 604.
56. Irving Brant, *James Madison: Commander in Chief, 1812–1836* (Indianapolis: Bobbs-Merrill, 1961), 419, 407.
57. JA to TJ, February 2, 1817, Cappon, ed., *The Adams-Jefferson Letters*, 2: 508.

第六章

本章改寫自我的*The Creation of the American Republic*, 1776–1787 (Chapel Hill: University Press of North Carolina, 1969)一書中的一章，經同意後使用。

1. JA to Benjamin Rush, April 4, 1790, Lyman H. Butterfield, ed., *The Letters of Benjamin Rush* (Princeton: Princeton University Press, 1951), 1: 1207.
2. Gordon S. Wood, *The Creation of the American Republic, 1776–1787* (Chapel Hill: University Press of North Carolina, 1969), 132.
3. Actually Samuel Adams and some other Boston patriots were eager forAdams to take on the defense of the soldiers, perhaps in an effort to protect the reputation of Boston in the empire. Hiller B. Zobel, *The Boston Massacre* (New York: Norton, 1970), 220–21.
4. JA to James Warren, January 9, 1787, in Wood, *Creation of the American Republic*, 581; Peter Shaw, *The Character of John Adams* (Chapel Hill: University of North Carolina Press, 1976), 318.
5. TJ to JM, February 14, 1783, *Papers of Jefferson*, 6.
6. Wood, *Creation of the American Republic*, 195.
7. JA, entry, January 1759, Lyman H. Butterfield et al., eds., *Diary and Autobiography of John Adams* (Cambridge, MA: Harvard University Press, 1964), 1: 72–73. There have been many studies of Adams's political thought. See Correa M. Walsh, *The Political Science of John Adams*...(New York: G. P. Putnam's Sons, 1915); Joseph Dorfman, "The Regal Republic of John Adams," in his *Economic Mind in American Civilization* (New York: Viking, 1946–59), 1: 417–33; Zoltan Haraszti, *John Adams and the Prophets of Progress* (Cambridge, MA: Harvard

University Press, 1952), esp. ch. 3; Edward Handler, *America and Europe in the Political Thought of John Adams* (Cambridge, MA: Harvard University P ress, 1964); John R. Howe, Jr., *The Changing Political Thought of John Adams* (Princeton: Princeton University Press, 1966); and C. Bradley Thompson, *John Adams and The Spirit of Liberty* (Lawrence, KS: University Press of Kansas, 1998).

8. JA, unpublished newspaper communication, December 1765, Butterfield et al., eds., *Diary of Adams*, I: 282; JA to James Warren, March 31, 1777, Worthington C. Ford, ed., *Warren-Adams Letters*...(Massachusetts Historical Society, *Collections,* 72–73 [1917, 1925] 1: 308; JA to Abigail Adams, July 3, 1776, Lyman H. Butterfield et al., eds., *Adams Family Correspondence* (Cambridge, MA: Harvard University Press, 1963), 2: 28.
9. JA to Abigail Adams, July 3, 1776, Butterfield et al., ed., *Family Correspondence*, 2: 28.
10. JA to Mercy Warren, January 8, April 16, 1776, Ford, ed., *Warren-Adams Letters*, 1: 201–02, 222; JA to Abigail Adams, April 28, 1776, Butterfield et al., eds., *Family Correspondence*, I: 401.
11. [JA], "Dissertation on the Canon and Feudal Law"(1765), Adams, ed., *Works*, 3: 455–57; JA to Mercy Warren, January 8, April 16, 1776, Ford, ed., *WarrenAdams Letters*, I: 202, 201, 225; JA to Zabdiel Adams, June 21, 1776, Butterfield et al., eds., *Family Correspondence*, II: 21.
12. JA to James Warren, January 9, 1787, Ford, ed., *Warren-Adams Letters*, II: 280; JA, *Defence of the Constitutions of Government of the United States* (1787–1788), Adams, ed., *Works*, 4: 401; Mercy Warren to JA, July 28, 1807, recalling a comment Adams made in 1788, Massachusetts Historical Society, *Colls.,* 5th Ser., 4 (1878), 361.

13. JA, *Defence of the Constitutions*, Adams, ed., *Works*, 4: 392, 397.
14. Adams, ed., *Works*, 5: 488; 4: 406.
15. [JA], "Discourses on Davila" (1790), Adams, ed., *Works*, 6: 249–50.
16. JA, *Defence of the Constitutions*, Adams, ed., *Works*, 4: 390–400; [JA], "Discourses on Davila," Adams, ed., *Works*, 6: 257.
17. Ibid., 280; Adams, *Defence of the Constitutions*, Adams, ed., *Works*, 5: 488.
18. Ibid., 6: 95, 97, 95, 96; JA to Benjamin Rush, April 4, 1790, Alexander Biddle, ed., *Old Family Letters*, Ser. A (Philadelphia: J. B. Lippincott, 1892), 57. The Adams-Rush correspondence has been republished in John A. Schutz and Douglass Adair, eds., *The Spur of Fame: Dialogues of John Adams and Benjamin Rush, 1805–1813* (San Marino: The Huntington Library, 1966). For a discussion of the connection between Adams's personality and his political and social attitudes see Bernard Bailyn, "Butterfield's Adams," *WMQ*, 3d Ser., 19 (1962), 238–56.
19. [JA], "Discourses on Davila," Adams, ed., *Works*, 6: 247, 246; JA, *Defence of the Constitutions*, Adams, ed., *Works*, 4: 557, 5: 431; JA to TJ, October 9, 1787, *Papers of Jefferson*, 12: 221; JA, *Defence of the Constitutions*, Adams, ed., *Works*, 4: 557.
20. Ibid., 4: 358。洛姆的《英格蘭憲法》一書一七七一年在阿姆斯特丹出版法文版，一七七五年之後在倫敦出了許多英文版。關於洛姆，參見R. R. Palmer, *Age of the Democratic Revolution* (Princeton: Princeton University Press, 1959, 1964), 1: 145–48。關於亞當斯「對美國社會和美國政治制度的系統性重新評價」，參見Howe, *Changing Political Thought*, 133。
21. Boston *Independent Chronicle*, October 18, 1787.
22. On the *Essex Result* see Wood, *Creation of the American Republic*, 217–18.

23.《獨立記事報》從一七八五年十一月十四日到一七八六年二月九日之間刊出，署名「自由共和黨人」的十篇文章。前六篇之前已發表在*Boston Magazine*, I (1784), 138–40, 192–95, 271–74, 375–78, 420–23, 546–49。根據麻州歷史學會收藏的James Freeman的*Boston Magazine*影本，班傑明．林肯二世被考證是這些文章的作者。Philip Mead則考證出班傑明．林肯二世是革命戰爭將軍之子。

24. *Boston Independent Chronicle*, December 8, 1785; JA, "Defence of the Constitutions," Adams, ed., Works, 4: 557; 6: 128。亞當斯看重的是古典混合制憲法中人民、貴族和君主的平衡，而不是行政、立法、司法三權的平衡。參見Haraszti, *John Adams and the Prophets of Progress*, 27–28, 310。

25. JA, *Defence of the Constitutions*, Adams, ed., *Works*, 4: 290, 414.

26. Adams, ed., *Works*, 6: 10, 89, 10; 4: 289. See also Adams, ed., *Works*, 4: 290, 480; 6: 109–10.

27. Adams, ed., *Works*, 4: 285, 200, 585, 588.

28. Adams, ed., *Works*, 4: 379; JA to Abigail Adams, March quoted in Howe, *Changing Political Thought*, 166. [JA], "Discourses on Davila," Adams, ed., *Works*, 6: 272; Adams, *Defence of the Constitutions*, Adams, ed., *Works*, 4: 579. See also ibid., 4: 358–60, 462, 474; 5: 108; 6: 108.

29. JA, *Defence of the Constitutions*, Adams, ed., *Works*, 4: 293–94; JA to Philip Mazzei, June 12, 1787, quoted in Howe, *Changing Political Thought*, 67; JA, "Defence of the Constitutions," Adams, ed., *Works*, 4: 579–80.

30. JA to William Tudor, June 28, 1789, JA to James Lovett, June 4, 1789, in Adams Papers Microfilm, Reel 115.

31. JA to BF, January 27, 1787, John Bigelow, ed., *The Works of Benjamin*

Franklin (New York: G. P. Putnam's Sons, 1887–88), 11: 298–99; JA to James Warren, January 9, 1787, Ford, ed., *Warren-Adams Letters*, II, 281.

32. *Providence Gazette*, June 23, 1787; TJ to JA, September 28, 1787, *Papers of Jefferson*, 12: 189; Joel Barlow, *An Oration Delivered...at the Meeting of the...Cincinnati, 4 July 1787* (Hartford, CT: 1787), 15; Benjamin Rush to Richard Price, June 2, 1787, Farrand, ed., *Records of the Federal Convention*, 3: 33.
33. William Davie to James Iredell, August 6, 1787, Griffith J. McRee, *Life and Correspondence of James Iredell* (New York: D. Appleton, 1857–58), 2: 168; JM to TJ, June 6, 1787, *Papers of Jefferson*, 11: 401–02; Reverend James Madison to JM, June 1787, James McClurg to JM, August 22, 1787, and the Richmond Virginia *Independent Chronicle*, August 15, 1787, all quoted in Charles Warren, *The Making of the Constitution* (New York: Barnes and Noble, 1928, 1937), 816–18.
34. Baltimore *Maryland Journal*, July 6, 1787; [Samuel Bryan], "Centinel, No. I," October 5, 1787, John Bach McMaster and Frederick D. Stone, eds., *Pennsylvania and the Federal Constitution, 1787–1788* (Philadelphia: Historical Society of Pennsylvania), 568–69.
35. [John Stevens], *Observations on Government, Including Some Animadeversioins on Mr. Adams' Defence of the Constitutions* (Boston, 1791), 46–47, 4–7.
36. Ibid., 39–40, 30–32, 14.
37. JA to Samuel Adams, October 18, 1790, Samuel Adams to JA, November 20, 1790, Adams, ed., *Works*, 6: 415, 420–21.
38. JA, *Defence of the Constitutions*, Adams, ed., *Works*, 5: 453; JA to Roger Sherman, July 17, 1789, Roger Sherman to JA, July 20, 1789, ibid. 6:

428, 457.

39. JA, *Defence of the Constitutions*, ibid., 5: 454; JA to Benjamin Lincoln, June 19, 1789, Adams Papers Microfilm, Reel 115; JA to Roger Sherman, July 17, 18, 1789, Adams, ed., *Works*, 6: 430, 428–29.
40. Roger Sherman to JA, July 20, 1789, Adams, ed., *Works*, 6: 438, 441.
41. JA to Benjamin Rush, February 8, June 9, 19 and July 5, 24, 1789, Biddle, ed., *Old Family Letters*, 31, 37, 39, 40, 44, 46.
42. John Taylor, *An Inquiry into the Principles and Policy of the United States* (New Haven: Yale University Press, 1950, first published 1814), 32, 37, 118, 158–59.
43. Ibid., 364, 171, 33, 150, 422, 200, 356, 393, 374.
44. Ibid., 373, 461, 469, 355, 356, 355.
45. JA to John Taylor, no dates, Adams, ed., *Works*, 6: 464, 463, 482–83, 514; JA to Benjamin Rush, January 8, 1812, Biddle, ed., *Old Family Letters*, 369.

第七章

本文改寫自我的"Disturbing the Peace," *The New York Review of Books*, June 8, 1995，經同意後使用。

1. David Freeman Hawke, *Paine* (New York: Harper and Row, 1974), 7.
2. Thomas Paine, *Rights of Man* (1791), in Eric Foner, ed., *Thomas Paine: Collected Writings* (New York: Library of America, 1995), 605.
3. TJ to Thomas Paine, March 18, 1801, quoted in John Keane, *Tom Paine: A Political Life* (Boston: Little, Brown, 1995), 456.
4. Keane, *Paine*, xiv, x, xiii.

5. Ibid., 84.
6. Paine, *Common Sense* (1776) in Philip S. Foner, ed., *The Complete Writings of Thomas Paine* (New York: Citadel Press, 1969), 1: 45.
7. George W. Corner, ed., *The Autobiography of Benjamin Rush* (Princeton: Princeton University Press, 1948), 114–15.
8. Sarah Bache to BF, January 14, 1781, *Papers of Franklin*, 34: 272.
9. Paine, *Common Sense*, Philip S. Foner, ed., *Complete Writings of Paine*, I: 4.
10. Paine, *Rights of Man*, Eric Foner, ed., *Paine: Collected Writings*, 538–59.
11. Paine, *Common Sense*, Philip Foner, ed., *Complete Writings of Paine*, 1: 20.
12. Ibid., 22–21.
13. Paine, "American Crisis, I," December 23, 1776, in ibid., 1: 50.
14. Paine, "American Crisis, VII," November 21, 1778, in ibid., 1: 144.
15. Hawke, *Paine*, 256.
16. Keane, *Paine*, 371.
17. Hawke, *Paine*, 53; Keane, *Paine*, 105.
18. Paine, "American Crisis, VII," November 11, 1778, in Philip Foner, ed., *Complete Writings of Paine*, 1: 146.
19. TP, "A Serious Address to the People of Pennsylvania," December 1778, in Philip Foner, ed., *Complete Writings of Paine*, 2: 279; Hawke, *Paine*, 108.
20. Hawke, *Paine*, 110.
21. TP to Henry Laurens, September 14, 1779, in Philip Foner, ed., *Complete Writings of Paine*, 2: 1178; TP to Robert Livingston, May 19, 1783, in Keane, *Paine*, 242.
22. TP to GW, October 16, 1789, *Papers of Washington: Presidential Ser.*,

4: 197.

23. TP to Benjamin Rush, in Eric Foner, ed., *Paine: Collected Writings*, 372.
24. Hawke, *Paine*, 201.
25. Paine, *Rights of Man* in Philip Foner, ed., *Complete Writings of Paine*, 1: 348.
26. TP, "To the Citizens of the United States," November 15, 1802, in Philip Foner, ed., *Complete Writings of Paine*, 2: 911.
27. TP to Henry Laurens, September 14, 1779, in Philip Foner, ed., *Complete Writings of Paine*, 2: 1178.
28. Bernard Bailyn, *The Ideological Origins of the American Revolution* (Cambridge: Harvard University Press, 1967), 23.
29. TP, *Common Sense*, in Philip Foner, ed., *Complete Writings of Paine*, 1: 13.
30. TP, "On Mr. Deane's Affair," December 1778, in Philip Foner, ed., *Complete Writings of Paine*, 2: 111; Eric Foner, *Tom Paine and Revolutionary America* (New York: Oxford University Press, 1976), 82–86; Bernard Bailyn, "Common Sense," in Library of Congress Symposia on the American Revolution, 2d, 1973, *Fundamental Testaments of the American Revolution* (Washington, DC: Library of Congress, 1973), 7–22; Keane, *Paine*, x; TP, *Common Sense*, in Philip Foner, ed., *Complete Writings of Paine*, 1: 8; James T. Boulton, *The Language of Politics in the Age of Wilkes and Burke* (London: Routledge and Kegan Paul, 1963), ch. 7.
31. Joyce Appleby, *Capitalism and a New Social Order: The Republican Vision of the 1790s* (New York: New York University Press, 1984), 60.
32. TP, *The Age of Reason*, Eric Foner, ed., *Paine, Collected Writings,* 825.
33. Keane, *Paine,* 393, 457, 475.

第八章

本文改寫自 “The Revenge of Aaron Burr,” *The New York Review of Books*, February 2, 1984, 經同意使用。

1. Milton Lomask, *Aaron Burr: The Conspiracy and Years of Exile, 1805–1836* (New York: Farrar, Straus, Giroux, 1982), 398.
2. Charles J. Nolan, Jr., *Aaron Burr and the American Literary Imagination* (Westport, CT: Greenwood Press, 1980).
3. Samuel H. Wandell, *Aaron Burr in Literature* (Port Washington, NY: 1972, originally published 1936), 265.
4. Matthew L. Davis, *Memoirs of Aaron Burr*, 2 vols. (New York: 1836); James Parton, *The Life and Times of Aaron Burr* (New York: 1858).
5. Lomask, *Aaron Burr*, 2 vols. (New York, Farrar, Straus, Giroux, 1979, 1982).
6. Matthew L. Davis, ed., *The Private Journal of Aaron Burr*, 2 vols. (New York: Harper Bros., 1838).
7. Davis, *Memoirs of Burr*, I: 375–76, v–vi.
8. *The Papers of Aaron Burr, 1756–1836*, microfilm edition in 27 reels (Glen Rock, NJ: 1978); Mary-Jo Kline et al., eds., *Political Correspondence and Public Papers of Aaron Burr*, 2 vols. (Princeton: Princeton University Press, 1983).
9. AB to Timothy Green, June 25, 1795, in Kline et al., eds., *Burr Papers*, 1: 221.
10. AH to James A. Bayard, January 16, 1801, *Papers of Hamilton*, 25: 323.
11. W. W. Abbot, “An Uncommon Awareness of Self: The Papers of GeorgeWashington,” in Don Higginbotham, ed., *George Washington*

Rediscovered (Charlottesville: Unversity Press of Virginia, 2001), 280.

12. AB to Samuel Smith, May 19, 1801, in Kline et al., eds., *Burr Papers*, 1: 583.
13. AB to TJ, June 21, 1797, in Kline et al., eds., *Burr Papers*, 1: 301.
14. Lomask, *Burr*, I, 87.
15. AB to William Eustis, October 20, 1797, to Charles Biddle, November 14, 1804, to John Taylor, May 22, 1791, to Peter Van Gaasbeek, May 8, 1795, to James Monroe, May 30, 1794, to Jonathan Russell, June 1, 1801, to Théophile Cazenove, June 8, 1798, in Kline et al., eds., *Burr Papers*, 1: 316; 2: 897; 1: 82, 211, 180; 2: 601; 1: 344.
16. AB to Theodore Sedgwick, February 3, 1791, in Kline et al., eds., *Burr Papers*, 1: 68.
17. Theodore Sedgwick to AH, January 10, 1801, AH to James Bayard, January 16, 1801, in *Papers of Hamilton*, 25: 311, 321, 320.
18. James Parton, *The Life and Times of Aaron Burr* (New York: Mason Bros., 1858), 1: 235.
19. Lomask, *Burr*, 1: 37, 44.
20. Davis, *Memoirs of Burr*, 1: 297.
21. Editorial note, Kline et al., *Burr Papers*, 1: 882; AB to Joseph Alston, November 15, 1815, in Kline et al., eds., *Burr Papers*, 1: 1166.
22. Gordon S. Wood, *The Radicalism of the American Revolution* (New York: Knopfs 1992), 198–212.
23. Editorial note, Kline et al., eds., *Burr Papers*, 1: 267; Nolan, *Burr and the American Literary Imagination*, 50.
24. AB to Aaron Ward, January 14, 1832, in Kline et al., eds., *Burr Papers*, 2: 1211.

25. TJ, Anas (1804), in *Jefferson: Writings*, 693.
26. Mary-Jo Kline, "Aaron Burr as a Symbol of Corruption in the New Repub-lic," in Abraham S. Eisenstadt et al., eds., *Before Watergate: Problems of Corruption in American Society* (Brooklyn: 1978), 71–72.
27. AB to Victor Du Pont de Nemours, August 11, 1802, in Kline et al., eds., *Burr Papers*, 2: 736.
28. Davis, *Memoirs of Burr*, 1: 297.
29. Beatrice G. Reubens, "Burr, Hamilton, and the Manhattan Company," *Political Science Quarterly*, 72 (1957), 578–607; 73 (1958), 100–125.
30. AB to William Eustis, March 29, 1801, in Kline et al., eds., *Burr Papers*, 1: 549.
31. On this proper role for gentlemanly leaders see Gordon S. Wood, "Interestsand Disinterestedness in the Making of the Constitution," Richard Beeman et al., eds., *Beyond Confederation: Origins of the Constitution and American National Identity* (Chapel Hill: University of North Carolina Press, 1987), 69–109.
32. On Smith and this kind of leadership see Gordon Wood, *The Radicalism of the American Revolution* (New York: Knopf, 1992), 68–69.
33. AH, *The Federalist,* No. 35.
34. Robert Troup to AH, March 31, 1795, *Papers of Hamilton,* 18: 310.
35. AH to Troup, April 13, 1795, *Papers of Hamilton*, 18: 329.
36. Kline, "Burr as Symbol of Corruption," Eisenstadt et al., eds., *Before Watergate*, 75.
37. Theodore Sedgwick to AH, January 10, 1801, *Papers of Hamilton*, 25: 311–12.
38. AH to Oliver Wolcott, Jr., December 16, 1800, to Gouverneur Morris,

December 24, 1800, in *Papers of Hamilton*, 25: 257, 272.

39. AH to Theodore Sedgwick, December 22, 1800, to Harrison Gray Otis, December 23, 1800, to Gouverneur Morris, December 24, 1800, in *Papers of Hamilton*, 25: 270, 271, 272.
40. AH to Gouverneur Morris, December 26, 1800, in *Papers of Hamilton*, 25: 275.
41. Henry Adams, *History of the United States of America During the Administrations of Thomas Jefferson* (New York: Library of America, 1986), 1: 226.

後記

本文改寫並加長自我的文章"The Democratization of Mind in the American Revolution," *Library of Congress Symposia on the American Revolution*, 3d, 1974, *Leadership in the American Revolution* (Washington: Library of Congress, 1974), 63–89。

1. Samuel Eliot Morison, ed., "William Manning's 'The Key of Libberty,' "*WMQ*, 3d Ser., 13 (1956), 208.
2. BF to Caldwallader Colden, October 11, 1750, *Papers of Franklin*, 4: 68.
3. TJ to JM, May 20, 1782, *Papers of Jefferson*, 6: 186.
4. David D. Hall認為十八世紀的福音派宗教著作已經很受歡迎，也是專門寫給廣大群眾看的。他對於福音派著作在早期轉變的看法無疑是對的，但大多數政治著作依然是「承認階層和特權」的普世性「體系」的一部分。David D. Hall, *Cultures of Print: Essays in the History of the Book* (Amherst, MA: University of Massachusetts Press, 1996), 152。

5. 關於十八世紀通信來往的私密特性，參見Richard D. Brown, *Knowledge Is Power: The Diffusion of Information in Early America, 1700–1865* (New York: Oxford University Press, 1989), 89–90, 271, 278。這塊領域本質上是一個文雅的、排他的社交世界。David S. Shields在其*Civil Tongues & Polite Letters in British America* (Chapel Hill: University of North Carolina Press, 1997)一書中精采重構了這個世界。雖然Shields強調這個世界的「隨意風格」是跨越社會階層散布到整個美國社會，但和十九世紀相比，他所描寫的十八世紀世界在本質上還是一個貴族的世界。
6. Joanna B. Freeman, "Dueling as Politics: Reinterpreting the Burr-Hamilton Duel," *WMQ*, 3d Ser., 53 (1996), 289–318; Freeman, *Affairs of Honor: National Politics in the New Republic* (New Haven: Yale University Press, 2001).
7. [John Randolph], *Considerations on the Present State of Virginia* (n.p., 1774), quoted in Merrill Jensen, "The Articles of Confederation,"in Library of Congress Symposia on the American Revolution, 2d, 1973, *FundamentalTestaments of the American Revolution* (Washington, D.C.: Library of Congress, 1973), 56.
8. 關於十八世紀精雕細琢的古典修辭術，參見Kenneth Cmiel, *Democratic Eloquence: The Fight over Popular Speech in Nineteenth-Century America* (Berkeley: University of California Press, 1990), ch. 1。
9. Kenneth R. Bowling and Helen E. Viet, eds., *The Diary of William Maclay and Other Notes of Senate Debates, March 4, 1789–March 3, 1791*, in the *Documentary History of the First Federal Congress of the United States of America*, 9 (Baltimore: The Johns Hopkins University Press, 1988), 76.

10. Homer L. Calkin, "Pamphlets and Public Opinion During the American Revolution," *Pennsylvania Magazine of History and Biography*, 64 (1940), 30, 35.
11. Frank Luther Mott, *American Journalism: A History*, 1690–1960, 3d ed. (New York: Macmillan, 1962), 3–64; Mott, *A History of American Magazines*, 1741–1850 (New York: D. Appleton, 1930), 13–67; Arthur M. Schlesinger, *Prelude to Independence: The Newspaper War on Britain, 1764–1776* (New York: Vintage, 1965), 51–66, 303–4; Philip Davidson, *Propaganda and the American Revolution, 1763–1783* (Chapel Hill: University of North Carolina Press, 1941)。Charles Evans的美國出版品書目共有十二卷，涵蓋時間為一六三九到一七九九年。到一七六四年的一百二十五年間只用了三卷，而剩下的三十五年則用了九卷。由此可見美國革命時代出版品的爆炸性成長。
12. Michael Warner假定在美國革命之前就已經有參與者都互不相識的大型公共領域存在，但這似乎太過跳躍。雖然公共領域在十八世紀時確實有在快速成長，但許多人在寫作時還是假定他們和讀者是相熟的。參見Warner, *The Letters of the Republic: Publication and the Public Sphere in Eighteenth-Century America* (Cambridge: Harvard University Press, 1990), chs. 1–2。不同的學者之所以著重在不同的公共領域，可能是因為文化變遷的過程很難明確區分。過去都有未來的種子，而未來也都有過去的遺緒。
13. 革命家寫的東西經常提到「文化人的共和國」，例如參見Brooke Hindle, *The Pursuit of Science in Revolutionary America, 1733–1789* (Chapel Hill: University of North Carolina Press, 1956), 384。
14. Calkin, "Pamphlets and Public Opinion," *Pennsylvania Magazine of History and Biography*, 64 (1940), 28, 35.

15. John Adams, *Diary and Autobiography*, L. H. Butterfield et al., eds., 4 vols. (Cambridge: Harvard University Press, 1961), 3: 331–32.
16. Bernard Bailyn, *The Ideological Origins of the American Revolution* (Cambridge: Harvard University Press, 1967), 4–5, 17.
17. John J. Teunissen, "Blockheadism and the Propaganda Plays of the American Revolution," *Early American Literature*, 7 (1972), 148–162。女性要參與公共領域是很困難的，她們被禁止在公開場合發言，只有少數人如梅西・華倫才能出版著作，但也是匿名出版。關於華倫，參見Rosemarie Zagarri, *A Women's Dilemma: Mercy Otis Warren and the American Revolution* (Wheeling, IL: Harlan Davidson, 1995)。
18. Maynard Mack, "The Muse of Satire," in Richard C. Boys, ed., *Studies in the Literature of the Augustan Age: Essays Collected in Honor of Arthur Ellicott Case* (New York: Gordian Press, 1966).
19. 關於十八世紀的修辭學，見Wilbur Samuel Howell, *Eighteenth-Century British Logic and Rhetoric* (Princeton: Princeton University Press, 1971); Peter France, *Rhetoric and Truth in France: Descartes to Diderot* (Oxford: Clarendon Press, 1972); Warren Guthrie, "The Development of Rhetorical Theory in America, 1635–1850," *Speech Monographs*, 13 (1946), 14–22, 14 (1947), 38–54, 15 (1948), 61–71。
20. Gary B. Nash, "The Transformation of Urban Politics, 1700–1765," *Journal of American History*, 60 (1973), 605–32.
21. J. R. Pole, *Political Representation in England and the Origins of the American Republic* (London: St. Martin's, 1966), 9–70, 277–78.
22. Alexander Martin to Governor Caswell, July 27, 1787, in Max Farrand, ed., *The Records of the Federal Convention of 1787*, 4 vols. (New Haven: Yale University Press, 1911–37), 3: 64.

23. Jared Sparks, Journal, April 19, 1830, in ibid., 3: 479.
24. John Dickinson, ibid., 2: 278.
25. John Marshall (Va.), in Jonathan Elliot, ed., *The Debates in the Several State Conventions on the Adoption of the Federal Constitution*, 2d ed., 5 vols. (Washington, D.C., 1836–45), 3: 222; Gordon S. Wood, *The Creation of the American Republic, 1776–1787* (Chapel Hill: University of North Carolina Press, 1969), 524, 526–64.
26. Gordon S. Wood, "Conspiracy and the Paranoid Style: Causality and Deceit in the Eighteenth Century," *WMQ*, 39 (1982), 403–441.
27. Gordon S. Wood, *The Radicalism of the American Revolution* (New York: Knopf, 1992), 237–38.
28. JA to Patrick Henry, June 3, 1776, in Adams, ed., *Works*, 9: 387–88; TJ to BF, August 13, 1777, in *Papers of Jefferson*, 2: 26; Roger Atkinson to Samuel Pleasants, November 23, 1776, quoted in James Kirby Martin, *Men in Rebellion: Higher Governmental Leaders and the Coming of the American Revolution* (New Brunswick, NJ: Rutgers University Press, 1973), 190.
29. Jay Fliegelman把這種轉變稱為「演說術的革命」，參見其*Declaring Independence: Jefferson, Natural Language, and the Culture of Performance* (Stanford: Stanford University Press, 1993), 20–35。
30. Rhys Isaac, *The Transformation of Virginia, 1740–1790* (Chapel Hill: University of North Carolina Press, 1982), 267–69; Arthur H. Shaffer, ed., *Edmund Randolph: History of Virginia* (Charlottesville: University Press of Virginia, 1970), 179–181.
31. 關於潘恩，參見"Thomas Paine, America's First Public Intellectual." Shaffer, ed., *Randolph: History of Virginia*, 1970, 179–81。

32. Meyer Reinhold, "Opponents of Classical Learning in America During theRevolutionary Period," *Proceedings of the American Philosophical Society*, 112 (1968), 221–34; Linda K. Kerber, *Federalists in Dissent: Imagery and Ideology in Jeffersonian America* (Ithaca: Cornell University Press, 1970), 95–134.
33. George L. Roth, "American Theory of Satire, 1790–1820," *American Literature*, 29 (1958), 399–407; Roth, "Verse Satire on 'Faction,' 1790–1815," *WMQ*, 3d Ser., 17 (1960), 473–85; Bruce I. Granger, *Political Satire in the American Revolution, 1763–1783* (Ithaca: Cornell University Press, 1960), 2.
34. Virginia Ratifying Convention, in John P. Kaminski and Gaspare J. Saladino, eds., *The Documentary History of the Constitution* (Madison: University of Wisconsin Press, 1999), 9: 1044–45.
35. Robert E. Spiller et al., *Literary History of the United States*, 3d ed. (New York: Macmillan, 1963), 175; Benjamin Spencer, *The Quest for Nationality: An American Literary Campaign* (Syracuse: Syracuse University Press, 1957), 65.
36. Fisher Ames, "American Literature," Seth Ames, ed., *Works of Fisher Ames*, 2 vols. (Boston: Little, Brown, 1854), 2: 439–40.
37. Richard Buel, Jr., *Securing the Revolution: Ideology in American Politics, 1789–1815* (Ithaca: Cornell University Press, 1972), 113; Gerald Stourzh, *Alexander Hamilton and the Idea of Republican Government* (Stanford: Stanford University Press, 1970), 95–106.
38. John Rutledge, Jr., to Harrison Gray Otis, April 3, 1803, quoted in David Hackett Fischer, *The Revolution of American Conservatism: The Federalist Party in the Era of Jeffersonian Democracy* (New York:

Harper & Row, 1969), 140; AH to Theodore Sedgwick, February 2, 1799, in *Papers of Hamilton*, 22: 452; [Fisher Ames], "Laocoon. No. 1," in his *Works*, 2: 113.

39. Thomas Truxtun to JA, December 5, 1804, quoted in Fischer, *American Conservatism*, 133–34.
40. Donald H. Stewart, *The Opposition Press of the Federalist Period* (Albany: State University of New York Press, 1969), 634, 638, 640.
41. Sidney I. Pomerantz, *New York: An American City, 1783–1803* (Port Washington, NY: Ira J. Friedman, 1965), 440.
42. Mott, *American Journalism*, 167; Merle Curti, *The Growth of American Thought*, 3d ed. (New York: Harper & Row, 1964), 209; Stewart, *Opposition Press*, 15, 624.
43. Fischer, *American Conservatism*, 129–49; Stewart, *Opposition Press*, 19; Jere R. Daniell, *Experiment in Republicanism: New Hampshire Politics and the American Revolution, 1741–1794* (Cambridge: Harvard University Press, 1970), 235–36. 44. Buel, *Securing the Revolution*, 75–90.
45. TJ to JA, August 30, 1787, in Farrand, ed., *Records of the Federal Convention*, 3: 6; Madison, "Public Opinion," *National Gazette*, December 19, 1791, in Gaillard Hunt, ed., *The Writings of James Madison*, 9 vols. (New York: G. P. Putnam's, 1900–1910), 6: 70.
46. TJ to James Callender, October 6, 1799, *Papers of Jefferson*, 31: 201.
47. Samuel Miller, *A Brief Retrospect of the Eighteenth Century...,* 2 vols. (New York: T. and J. Swords, 1803), II: 254–55.
48. Alfred Young, *The Democratic Republicans of New York: The Origins, 1763–1797* (Chapel Hill: University of North Carolina Press, 1967), 509–10.

49. Alan Taylor, *William Cooper's Town: Power and Persuasion on the Frontier of the Early Republic* (New York: Knopf, 1995), 244–46.
50. Amos Singletary (Mass.), in Elliot, ed., *Debates*, 2: 102.
51. Young, *Democratic Republicans of New York*, 511–12; Taylor, *William Cooper's Town*, 245–46.
52. Wood, *Radicalism*, 237–38.
53. Fisher Ames to Jeremiah Smith, December 14, 1802, quoted in Fischer, *American Conservatism*, 135.
54. James Thomas Flexner, *George Washington: Anguish and Farewell (1793–1799)* (Boston: Little, Brown, 1969, 1972), 277; John C. Miller, *The Federalist Era, 1789–1801* (New York: Harper & Row, 1960), 233; Paine, "Letter to Washington, July 30, 1796," in Philip S. Foner, ed., *The Complete Writing of Thomas Paine* (New York: Citadel Press, 1969), 2: 695, 710, 704.
55. See especially Joanne B. Freeman, "Explaining the Unexplainable: The Cul-tural Context of the Sedition Act," in Meg Jacobs et al., eds., *The Democratic Experiment: New Directions in American Political History* (Princeton: Princeton University Press, 2003), 20–49.
56. Norman L. Rosenberg, *Protecting the Best Men: An Interpretative History of the Law of Libel* (Chapel Hill: University of North Carolina Press, 1986), 77.
57. Wood, *Radicalism*, 86
58. Buel, *Securing the Revolution*, 156.
59. James Morton Smith, *Freedom's Fetters: The Alien and Sedition Laws and American Civil Liberties* (Ithaca: Cornell University Press, 1956), 116; Miller, *Federalist Era*, 233; Charles Warren, *Jacobins and Junto or*

Early American Politics as Viewed in the Diary of Dr. Nathaniel Ames, 1758–1822 (New York: Benjamin Blom, 1931, 1968), 96.

60. [George Hay], *An Essay on the Liberty of the Press*...(Philadelphia: Printed at the Aurora office, 1799), 40; TJ, Inaugural Address, March 4, 1801, *Jefferson: Writings*, 493.
61. Samuel Dana, debates in Congress, January 1801, quoted in Buel, *Securing the Revolution*, 252.
62. Jefferson, Inaugural Address, March 4, 1801, *Jefferson: Writings*, 493; Benjamin Rush to TJ, March 12, 1801, Lyman H. Butterfield, ed., 2 vols., in *Letters of Benjamin Rush* (Princeton: Princeton University Press, 1951), 2: 831.
63. Tunis Wortman, *A Treatise Concerning Political Enquiry, and the Liberty of the Press* (New York: Printed by G. Forman for the author, 1800), 118–23, 155–57.
64. William Crafts, Jr., *An Oration on the Influence of Moral Causes on National Character, Delivered Before the Phi Beta Kappa Society, on Their Anniversary, 28 August, 1817* (Cambridge: Hilliard and Metcalf, 1817), 5–6; Wortman, *Treatise*, 180.
65. JM, "Public Opinion," *National Gazette*, December 19, 1791, *Madison: Writings*, 500–01.
66. Wortman, *Treatise*, 118–19, 122–23.
67. TJ to JA, January 11, 1816, in Lester J. Cappon, ed., *The Adams-Jefferson Letters*, 2 vols. (Chapel Hill: University of North Carolina Press, 1959), 2: 458.
68. Samuel Williams, *The Natural and Civil History of Vermont*, 2d ed., 2 vols. (Burlington, VT: Printed by Samuel Mills, 1809), II: 394; Joseph

Hopkinson, *Annual Discourse, Delivered Before the Pennsylvania Academy of the Fine Arts*...(Philadelphia: Bradford and Inskeep, 1810), 29; Theodore Sedgwick to Rufus King, May 11, 1800, quoted in Richard E. Welch, Jr., *Theodore Sedgwick, Federalist: A Political Portrait* (Middletown, CT: Wesleyan University Press, 1965), 211.

69. [Richard Henry Dana, Sr.], "Review of the Sketch Book of Geoffrey Crayon, Gent.," *North American Review*, 9 (1819), 327; Theron Metcalf, *An Address to the Phi Beta Kappa Society of Brown University, Delivered 5th September, 1832* (Boston: n.p., 1833), 6.

美國學13

國父的真相

建立美國政治典範的元勳，還原他們神壇下的真實面貌

Revolutionary Characters: What Made the Founders Different

作　者　高登·伍德（Gordon S. Wood）
翻　譯　梁文傑
編　輯　邱建智
校　對　陳佩伶
排　版　張彩梅

企劃總監　蔡慧華
出　版　八旗文化／遠足文化事業股份有限公司
發　行　遠足文化事業股份有限公司（讀書共和國出版集團）
地　址　新北市新店區民權路108-2號9樓
電　話　02-22181417
傳　真　02-22188057
客服專線　0800-221029
信　箱　gusa0601@gmail.com
Facebook　facebook.com/gusapublishing
Blog　gusapublishing.blogspot.com
法律顧問　華洋法律事務所／蘇文生律師

封面設計　許晉維
印　刷　前進彩藝有限公司
定　價　450元
初版一刷　2022年6月
初版二刷　2023年12月
ISBN　978-626-7129-13-5（紙本）　978-626-7129-25-8（PDF）　978-626-7129-26-5（EPUB）

國家圖書館出版品預行編目（CIP）資料

國父的真相：建立美國政治典範的元勳，還原他們神壇下的真實面貌／高登·伍德（Gordon S. Wood）著；梁文傑譯. -- 初版. -- 新北市：八旗文化出版：遠足文化事業股份有限公司發行, 民111.06
　面；　公分. --（美國學；13）
譯自：Revolutionary characters : what made the founders different
ISBN 978-626-7129-13-5（平裝）

1. CST：美國史　2. CST：傳記

752.1　　111004348